Fiesta, Fe, y Cultura

Celebrations of Faith and Culture in Detroit's Colonia Mexicana

By Laurie Kay Sommers

in collaboration with

Casa de Unidad
Cultural Arts and Media Center
Detroit, Michigan

Preface by Margarita Valdez

Introduction by Laurie Kay Sommers and Maria Quinlan Leiby

Managing Editor Casa de Unidad Cultural Arts and Media Center

CASA DE UNIDAD
Cultural Arts and Media Center

MICHIGAN STATE UNIVERSITY
MUSEUM

Fiesta, Fe, y Cultura
Celebrations of Faith and Culture in Detroit's Colonia Mexicana

Published by
Casa de Unidad Cultural Arts and Media Center, Detroit, MI 48209-1648 and
Michigan State University Museum, East Lansing, MI 48824-1045

ISBN 0-9615977-6-3   Library of Congress Catalog Card Number: 95-69178

Book and cover design:
Bob Simpson

Graphics:
George Perazza

Cover photos:
left to right: youth dressed up as Joseph, Ste. Anne Posada Viva (David Perry);
toy skeletons for Día de los Muertos (David Perry);
folkloric dancer from México Lindo troupe (David Perry);
figure of Joseph from Isabel Oropeza's *nacimiento* (Margarita Valdez);
Virgin of Guadalupe, St. Gabriel Church (Eduardo Treviño)

Major funding provided by:

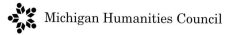 Michigan Humanities Council

National Endowment for the Humanities

W.K. Kellogg Foundation

Additional support:

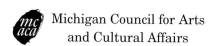 Michigan Council for Arts
and Cultural Affairs

The findings of this publication do not necessarily represent the views of any funding agency listed above.

To the memory of
María Guadalupe Aguirre
(1932-1991)

Lupe, your spirit will be with us always

A la memoria de
María Guadalupe Aguirre
(1932-1991)

Lupe, tu espíritu estará siempre con nosotros

Table of Contents
Contenido

—

Preface
Prefacio

by Margarita Valdez

*T*he idea for this documentation project was originated in 1987-88 by María Guadalupe Aguirre, former Director of Casa de Unidad Cultural Arts and Media Center. Lupe recognized the importance of documenting and preserving her community's cultural legacy. Lupe Aguirre viewed the elders of the Mexican community in southwest Detroit as living treasures whose personal stories and cultural experiences must be preserved for posterity. She hoped that the resulting documentation would be a

Irma Valdez Landín interviews her parents, David and Carmen Valdez, for the *Tradiciones del Pueblo* documentation project, 1988.

Irma Valdez Landín entrevista a sus padres, David y Carmen Valdez, para el proyecto de documentación, *Tradiciones del Pueblo*, 1988.

valuable contribution and resource for the general community.

The planning for this documentation project began during Michigan's Sesquicentennial. There was local interest in documenting the celebration of three feast days in southwest Detroit: the Posadas at Christmas, the Fiestas Guadalupanas (December 12),

por Margarita Valdez

*L*a idea para este proyecto de documentación originó en 1987-88 con María Guadalupe Aguirre, directora anterior de la Casa de Unidad, Centro Cultural de Artes y Medios de Comunicación. Lupe Aguirre se dio cuenta de la importancia de documentar y conservar la herencia cultural de su comunidad. Para Lupe las personas ancianas de la comunidad mexicana en el suroeste de Detroit eran tesoros vivos cuyas historias personales y experiencias culturales se tenían que resguardar para la posteridad. Ella esperaba que el resultado de esa documentación fuera una contribución valiosa y un recurso para la comunidad en general.

La planificación para este proyecto de documentación empezó durante el Sesquicentenario del Estado de Michigan. Desde un principio se creó un interés local en documentar las celebraciones de tres días festivos en el suroeste de Detroit: las Posadas de la época navideña, las Fiestas Guadalupanas (el 12 de diciembre), y el Día de los Muertos (el 1⁰ y 2 de noviembre). Se reconoció desde la incepción de la planificación que a través de los años, la celebración de estos días festivos y la cohesión de la comunidad latina en el suroeste de Detroit había sido impactada negativamente por la clausura de algunas fábricas y la deterioración de la vivienda del área; esto había causado que muchas familias se mudarán a otras áreas donde había trabajo y mejores condiciones de vida. El reconocimiento de los efectos de esta migración constante, y la muerte de algunos de los ancianos quienes eran esenciales para el éxito del proyecto le dio un sentido de urgencia al mismo, ya que eran precisamente esos ancianos cuyos orígenes estaban en México quienes mejor conocían la comunidad y los días festivos.

La idea de Lupe para una actividad de documentación cultural *de, para,* y *por* la gente recibió un apoyo amplio; hasta se convirtió en un plan exhaustivo para un proyecto colaborativo. En búsqueda dc fondos, este plan se presentó en marzo de 1988 al Consejo para las Artes de Michigan. El proyecto tenía cuatro objetivos: 1) Ampliar el conocimiento del público acerca de las

and Día de los Muertos (November 1-2). From the inception, it was recognized that over the years, the celebration of these feast days and the cohesiveness of the Latino community in southwest Detroit had been adversely affected by plant closings and the deterioration of the area's housing stock resulting in the relocation of families to other areas for jobs and better living conditions. This ongoing migration from the community coupled with the passing of some of the elders essential to the success of the project made the project's timing critical, since it was the elders with origins in Mexico who knew the history of this community and the feast days.

Lupe's idea for a cultural documentation project *of, for,* and *by the people* received broad support and later blossomed into a comprehensive plan for a collaborative project, submitted for funding in March, 1988 to the Michigan Council for the Arts. The project objectives were: 1) To broaden

tradiciones artísticas y culturales de los días festivos (las Posadas, las Fiestas Guadalupanas, y el Día de los Muertos) que la comunidad había mantenido vivas en el suroeste de Detroit; 2) Identificar y entrenar a entrevistadores bilingües y biculturales, cada uno de los cuales sería responsable de entrevistar por lo menos a un anciano; 3) Documentar las artes populares y la historia cultural de estas celebraciones por medio de grabaciones en cinta magnética, fotografías, videos, y transparencias; 4) Producir y editar una presentación en cintas y transparencias y una exposición de fotografías. Se esperaba que las personas quienes se entrevistaran tuvieran por lo menos sesenta años, que fueran mexicanos quienes habían celebrado los días festivos en México y en los Estados Unidos, y que también fueran personas con experiencia en la creación de las diferentes expresiones artísticas asociadas con las celebraciones.

Lupe Aguirre inicialmente identificó a las personas que corrrespondían a estos criterios; por lo general, éstas eran representativas de

Mariachi Alma de México performs at the opening reception for the *"Fiestas de la Fe/ Celebrations of Faith"* exhibition, Michigan State University Museum, May 17, 1992.

El Mariachi Alma de México toca durante la recepción de apertura para la excibición de *"Fiestas de la Fe/ Celebrations of Faith"* en el Museo de la Universidad Estatal de Michigan, 17 de mayo, 1992.

Courtesy of/Cortesía del: Hispanic Cultural Center/Centro Hispano Cultural

the public's knowledge of the artistic and cultural traditions of the feast days (Posadas, Fiestas Guadalupanas, and Día de los Muertos) kept alive by Mexicans in southwest Detroit; 2) To identify and train bilingual, bicultural community interviewers who would each be responsible for interviewing one elder; 3) To document the folk arts and cultural history of these celebrations through audio recordings, photographs, videos, and slides; 4) To produce and edit a slide-tape presentation and a photographic exhibit. The interviewees were to be persons aged sixty or over, originally from Mexico who had experienced the celebrations of the feast days in Mexico and in the United States, including involvement in the creation of the various art forms connected with the celebrations.

Lupe Aguirre identified an initial list of persons meeting this criteria; these were, in general, representative of the many Mexican families who had settled in Detroit since the 1920s. Together with Ana Luisa Cardona and Marta E. Lagos, Lupe planned for the October 14-15, 1988 Training Symposium, held at Ste. Anne's Hall and in the "Blue Room" of Holy Redeemer Church, Detroit. The symposium presented background videos on the three feasts and their observances as well as workshops on: a) What is Folk Art; b) Doing Work Among our Own Culture; c) Oral History Interviewing; d) Religion and Culture — A History: What the Religious Celebrations Mean to Us; e) Technical Training and Audio Recording; f) Photography for Documentation. Individuals providing training at the symposium included the following specialists: Guadalupe Aguirre, Ana Luisa Cardona, John Cicala, David W. Conklin, Raul Feliciano, Carmen García, Dolores González, Marta E. Lagos, Yvonne Lockwood, Laura Luévanos, Sue Pérez, David Perry, and Laurie Kay Sommers. With the assistance of Laurie Kay Sommers, folklorist with the Michigan State University Museum, a questionnaire was developed and individuals were trained in oral interview techniques. The list of interviewees was finalized after the symposium.

muchas de las familias mexicanas que se habían establecido en Detroit desde los años veinte. Con Ana Luisa Cardona y Marta E. Lagos, Lupe planeó el Simposio de Entrenamiento del 14-15 de octubre de 1988, el que tomó lugar en el Salón de Santa Ana y en el "Cuarto Azul" de la Iglesia del Divino Redentor en Detroit. En el simposio se presentaron videos acerca de las tres fiestas y sus observancias. También hubo talleres sobre los siguientes temas: a) Qué es el arte folklórico; b) El trabajo con las tradiciones culturales; c) Entrevistas para la historia oral; d) La religión y la cultura — una historia: Lo que las celebraciones religiosas significan para nosotros; e) El entrenamiento técnico y la grabación en audio; f) El uso de la fotografía para la documentación. Los siguientes especialistas hicieron el papel de entrenadores: Guadalupe Aguirre, Ana Luisa Cardona, John Cicala, David W. Conklin, Raul Feliciano, Carmen García, Dolores González, Marta E. Lagos, Yvonne Lockwood, Laura Luévanos, Sue Pérez, David Perry, y Laurie Kay Sommers. Bajo la dirección de Laurie Kay Sommers, folklorista asociada con el Museo de la Universidad Estatal de Michigan, se desarrolló un cuestionario y se entrenaron a ciertos individuos en las técnicas de la entrevista oral. La lista de las personas que serían entrevistadas se finalizó después del simposio.

Se tomaron fotografías de casas particulares y de varias parroquias durante las celebraciones; estas entrevistas se llevaron a cabo entre 1988-89. Además, también se entrevistó al Padre James Barrett, sacerdote de la Parroquia del Divino Redentor quien era muy conocido por sus esfuerzos pioneros entre la comunidad hispana de la arquidiócesis. También hubiera sido parte de este proyecto de documentación el Padre Clement Kern (quien había sido pastor de la Iglesia de la Santísima Trinidad antes de morir en 1983) por su liderazgo implacable en la celebración y en el mantenimiento de estas fiestas. El Padre Kern sirvió a la comunidad desde que llegó a mediados de los años cuarenta hasta el año 1977. Las entrevistas se transcribieron, se tradujeron, se sintetizaron y se editaron para servir como la base para el libro bilingüe, *Tradiciones del Pueblo — Traditions of Three Mexican Feast Days in Southwest Detroit* que fue

Photographs were taken at individual homes and in various parishes during these celebrations and the interviews were conducted between 1988 and 1989. These included Father James Barrett, a priest at Holy Redeemer Parish, known for his pioneering efforts in the Archdiocese's Hispanic ministry. Had Father Clement Kern (former pastor of Most Holy Trinity Church who died in 1983) been alive, he would have been part of this documentation project because of his role and constant leadership in celebrating and maintaining these feasts. Father Kern served the community from his arrival in the mid-1940s until 1977. The interviews were transcribed, translated, synthesized, and edited, serving as the base for the bilingual book, *Tradiciones del Pueblo — Traditions of Three Mexican Feast Days in Southwest Detroit,* published by Casa de Unidad in 1990.

Tradiciones del Pueblo synthesized the personal histories and recollections of all the interviewees regarding the three feasts. Because the interviewees came from different regions in Mexico, there were variances in their descriptions of what, how, or why these feasts were celebrated. And, since the selection of the participants was not a scientific one, the resulting oral histories contained some discrepancies. Each interview reflects an individual's perceptions of these events, as they occurred, to the best of their recollection.

After the original interviews were completed and transcribed, the organizers of the project realized that a more comprehensive project would be required to do justice to the rich array of information contained in the interviews. The Michigan State University Museum assisted in developing a follow-up phase, a more comprehensive documentation project which involved a larger number of interviewees and age groups.

Consequently, the current project, recorded within these pages, includes material from the original interviews, as well as material from an additional thirty-one interviews. Selection of these additional persons did not follow a scientific sample;

publicado por la Casa de Unidad en 1990.

El libro, *Tradiciones del Pueblo,* sintetizó las historias personales y las memorias de las personas que fueron entrevistadas acerca de las tres fiestas. Puesto que los entrevistados venían de diferentes regiones de México, hubo variantes en sus descripciones sobre lo que había pasado y sobre las razones por las cuales se celebraban las fiestas. Ya que la selección de los participantes no se hizo científicamente, se encontraron algunas discrepancias en las historias orales. Cada entrevista refleja entonces las percepciones particulares de un individuo acerca de los acontecimientos, tal como esa persona los recordaba.

Después de que se completaron y se transcribieron las entrevistas originales, los organizadores del proyecto se dieron cuenta de la necesidad de hacer el proyecto más extenso para hacerle justicia a la riqueza informativa que se hallaba en las entrevistas. El Museo de la Universidad Estatal de Michigan ayudó a desarrollar una fase subsecuente, en la que se documentó el proyecto más ampliamente; se involucró un número más grande de personas que fueron entrevistadas quienes representaban una variedad más amplia en cuanto a la edad.

Por consiguiente el proyecto que se encuentra documentado en estas páginas incluye material de las entrevistas originales tanto como información de las treinta y una entrevistas adicionales. La selección de estas personas adicionales no se hizo científicamente sino que se utilizó el criterio ya mencionado. Se concentró en obtener una base más representativa de las personas entrevistadas, las que eran en su mayor parte miembros de la segunda y tercera generación de las familias pioneras, o algunos inmigrantes recién llegados. Estas entrevistas las hicieron principalmente Laurie Kay Sommers del Museo de la Universidad Estatal de Michigan y los empleados de la Casa de Unidad.

Como conjunto, las entrevistas proveyeron una información más rica y más compleja acerca de la historia de los días festivos y sus tradiciones. Las memorias personales se combinaron con información previamente conocida al igual que con los resultados de la nueva investigación de los archivos. De esta forma se pudo obtener una descripción más completa, más comprensiva,

rather, it was based on the criteria previously cited, concentrating on enlarging the representative base of the interviewees, who were mainly members of second and third generations of pioneering families as well as some newly arrived immigrants. These interviews were conducted primarily by Laurie Kay Sommers of the Michigan State University Museum and Casa de Unidad's staff.

Together, the interviews provide an even richer and more complex array of information on the history of the feast days and traditions. Personal recollections were combined with data from previous and new archival research which resulted in a more complete, comprehensive, and accurate description of the three celebrations.

The gathering of information and field visits was extended from 1990 to 1992 to include new locations and additional observances. Researchers visited María, Madre de la Iglesia Misión (1990); Casa de Unidad's *Ofrenda* and Paintings exhibit by José Narezo (October 26 - November 29, 1991); the Detroit Institute of Art's "Ofrenda: An Offering to Diego Rivera" by Juan Coronel Rivera, Diego Rivera's grandson (October 4 - November 3, 1991); the Creative Arts Center (Pontiac); and the Mexican Fine Arts Museum (Chicago). Additionally, Fiestas Guadalupanas and Posadas were documented in Detroit. The *"Fiestas de la Fe"* exhibit at the Michigan State University Museum opened during this time (May - November 29, 1992), and was the result of a five-year collaborative project with Casa de Unidad Cultural Arts and Media Center.

The tapestry which emerges from the celebration of these three feasts is a testament to the Mexican community's heartfelt responses to the tremendous obstacles that have confronted them as a people. These celebrations are alternative responses to the often depressing, sometimes oppressive conditions they have confronted and endured throughout their lives, not only in their native land, but here in southwest Detroit. The continued vibrancy of these celebrations attests to their positive, life giving value.

y más exacta de las tres celebraciones.

La acumulación de información y las visitas a los sitios se extendieron hasta 1990-92 para incluir los siguientes sitios nuevos y las observancias nuevas que allí se hacían: Misión María, Madre de la Iglesia (1990); la "Ofrenda" y la exposición de pinturas de José Narezo en la Casa de Unidad (26 de octubre-29 de noviembre, 1991); la "Ofrenda: An Offering to Diego Rivera" por Juan Coronel Rivera (el nieto de Diego Rivera) en el Instituto de Arte de Detroit (el 4 de octubre - 3 de noviembre, 1991); el Centro de Artes Creativas (Pontiac); el Museo Mexicano de Bellas Artes (Chicago). Además, las visitas a las Fiestas Guadalupanas y a las Posadas se documentaron en Detroit. Las *"Fiestas de la Fe"* en el Museo de la Universidad Estatal de Michigan (mayo - noviembre 29, 1992), se abieron durante este mismo tiempo; éstas fueron el resultado de cinco años de colaboración con la Casa de Unidad, Centro Cultural de Artes y Medios de Comunicación.

El tapiz que surge de la celebración de estas tres fiestas es un testamento a los sentimientos que la comunidad mexicana ha tenido al enfrentarse con los obstáculos que ha sufrido como pueblo. Estas celebraciones son respuestas a las condiciones no sólo deprimentes sino a veces opresivas que los inmigrantes han tenido que enfrentar y sobrevivir a través de los años, no sólo en su tierra nativa sino también aquí en el suroeste de Detroit. La vitalidad continua de estas celebraciones sirve como testamento a su valor positivo y vivificativo.

Los organizadores de estos proyectos invitan a la comunidad en general a reclamar y a revitalizar las tradiciones y los valores que caracterizan a la comunidad mexicana en Detroit. Estas celebraciones representan las luchas de la comunidad y la preservación heroica de los valores que ellos consideran importantes. Éstas son historias de esperanza, de valentía y de perseverancia alegre — son un vistazo a los valores y a las características que se quieren pasar a las futuras generaciones. Ésta es la historia de un pueblo y de algunas de sus celebraciones, que sirven como fuente de inspiración, orgullo y sabiduría para todos.

Hay muchas maneras de llevar a cabo

The organizers of these projects invite the greater community to reclaim and revitalize the traditions and values that distinguish Detroit's Mexican community. These celebrations represent a community's struggles and the heroic preservation of the values they consider important. These are stories of hope, courage, and joyful perseverance — a glimpse into the values and traits they wish to pass on to future generations. This is a story of a people and some of their celebrations which are a source of inspiration, pride, and wisdom for all.

There are many ways of conducting documentation projects; this is only one model. It is recognized that this is not the last word or work on the subject of the traditional feast days of Detroit's Latino community. The interview and research materials provided a rich array of information about other feasts and events celebrated within southwest Detroit's Latino community. This presents an opportunity and a challenge for others to conduct documentation projects on other community feast days in the future.

The project collaborators are confident that the background and information provided in this book will be an excellent resource for those interested in offering culturally diverse curricula and programs, as well as those who wish to supplement their awareness of these feast days and of the Latino community of southwest Detroit.

proyectos de documentación; éste es solamente uno de los modelos. Se reconoce que ésta no será la última palabra ni el último trabajo acerca del tema de las fiestas tradicionales de la comunidad latina de Detroit. Las entrevistas y los materiales para la investigación proveyeron una riqueza de información acerca de otras fiestas y acontecimientos que la comunidad latina del suroeste de Detroit celebra. Este estudio presenta una oportunidad y un desafío para que en el futuro otras personas lleven a cabo otros proyectos de documentación acerca de otros días festivos.

Los colaboradores del proyecto tienen confianza de que el trasfondo y la información que se ha recopilado en este libro sea un recurso excelente para los que se interesen en ofrecer programas de estudios y programas de diversidad cultural; será también útil para los que quieran ampliar su conocimiento acerca de estos días festivos y para los que quieran ampliar su conocimiento sobre la comunidad latina en el suroeste de Detroit.

Preliminary Words
Palabras Preliminares

by Margarita Valdez and Ana Luisa Cardona

por Margarita Valdez y Ana Luisa Cardona

With the arrival in Michigan of the first *mexicanos, puertorriqueños, cubanos*, South, and Central Americans came their language, music, poetry, dance, and food. Over the years, the Latin culture has colored the fabric of Latino life from the barrios of Detroit to the sugar beet fields of central Michigan. Throughout, Latino artists have carried canvas and guitar for "*la causa.*" *Ballet folkloricos* have trained generations of dancers to brighten fiestas while mariachi have expressed a people's joy at *quinceañeras* and given voice to their tears at *entierros*.

Latino culture is more than the fine arts; it includes the language, religion, writings, music, paintings, photographs, dances, songs, foods, altars, games, and plays of a people. It is what a community learns and how it learns it. It is a people's unique way of life, their collective view of the world which, growing out of their past, compels them to take action in the future they are helping to shape.

Culture can only flourish in a safe and secure environment where a people's basic needs are also addressed. Take culture from a community and its members die as a people. Take culture from people and they will kill each other for designer shoes or a jacket, for a gold watch or chain, for a word

Photo/Foto: Bob McKeown

The annual Unity in the Community Festival at Clark Park in Southwest Detroit, 1990.

Festival anual, Unidad en la Comunidad, en el Parque Clark en el suroeste de Detroit, 1990.

La llegada a Michigan de los primeros mexicanos, puertorriqueños, cubanos, sudamericanos, y centroamericanos significó también la llegada de su lenguaje, su música, su poesía, sus bailes, y su comida. A través de los años, la cultura latina ha afectado la cualidad de la vida del latino en el estado de Michigan, desde los barrios de Detroit hasta los campos de betabel en el centro del estado. Siempre los artistas latinos han usado su lienzo o su guitarra para promover "la causa". El ballet folklórico ha entrenado a generaciones de bailarines para darle colorido a las fiestas; y los mariachis han expresado tanto la alegría de un pueblo en sus quinceañeras a la vez que le han dado voz a sus lágrimas en los entierros.

La cultura latina es más que sus artes; incluye también la lengua, la religión, la literatura, la música, la pintura, la fotografía, los bailes, las canciones, las comidas, los altares, los juegos, y el teatro de un pueblo. Es lo que una comunidad aprende y la manera en que aprende. Es la manera de vivir particular a un pueblo — su cosmovisión colectiva, la que surge de su pasado y que afecta la acción que configurará su futuro.

La cultura sólo puede florecer en un ambiente seguro en donde se cuidan las necesidades básicas de la gente. Si se le quita la cultura a una comunidad, esa comunidad llegará a morirse, puesto que la gente entonces llegará a matarse por zapatos o chaquetas de diseñador, por un reloj de oro o una cadena, por una palabra dicha en ira, por simplemente una mirada o un gesto. Esto es lo que hace a una comunidad llorar.

spoken in anger, or simply a look or gesture. This is what makes a community weep.

Guadalupe Aguirre's insistence that Casa de Unidad become involved in a documentation project to preserve the values Detroit's Mexican community wanted to pass on to future generations was in large part a response to the growing violence and disintegration of the traditional values she witnessed. Originally conceived as a project to capture history before the elders passed on, documentation of the feast days became the cornerstone for Casa de Unidad's Culturally Based Alternatives to Violence Initiative, a year-long cycle of celebrations based on the concept that planning, training, presentation, and leadership development is an integral part of the community-building process.

Founded in 1980, the Casa de Unidad Cultural Arts and Media Center exists to identify, preserve, and develop the cultural heritage of southwest Detroit's Latino community and to create an awareness of this heritage in Michigan. Grounded in the grass roots movements of the 1970s which were an impetus for the establishment of many programs and services in Detroit to address the socio-economic conditions of the community, a group of interested Latinos and non-Latinos, with deep roots in Detroit's barrio, founded Casa de Unidad to fill the artistic, cultural, media, and leadership needs of the Latino community. From the beginning, Casa de Unidad has approached its cultural work with two beliefs: a) that poverty is not just a lack of money, but a lack of active democracy and a lack of power; and b) that a center for creative empowerment should not only advocate but demonstrate unity through action. Casa's programming now falls into three interrelated areas: arts and culture including documentation, exhibits, special events and performances; media including graphics, printing, and publishing; and education and leadership development.

Through the Culturally Based

En parte, como respuesta a la creciente violencia y la desintegración de los valores tradicionales de la comunidad mexicana, Guadalupe Aguirrre insistió en que la Casa de Unidad, Centro Cultural de Artes y Medios de Comunicación, se dedicara a un proyecto de documentación para preservar los valores que la comunidad mexicana de Detroit quería pasar a las futuras generaciones. A pesar de que el proyecto originalmente se había concebido para documentar la historia antes de que murieran los ancianos, la documentación de las fiestas llegó a ser la piedra angular de la Iniciativa contra la Violencia, Basada en las Alternativas Culturales. Esta iniciativa de la Casa de Unidad documentó las celebraciones cíclicas durante un año, y se basó en el concepto de que la planificación, el entrenamiento, la presentación, y el desarrollo del liderazgo es una parte integral del proceso de la formación de una comunidad.

La Casa de Unidad, Centro Cultural de Artes y Medios de Comunicación, se estableció en 1980 para identificar, preservar, y desarrollar la herencia cultural de la comunidad latina del suroeste de Detroit, y para crear un conocimiento de esta herencia en Michigan. Basándose en los movimientos de origen popular de los años setenta, cuando se establecieron muchos programas y servicios en Detroit para responder a las condiciones socioeconómicas de la comunidad, un grupo interesado de latinos y no latinos, cuyas raíces estaban en el barrio de Detroit, fundaron la Casa de Unidad para responder a las necesidades de la comunidad latina en cuanto a sus expresiones artísticas, culturales, sus medios de comunicación, y sus necesidades de liderazgo. Desde sus orígenes, la Casa de Unidad ha enfrentado su trabajo cultural con dos creencias: a) que la pobreza no es solamente una carencia de dinero sino también una carencia de la democracia activa y del poder; y b) que un centro para fomentar el poder creativo debe no sólo abogar sino también demostrar la unidad a través de la acción. Los programas de la Casa de Unidad ahora se dedican a tres áreas interrelacionadas: las artes y la cultura, incluyendo la documentación, las exposiciones, los eventos especiales y los espectáculos; la comunicación, incluyendo la gráfica, la imprenta y la publicación; y la educación y el desarrollo del liderazgo.

A través de la Iniciativa contra la Violencia

Alternatives to Violence Initiative, Casa de Unidad is exploring ways of breathing new life into the preservation of the community's culture. In 1991-92 the following events and programs were observed as part of this initiative: Unity in the Community Festival, in mid-September, a visual and performing arts festival commemorating the Puerto Rican Grito de Lares and Mexican Independence Day; Día de los Muertos, November 1-2, with the commissioning of a local artist to create an altar; the Fiestas Guadalupanas, December 12, participation in community celebrations; Las Posadas, December 16-24, participation in community celebrations; Anti-Violence Week, mid-May, a school-based program of activities for students and parents; Summer Youth Programs, summer 1992, a series of photography, mural, and documentation workshops for young people; Festival of Michigan Folklife, summer 1992, mural-making by summer program youth at a statewide festival; and the *"Fiestas de la Fe/ Celebrations of Faith"* exhibition, May-November, 1992, a collaborative exhibit between Casa de Unidad and the Michigan State University Museum.

Through this year-long cycle, young and old in southwest Detroit's community came in touch with each other to discover their stories, to develop skills, to discover new careers, and to dream of their future. Together, young and old physically reached out to other communities, sharing their gifts and learning through these new experiences. Through these experiences, people came together without fear to continue the creation of their culture.

The collaborators involved in the creation of this book hope that it will be a source of inspiration to those who not only want to document traditions but want also to ensure the cultural vitality of the *colonia mexicana* and the entire community.

Basada en las Alternativas Culturales, la Casa de Unidad está explorando las maneras con las cuales se le pueda dar nueva fuerza a la cultura de la comunidad. En 1991-92 los siguientes eventos y programas se observaron como parte de esta iniciativa: a mediados de septiembre, el Festival de la Unidad en la Comunidad, un festival de las artes visuales y de los espectáculos que conmemoraban el Grito de Lares puertorriqueño y el Día de la Independencia Mexicana; el 1⁰ y 2 de noviembre, el Día de los Muertos, que incluyó la comisión de un altar por un artista local; el 12 de diciembre, las Fiestas Guadalupanas, con muchas celebraciones en la comunidad; del 16 al 24 de diciembre, la celebración de las Posadas en la comunidad; a mediados de mayo, la Semana de la Antiviolencia, un programa de actividades en las escuelas para los alumnos y sus padres; el verano de 1992, los Programas de Verano para los Jóvenes, una serie de talleres sobre la fotografía, el muralismo y la documentación para los jóvenes; durante el verano de 1992, el Festival de la Vida del Pueblo de Michigan, que incluyó una demostración por jóvenes del programa de verano que enseñaba cómo hacer murales; y de mayo a noviembre, 1992, las *"Fiestas de la Fe"*, una exposición y talleres que resultaron a causa de la colaboración entre la Casa de Unidad y el Museo de la Universidad Estatal de Michigan.

Durante este ciclo de un año, los jóvenes y los ancianos de la comunidad del suroeste de Detroit conocieron y descubrieron sus historias, sus capacidades, sus aspiraciones de nuevas carreras, y sus sueños para su futuro. Juntos, los jóvenes y los ancianos se extendieron a otras comunidades para compartir sus talentos y para aprender a través de esta experiencia. Por medio de estas experiencias, el pueblo latino se reunió sin ningún miedo para continuar la creación de su cultura.

Los colaboradores en la creación de este libro, esperan que el libro sea una fuente de inspiración para las personas que no sólo se interesen en la documentación de sus tradiciones sino que también quieran asegurar la vitalidad cultural de la colonia mexicana y de la comunidad entera.

Acknowledgments
Agradecimientos

This book is part of a multi-faceted research project which began in 1988 and reflects the contributions of many individuals and organizations. The *madrina* of the entire project was the late María Guadalupe Aguirre, former program director of Casa de Unidad Cultural Arts and Media Center in Detroit. Lupe's love of her Mexican heritage, the Catholic church, and the southwest Detroit community gave this project its heart and soul. The memory of Lupe's warmth, vision, and dedication gave us the strength to finish it without her. Lupe, this book is for you.

Lupe envisioned a community documentation project which would record and preserve the stories of three Mexican-American religious and cultural fiestas as remembered and experienced by members of the Detroit *colonia mexicana*. This book would not have been possible without the generous participation of numerous individuals who were interviewed both formally and informally. They include Rose Aguilar, Alfredo Aguirre, Alfredo Aguirre, Jr., Jaime Aguirre, Paulina Aguirre, María Hernández Alcalá, Consuelo Alcalá, José Alfaro, María Magaña Alvizu, Father James Barrett, Rafaela Barroso, María Benítez, Pedro Castillo, Angel and Teresa Cornejo, Bertha Godínez, Luz and Pablo Escamilla, Rubén González, Amelia González, Josefina González, Father Juan González, Ezequiel Hernández, Trini Hernández, Irma Valdez Landín, Guadalupe Tafoya Lozano, Frank "Panchito" Lozano, Margarita Magaña, Nicolás Mares, Sr., Roberto Muñoz, José and Petra Narezo, Dolores "Lolita" Olvera, Isabel Oropeza, Florencio Perea, Hector Pérez, José and Micaela Pérez, Sonnie Casillas Pérez and Argelio "Ben" Pérez, Sr., Concepción "Doña Conchita" Ramírez, Sally Blancarte Ramón, Angie Reyes, Joe Rodríguez, Gloria Rosas, Mary and Gilberto Rufino, Vicenta "Chenta" Salazar, Rosa Solano, Carmen Solís-Crowley, Teresa Tosqui, Carmen and David Valdez, Angélica and Raymundo Yáñez, and Manuel Zaragoza.

Este libro es parte de un proyecto de investigación multifacética que se inició en 1988 y que refleja las contribuciones de muchos individuos y organizaciones. La madrina del proyecto fue la fallecida María Guadalupe Aguirre, anterior Directora de Programación de Casa de Unidad, Centro Cultural de Artes y Medios de Comunicación, en Detroit. El amor de Lupe por su legado mexicano, por la iglesia católica, y por la comunidad del suroeste de Detroit le dio a este proyecto su corazón y su espíritu. La memoria del calor humano de Lupe, de su visión, y de su dedicación nos dieron las fuerzas necesarias para concluir este proyecto sin ella. Lupe, este libro es para ti.

Lupe previó un proyecto de documentación de la comunidad que documentara y preservara las historias de tres fiestas religiosas de los méxico-americanos, tal como habían sido experimentadas y recordadas por miembros de la colonia mexicana de Detroit. Este libro no hubiera sido posible sin la participación generosa de numerosos individuos, quienes fueron entrevistados formal e informalmente. Entre ellos están: Rose Aguilar, Alfredo Aguirre, Alfredo Aguirre, Jr., Jaime Aguirre, Paulina Aguirre, María Hernández Alcalá, Consuelo Alcalá, José Alfaro, María Magaña Alvizu, el Padre James Barrett, Rafaela Barroso, María Benítez, Pedro Castillo, Angel y Teresa Cornejo, Bertha Godínez, Luz y Pablo Escamilla, Rubén González, Amelia González, Josefina González, el Padre Juan González, Ezequiel Hernández, Trini Hernández, Irma Valdez Landín, Guadalupe Tafoya Lozano, Frank "Panchito" Lozano, Margarita Magaña, Nicolás Mares, Roberto Muñoz, José y Petra Narezo, Dolores "Lolita" Olvera, Isabel Oropeza, Florencio Perea, Hector Pérez, José y Micaela Pérez, Sonnie Casillas Pérez y Argelio "Ben" Pérez, Concepción "Doña Conchita" Ramírez, Sally Blancarte Ramón, Angie Reyes, Joe Rodríguez, Gloria Rosas, Mary y Gilberto Rufino, Vicenta "Chenta" Salazar, Rosa Solano, Carmen Solís-Crowley, Teresa Tosqui, Carmen y David Valdez, Angélica y Raymundo Yáñez, y Manuel Zaragoza.

Debemos nuestra gratitud, especialmente, a un grupo dedicado de voluntarios de nuestra

We owe a special debt of gratitude to the dedicated group of community volunteers, anthropologists, and folklorists who conducted interviews. These include Consuelo Alcalá, Alexandra Boján, Margarita Jiménez, Irma Valdez Landín, William G. Lockwood, Esther P. Magaña, Consuelo Rodríguez Meade, Mario Montaño, Father Leo Reilly, Joe Rodríguez, Trinidad Sánchez, Jr., Laurie Kay Sommers, Guadalupe Aguirre, and Marta E. Lagos. Irma Tavárez, Esther P. Magaña, and Elisabeth Nuñez assisted with interview transcriptions.

The initial phase of the documentation resulted in the 1990 publication, *Tradiciones del Pueblo — Traditions of Three Mexican Feast Days in Southwest Detroit*, edited by Margarita Valdez and published by Casa de Unidad Cultural Arts and Media Center. The *Tradiciones del Pueblo* project and publication received funding from the National Endowment for the Arts, the Michigan Council for the Arts (now Michigan Council for Arts and Cultural Affairs), Detroit Council of the Arts, MICHCON, and Bridget Smith Schinkai. The Michigan State University Museum provided in-kind and technical support. The subsequent phase, which resulted in the current work, *Fiesta, Fe, y Cultura — Celebrations of Faith and Culture in Detroit's Colonia Mexicana*, was a collaboration between Casa de Unidad Cultural Arts and Media Center and the Michigan State University Museum. *Fiesta, Fe, y Cultura* was made possible by generous project support grants from the Michigan Humanities Council, the W.K. Kellogg Foundation, and the National Endowment for the Humanities. Special thanks to LuAnn Kern with the Michigan Humanities Council and Manuel Piña and C. Patrick Babcock of the W. K. Kellogg Foundation for their encouragement and assistance. Ana Luisa Cardona was particularly helpful in writing and conceptualizing the Kellogg grant with Laurie Kay Sommers. The Michigan Council for Arts and Cultural Affairs, the College of Arts and Letters, American Studies Program, and Office of Graduate Studies at Michigan

comunidad, y a antropólogos y folkloristas que hicieron las entrevistas. En nuestra lista se incluye a Consuelo Alcalá, Alejandra Boján, Margarita Jiménez, Irma Valdez Landín, William G. Lockwood, Esther P. Magaña, Consuelo Rodríguez Meade, Mario Montaño, el Padre Leo Reilly, Joe Rodríguez, Trinidad Sánchez, Jr., Laurie Kay Sommers, Guadalupe Aguirre; Marta E. Lagos. Irma Tavárez, Esther P. Magaña, y Elisabeth Núñez nos asistieron con las transcripciones.

Como parte de la fase inicial de la documentación se produjo una publicación en 1990, *Tradiciones del Pueblo — Traditions of Three Mexican Feast Days in Southwest Detroit*, con Margarita Valdez como redactora. Este libro fue publicado por la Casa de Unidad, Centro Cultural de Artes y Medios de Comunicación. Ambos el proyecto y la publicación de *Tradiciones del Pueblo* recibieron el apoyo financiero de las siguientes agencias: Dotación Nacional de las Artes, el Consejo de Artes de Michigan (ahora el Consejo para las Artes y Cultura de Michigan), el Consejo de Artes de Detroit, MICHCON, y Bridget Smith Schinkai. El Museo de la Universidad Estatal de Michigan prestó apoyo y servicios técnicos. La colaboración entre la Casa de Unidad y el Museo de la Universidad Estatal de Michigan produjo *Fiesta, Fe, y Cultura — Celebrations of Faith and Culture in Detroit's Colonia Mexicana*. *Fiesta, Fe, y Cultura* se llevó a cabo con el apoyo generoso del Consejo de las Humanidades de Michigan, la Fundación W.K. Kellogg y la Dotación Nacional para las Humanidades. Se le agradece especialmente a LuAnn Kern del Consejo de la Humanidades de Michigan y a Manuel Piña y C. Patrick Babcock de la Fundación W.K. Kellogg por su apoyo y asistencia. Ana Luisa Cardona contribuyó en especial a la conceptualización de la propuesta de Laurie Kay Sommers que ayudó a obtener la contribución monetaria de la Fundación Kellogg. También prestaron su apoyo los siguientes grupos: el Consejo para las Artes y la Cultura de Michigan, La Facultad de Artes y Letras de la Universidad Estatal de Michigan, y el Programa de Estudios Americanos tanto como la Oficina de Estudios Graduados de dicha universidad.

Numerosas organizaciones y muchos

Acknowledgments
Agradecimientos

State University also provided essential support.

Numerous organizations and individuals allowed us to photograph their objects and activities; this book would not have been possible without their cooperation and support. Special thanks go to the principal churches and parish communities documented during the research: Ste. Anne, Most Holy Trinity, Holy Redeemer, St. Gabriel, Holy Cross, and Misión María, Madre de la Iglesia. David Perry, who volunteered his efforts in 1988-89 during *Tradiciones del Pueblo,* served as chief project photographer during 1990-92. David Perry's enthusiasm, professionalism, and dedication were a major asset to this project. Several photographers assisted with the photographic documentation, among them Dolores González, Al Kamuda, Marta E. Lagos, Bob McKeown, Joe Rodríguez, Paul Rodríguez, Laurie Kay Sommers, Eduardo Treviño, and Margarita Valdez.

The visual history of the Detroit *colonia mexicana* is mainly in private hands, and our gratitude goes to those individuals who shared their photographs: María Hernández Alcalá, José Alfaro, Frances Angiano, Father James Barrett, Irma Carrasco, Robert Killips and the Hispanic Cultural Center of Lansing, Frank Lozano, and Sally Blancarte Ramón. Additional photographs were obtained from the collections of the Library of Congress, Henry Ford Museum and Greenfield Village, the *Detroit News,* and the Burton Historical Collections of the Detroit Public Library. Teresa Cornejo of the Mexican Civic and Patriotic Committee, and José Alfaro, María Hernández Alcalá, and Father James Barrett shared newspaper clippings and event programs. The archival staff of Most Holy Trinity Church, Ste. Anne Church, and the Archdiocese of Detroit all provided valuable assistance.

Zaragosa Vargas, Department of History at the University of California, Santa Barbara, generously shared records from Our Lady of Guadalupe Church, several interviews from his own research, and an

individuos nos permitieron sacar fotos de sus objetos y actividades; este libro no hubiera sido posible sin su cooperación y apoyo. Extendemos agradecimientos especiales a las iglesias y a las parroquias principales cuyas actividades fueron documentadas durante la investigación: Santa Ana, La Santísima Trinidad, el Santísimo Redentor, San Gabriel, Santa Cruz, y Misión María, Madre de la Iglesia. David Perry, quien trabajó voluntariamente en 1988-89 en el proyecto *Tradiciones del Pueblo,* sirvió como el fotógrafo a cargo del proyecto durante 1990-92. El entusiasmo de David Perry, su profesionalismo y su dedicación fueron indispensables para este proyecto. Otros fotógrafos asistieron con la documentación fotográfica, entre ellos: Dolores González, Al Kamuda, Marta E. Lagos, Bob McKeown, Joe Rodríguez, Paul Rodríguez, Laurie Kay Sommers, Eduardo Treviño, y Margarita Valdez.

La historia visual de la colonia mexicana de Detroit está, mayormente, en manos privadas y agradecemos a las personas que gentilmente compartieron sus fotografías: María Hernández Alcalá, José Alfaro, Frances Angiano, el Padre James Barrett, Irma Carrasco, Robert Killips y el Centro Cultural Hispano de Lansing, Frank Lozano, y Sally Blancarte Ramón. Otras fotos se obtuvieron de las colecciones de la Biblioteca del Congreso, del Museo Henry Ford, de la Villa Greenfield, del *Detroit News,* de la Colección Histórica Burton de la Biblioteca Pública de Detroit. Teresa Cornejo del Comité Patriótico Mexicano, y José Alfaro, María Hernández Alcalá, y el Padre James Barrett compartieron sus recortes de periódicos y sus programas de los eventos. También prestaron su valiosa asistencia personal los archivos de las Parroquias de la Santísima Trinidad y Santa Ana, y de la Arquidiócesis de Detroit.

Zaragoza Vargas del Departamento de Historia de la Universidad de California en Santa Bárbara compartió generosamente sus datos sobre la Parroquia de Nuestra Señora de Guadalupe. También nos prestó varias entrevistas de su propia investigación e información indispensable acerca de los lugares donde se encuentran fotografías históricas.

María Quinlan Leiby sirvió como la asistente

invaluable list which documented the locations of historic photographs.

Maria Quinlan Leiby served as principal research assistant to *Fiesta, Fe, y Cultura* during an American Studies graduate assistantship with the Michigan State University Museum in 1990-91. Maria located publications related to Detroit Mexicans and the religious fiestas, prepared annotated bibliographies, and conducted primary research at various archives and libraries. Her work made a significant contribution to the scholarly integrity of *Fiesta, Fe, y Cultura*.

Michigan State University Museum provided in-kind services and technical support throughout this project. Special thanks go to C. Kurt Dewhurst, Marsha MacDowell, and Yvonne R. Lockwood for their support and encouragement, Chantel Cummings for her many hours cataloging photographs, tapes, and other documentation, Ruth D. Fitzgerald for her work editing the English manuscript, and Terry Hanson and Judy DeJaegher for their assistance with bookkeeping and paperwork.

Ken Miller of Bowen Branch, Detroit Public Library, supported this project by providing technical assistance. Al Frank provided technical consulting. Maria Catalfio typeset the manuscript and provided valuable consultation. Bob Simpson designed the book and provided consultation. Margarita Reichouni reviewed, provided technical assistance, provided translation assistance, and served as a reader for the Spanish translation.

Staff from Casa de Unidad Cultural Arts and Media Center also provided technical and in-kind support: David W. Conklin as project manager, managing editor, fiscal agent, and printing consultant; Marta E. Lagos as associate managing editor, and manuscript reader; Margarita Valdez as special projects consultant, Spanish translator of the first draft, and co-author of the Preface and Preliminary Words with Ana Luisa Cardona; George Perazza with technical and graphics support; Rebecca

principal de la investigación para *Fiesta, Fe, y Cultura* durante su Ayudantía en Estudios Americanos en el Museo de la Universidad Estatal de Michigan durante 1990-91. María localizó publicaciones relacionadas a los mexicanos de Detroit y a las fiestas religiosas, preparó las bibliografías anotadas, e hizo la investigación primaria en varios archivos y bibliotecas. Su trabajo fue indispensable para la integridad erudita de *Fiesta, Fe, y Cultura*.

El Museo de la Universidad Estatal de Michigan prestó servicios técnicos durante todo el transcurso de este proyecto. Se le agradece en especial a C. Kurt Dewhurst, Marsha MacDowell e Yvonne R. Lockwood por su apoyo y ánimo, a Chantel Cummings por las horas que pasó catalogando las fotografías, las cintas magneticas y otros documentos, a Ruth D. Fitzgerald por su redacción del manuscrito en inglés, y a Terry Hanson y Judy DeJaegher por su asistencia en mantener los libros financieros y los documentos oficiales.

Ken Miller de la Sucursal Bowen de las Bibliotecas Públicas de Detroit ayudó a este proyecto con asistencia técnica. Al Frank sirvió como consejero técnico. María Catalfio escribió a máquina el manuscrito y ayudó como consultora. Bob Simpson diseñó el libro y ayudó también como consultor. Margarita Reichouni ayudó con asistencia técnica, y con la traducción, y sirvió como uno de los lectores de la traducción en español.

El personal de la Casa de Unidad, Centro Cultural de Arte y Medios de Comunicación, también aportó apoyo técnico y servicios. David W. Conklin funcionó como administrador del proyecto, como redactor general y como agente fiscal y consultante de imprenta; Marta E. Lagos fue subredactora general y lectora del manuscrito; Margarita Valdez sirvió de consultora en proyectos especiales, traductora al español de la primera redacción, y autora del prefacio y palabras preliminares con Ana Luisa Cardona; George Perazza ayudó con su apoyo técnico y gráfico. Rebecca Landín fue subcoordinadora durante el año 1994 y consultora cultural además de asistente de ayuda técnica; Fritzi Marroquín, Margarita Chávez, Lorena Serratos, Celina Landín, y Eduardo Treviño contribuyeron

Acknowledgments
Agradecimientos

Landín beginning in 1994 as assistant project coordinator, reader, cultural consultant, and provider of technical assistance; Fritzi Marroquín, Margarita Chávez, Lorena Serratos, Celina Landín, and Eduardo Treviño with technical assistance; José Torres with assistance and support; Reynaldo Ruiz with proofreading the Spanish translation, providing translation assistance, and giving useful comments. In addition, Marta E. Lagos and Margarita Valdez provided useful information and suggestions for the glossary and assisted Laurie Kay Sommers with photo selection and identification with the help of community members Teresa Cornejo, Bertha Godínez, and Vicenta "Chenta" Salazar.

Several teachers and youth workers from southwest Detroit met in 1991 to suggest ways to make our end products useful to the community. We thank the following individuals for their assistance: Antonio González-Prendes, Blanca Díaz, Dwayne Moore, Faye Cadwell, Juanita Flores, and Roberto Muñoz. Additional critical input during the writing process came from outside readers for the English manuscript: William G. Lockwood, Bernard Ortiz de Montellano, and Father Robert Power; and for the Spanish translation: Alejandro Cervantes, Pablo Aníbal Lugo, and Sergio de la Garza. Roberta Fernández of Arte Público Press and the Department of Modern and Classical Languages of the University of Houston, edited the Spanish text, and translated a large portion of the Spanish text.

Several related projects emerged as part of our research. A major interpretive exhibition entitled "*Fiestas de la Fe*/Celebrations of Faith," was mounted at the Michigan State University Museum in 1992 and Casa de Unidad Cultural Arts and Media Center in 1995, co-curated by Laurie Kay Sommers and Marta E. Lagos. Ruth D. Fitzgerald, who served as editor, and Juan Álvarez and Phil Lienhart of the museum's exhibitions division, contributed substantially to the success of the exhibition. Nancy Donnelly, the museum's publicist, was particularly helpful

con su ayuda técnica; José Torres proveyó su asistencia y su apoyo; Reynaldo Ruiz fue lector de la traducción al español, dio sugerencias muy útiles, y ayudó con la traducción. Marta E. Lagos y Margarita Valdez también aportaron información útil y sugerencias para el glosario y asistieron a Laurie Kay Sommers con la selección e identificación de las fotos. En esto también hubo la ayuda de miembros de la comunidad: Teresa Cornejo, Bertha Godínez, y Vicenta "Chenta" Salazar.

Varios maestros y trabajadores jóvenes del suroeste de Detroit se reunieron en 1991 para sugerir cómo los productos finales pudieran ser útiles para la comunidad. Agradecemos la asistencia de las siguientes personas: Antonio González-Prendes, Blanca Díaz, Dwayne Moore, Faye Cadwell, Juanita Flores, y Roberto Muñoz. Los siguientes lectores externos prestaron información crítica al manuscrito en inglés: William G. Lockwood, Bernard Ortiz de Montellano, y el Padre Robert Power; y en la traducción al español: Alejandro Cervantes, Pablo Aníbal Lugo, y Sergio de la Garza. Roberta Fernández, de Arte Público Press y del Departamento de Lenguas Modernas y Classicas de la Universidad de Houston sirvío como editora de la versión en español de nuestro libro y ayudó con gran parte de la traducción al español.

Otros proyectos surgieron como parte de nuestras investigaciones. Una exposición importante titulada "*Fiestas de la Fe*/Celebrations of Faith" fue montada en el Museo de la Universidad Estatal de Michigan en 1992, y en 1995 en la Casa de Unidad, Centro Cultural de Artes y Medios de Comunicación. Esta exposición interpretativa fue organizada por Laurie Kay Sommers y Marta E. Lagos. Ruth D. Fitzgerald, quien sirvió como redactora, y Juan Álvarez y Phil Lienhart, de la División de Exhibiciones del Museo, contribuyeron substancialmente al éxito de la exposición. Nancy Donnelly, la publicista del museo, prestó ayuda profesional a las realizaciones públicas. Los fondos monetarios fueron suministrados en forma significativa por la Dotación Nacional de las Artes, el Consejo de las Humanidades de Michigan, y el Consejo de Artes y Cultura de Michigan. Agradecemos especialmente a los individuos y a las instituciones

with public relations. Major funding was provided by the National Endowment for the Arts, the Michigan Humanities Council, and the Michigan Council for Arts and Cultural Affairs. Special thanks go to the individuals and institutions who loaned objects for the exhibition and also provided information which enriched the research and writing of this publication: Alfredo Aguirre, Jr., Jaime Aguirre, Rafaela Barroso, Pedro and Gloria Castillo, Bertha Godínez, Ezequiel Hernández, Magdalena Hernández, José and Petra Narezo, Florencio Perea, Micaela Pérez, Sonnie Casillas Pérez, Angie Reyes and Latino Family Services, Vicenta "Chenta" Salazar, Ste. Anne Church, St. Gabriel Church, Trinidad Sánchez, Jr., Rita Solís, and Carmen Solís-Crowley.

WDET 101.9 FM radio in Detroit provided in-kind support for a slide-tape program entitled *Tradiciones del Pueblo*, which received funding from the Michigan Humanities Council and Michigan Council for the Arts. Peter H. Wehr, Kevin Hendrickson, and Victoria Balloon, at the Michigan State University Museum, worked on a computerized version of the slide-tape program.

Numerous other individuals provided information and support during the research and writing of *Fiesta, Fe, y Cultura*. We are especially grateful to those who believed in this book and its importance. Our families, friends, and colleagues have sustained and encouraged us throughout. We hope that *Fiesta, Fe, y Cultura* is a meaningful and appropriate gift to the community whose history it documents and to all who gave of their time, memories, and resources.

quienes prestaron sus objetos para la exhibición y también proveyeron información que enriqueció la investigación y la preparación de esta publicación: Alfredo Aguirre Jr., Jaime Aguirre, Rafaela Barroso, Pedro y Gloria Castillo, Bertha Godínez, Ezequiel Hernández, Magdalena Hernández, José y Petra Narezo, Florencio Perea, Micaela Pérez, Sonnie Casillas Pérez, Angie Reyes y los Servicios para las Familias Latinas, Vicenta "Chenta" Salazar, las Parroquias de Santa Ana y San Gabriel, Trinidad Sánchez, Jr., Rita Solís, y Carmen Solís-Crowley.

La estación de radio en Detroit, WDET FM 101.9, aportó apoyo específico para un programa audiovisual de transpariencias titulado *Tradiciones del Pueblo* que recibió fondos monetarios del Consejo de las Humanidades de Michigan y del Consejo de las Artes de Michigan. Peter H. Wehr, Kevin Hendrickson, y Victoria Balloon, todos del Museo de la Universidad Estatal de Michigan, trabajaron en una versión computerizada del programa audiovisual.

Numerosos otros individuos contribuyeron con información y apoyo durante la investigación y la etapa de escritura de *Fiesta, Fe, y Cultura*. Agradecemos en especial a los que creyeron en este libro y en su importancia. Agradecemos a nuestras familias, amistades y colegas quienes nos han sostenido y alentado en su transcurso. Esperamos que *Fiesta, Fe, y Cultura* sea un regalo significativo y adecuado para la comunidad cuya historia queda documentada aquí, y para todos los que aportaron su tiempo, sus memorias y sus recursos.

¡Muchísimas gracias a todos!

Laurie Kay Sommers, Michigan State University Museum, and Casa de Unidad Cultural Arts and Media Center, March, 1995

A very sincere *gracias* to Margarita Valdez who was instrumental in working with the author to ensure that the manuscript was an accurate account of our Latino community's celebrations and reflected the community's cultural integrity. This project was close to her heart, as she was an active participant in these traditional fiestas. Margarita served as the Special Projects staff member at Casa de Unidad where she worked tirelessly and with much dedication. Unfortunately, she succumbed to her illness in May of 1994, before this book came to fruition. We will remember her work and love for her community in this book.

Un sincero agradecimiento a Margarita Valdez quien le ayudó inmensamente a la autora para que el manuscrito fuera un informe fiel de las celebraciones de la comunidad latina y quien también aseguró que la integridad cultural de la comunidad se reflejara en este trabajo. Este proyecto estaba muy al fondo de su corazón ya que era muy activa en las celebraciones de estas fiestas tradicionales. Margarita trabajó como miembro del equipo de Proyectos Especiales en la Casa de Unidad. Trabajó infatigablemente y con mucha dedicación. Desafortunadamente, no pudo resistir su enfermedad y murió en mayo de 1994 antes de que este libro saliera a luz. Nos acordaremos de su trabajo y de su amor por la comunidad en este libro.

Introduction
Introducción

Roberto Ayala and Frances Angiano pose in Mexican dress, circa 1950s.

Roberto Ayala y Frances Angiano posan con vestido típico mexicano, hacia los años cincuenta.

Introduction
Introducción

by Laurie Kay Sommers and Maria Quinlan Leiby[1]

María Guadalupe Aguirre had a dream. She dreamed of a project to preserve the stories of the *ancianos*, Mexican elders who brought the language and culture of their homeland to Detroit. These are compelling stories of people from diverse regions and social classes who left a Mexico torn by the economic and political ravages of the Revolution of 1910-17 and the Cristero Rebellion of 1926-29. They arrived in a city full of immigrants drawn by jobs in auto plants, foundries, and railroads. Their stories are those of people who struggled to maintain the *tradiciones del pueblo*, the distinctive and ancient traditions of Mexico, as they created new lives at the Canadian border. Their hard work and perseverance established what has become the oldest and largest urban Mexican-American population in Michigan.[2]

Lupe Aguirre was born in the small *pueblo* of Ixtlahuacán del Río, Jalisco. She and her husband Alfredo came to Detroit in 1954, where they found a sizable Mexican population with businesses, organizations, and churches serving Mexican families. Like many of their compatriots, Lupe and Alfredo first settled in Corktown near

por Laurie Kay Sommers y María Quinlan Leiby[1]

María Guadalupe Aguirre tuvo un sueño. Soñó con un proyecto para preservar las historias de los ancianos, los mexicanos que trajeron el idioma y la cultura de su tierra natal a Detroit. Éstas son historias impresionantes de personas que provinieron de diversas regiones y clases sociales, quienes dejaron a un México desgarrado por las injurias económicas y políticas de la Revolución de 1910-17 y por la Rebelión Cristera de 1926-29. Llegaron a una ciudad llena de inmigrantes, atraídos por los trabajos en las fábricas de automóviles, los trabajos en las fundiciones, y en el ferrocarril. Sus historias tratan de gente que luchaba por mantener las tradiciones de su pueblo a la vez que creaban nuevas formas de vida en la frontera canadiense. Su trabajo arduo y su perseverancia estableció lo que ahora es la población más grande y más antigua méxico-americana en Michigan.[2]

Lupe Aguirre nació en el pueblito Ixtlahuacán del Río en Jalisco. Ella y su esposo Alfredo llegaron a Detroit en 1954, donde encontraron a una población mexicana grande, la que tenía negocios, organizaciones, y parroquias que servían a familias mexicanas. Como muchos de sus compatriotas, Lupe y Alfredo se establecieron primero en Corktown, cerca de la parroquia de la Santísima Trinidad, y después se trasladaron a la Avenida Wendell y West Vernor, un área que ahora es parte del barrio del suroeste de Detroit. Aquí Lupe

Photo/Foto: David Perry

María Guadalupe Aguirre (left) hands copies of *Tradiciones del Pueblo* to Luz and Pablo Escamilla, Ste. Anne Parish Hall, 1990.

María Guadalupe Aguirre (izquierda) presenta copias de *Tradiciones del Pueblo* a Luz y Pablo Escamilla en el salón parroquial de Santa Ana, 1990.

Most Holy Trinity Church and later moved to Wendell Avenue off West Vernor, an area now part of the southwest Detroit barrio. Here Lupe began a new phase of her life, raising a family of five and participating in activities of the community and Catholic church, but she never forgot her Mexican heritage. In 1971 she told the *Detroit Free Press*: "I teach my children to be proud of being Mexican. So many young Mexicans are ashamed — they hang their heads down. And that is not right. We are the lucky ones here, for we have two cultures."[3] Later, as program director of Casa de Unidad Cultural Arts and Media Center, she pioneered a community documentation project and publication, *Tradiciones del Pueblo — Traditions of Three Mexican Feast Days in Southwest Detroit*, which is the first in-depth look at Mexican-American traditional culture in Michigan.

The present work, a more comprehensive documentation of the three religious celebrations covered in *Tradiciones del Pueblo*, is the fulfillment of Lupe's dream and a tribute to her appreciation of the richness which comes from the blending of two cultures. It focuses on cultural continuity and change in celebrations associated with Día de los Muertos (November 1-2), the Fiestas Guadalupanas (December 12), and Las Posadas (December 16-24). Día de los Muertos (Day of the Dead) includes such customs as visiting, cleaning, and decorating graves, and preparing special altars in honor of the dead souls. The feast day for Mexico's Patroness, the Virgin of Guadalupe, occurs on December 12. Las Posadas is a pre-Christmas novena which reenacts the Biblical story of Mary's and Joseph's search for lodging on their journey to Bethlehem with candlelight processions, special songs, rosaries, and a party. The term *fiesta* as applied to these events refers to the widespread Mexican tradition of saint's day celebrations, religious processions, and other religious observances which variously combine procession, dance, music, costume, drama, foodways,

empezó una fase nueva de su vida, criando a su familia de cinco hijos y participando en las actividades de la comunidad y de la iglesia católica, pero nunca olvidó su herencia mexicana. En 1971 le dijo al *Detroit Free Press*: "Les enseño a mis hijos que deben tener orgullo de ser mexicanos. Muchos jóvenes se avergüenzan — inclinan la cabeza. Eso no está bien. Nosotros somos los dichosos en este caso porque tenemos dos culturas."[3] Después, como Directora de Programación en la Casa de Unidad, Centro Cultural de Artes y Medios de Comunicación, sentó las bases para un proyecto de documentación y una publicación, *Tradiciones del Pueblo — Traditions of Three Mexican Feast Days in Southwest Detroit*, la primera investigación de una visión profunda de la cultura tradicional de los méxico-americanos en Michigan.

La obra que se presenta aquí es una documentación aún más extensa de las tres celebraciones religiosas y culturales que se presentan en *Tradiciones del Pueblo,* y con ella se cumple el sueño de Lupe; a la vez, sirve como un tributo por su reconocimiento de la riqueza que surge cuando se mezclan dos culturas. Ésta enfoca en la continuidad y el cambio cultural que se asocia con el Día de los Muertos (1^0 y 2 de noviembre), las Fiestas Guadalupanas (12 de diciembre), y las Posadas (16-24 de diciembre). El Día de los Muertos incluye la visita, la decoración de las sepulturas, y la preparación de altares especiales en honor de las almas de los difuntos. La fiesta de la Patrona de México, la Virgen de Guadalupe, se celebra el 12 de diciembre. Las Posadas son una novena prenavideña que representa la historia bíblica de la búsqueda de posada por María y José durante su viaje hacia Belén. La Posada incluye una procesión a luz de vela, unos cantos especiales, el rezo de rosarios, y una fiesta. El término *fiesta*, aplicado a estos eventos se refiere a las celebraciones asociadas con los días de los santos. Las procesiones religiosas consisten de bailes, música, vestuarios especiales, drama, comidas, altares tradicionales, y otras formas de cultura material. La persistencia de tales géneros significantes e importantes entre los mexicanos de Detroit sirve como un ejemplo de la continuidad cultural, a pesar de algunas adaptaciones

traditional altars, and other forms of material culture. The persistence of such a significant and pervasive genre among Detroit Mexicans is a compelling example of cultural continuity, despite creative adaptations which occurred in the Michigan context.

The selection of these three fiestas as subjects for study reflects known research emphases among other Mexican-American populations rather than an informed choice of the most important religious folkways in Detroit. When the research which led to *Tradiciones* and the present work began, there was little documentation of the city's Mexican-American religious folk culture. The Fiestas Guadalupanas and Las Posadas were celebrated actively, although no one had researched their particular histories within Detroit. Día de los Muertos did not appear to be observed as extensively as the other traditions, but it was of interest because of its recent resurgence in art exhibitions across the country. Further investigation of Día de los Muertos was necessary to determine its past and present significance within the Detroit *colonia mexicana*. As a group, the three fiestas provide an excellent case study of cultural continuity, conflict, and change within a *colonia* of immigrants and their descendants. At a time when many Mexican-Americans fear the loss of both community and culture, the persistence and courage reflected in the history of these fiestas is a story which needs to be told.

Research in the *Colonia*

The research which resulted in *Fiesta, Fe, y Cultura* is unique in its cultural focus and its use of folkloristic methodology, but it is not the first study of the Detroit *colonia mexicana*. The sociologist and anthropologist Norman Humphrey wrote his doctoral and masters thesis and a series of articles in the 1940s and 1950s which drew on his fieldwork and caseworker records of the Detroit Department of Public Welfare. His articles, published in academic journals, emphasize social and economic

creativas que han ocurrido en el estado de Michigan.

La selección de estas tres fiestas como temas de investigación refleja más bien el énfasis en otras investigaciones ya conocidas acerca de otras poblaciones méxico-americanas en lugar de ser una selección informada de los ejemplos más sobresalientes que se pueden encontrar en la religiosidad popular de Detroit. Cuando se inició la investigación que terminó con las *Tradiciones del Pueblo* y con la obra actual, había poca documentación sobre la religiosidad popular de los méxico-americanos de Detroit. Las Fiestas Guadalupanas y las Posadas se celebraban activamente aunque nunca se habían investigado las historias particulares de las manifestaciones que se practicaban en Detroit. Aparentemente el Día de los Muertos no se había celebrado tradicionalmente en forma activa, pero sí era de interés a causa del nuevo resurgimiento de esta fiesta en exhibiciones artísticas que se han presentado por todo el país. A causa de esto se tuvo que hacer una investigacíon profunda sobre el Día de los Muertos para determinar el significado que esta fiesta ha tenido para la colonia mexicana en Detroit en la actualidad y en el pasado. Por lo tanto, los resultados proveen un estudio excelente de cómo se manifiesta entre la colonia de inmigrantes y de sus descendientes un caso particular de la continuidad, del conflicto, y del cambio cultural. Durante una época en que muchos méxico-americanos temían la pérdida de su comunidad y de su cultura, lo contrario ocurrió; por eso, la persistencia y el valor que se reflejan en la historia de estas fiestas merece ser documentado.

Investigaciones en la Colonia

A pesar de que la investigación que resultó en *Fiesta, Fe, y Cultura* es única por su enfoque cultural y por el uso de una metodología folklorista, éste no es el primer estudio acerca de la colonia mexicana en Detroit. El sociólogo y antropólogo Norman Humphrey escribió una tesis para su maestría y otra para su doctorado, igual como una serie de artículos durante los años cuarenta y cincuenta; todos éstos se basaron en su propia investigación y en la documentación acerca de los trabajadores sociales que se

characteristics of the *colonia* and the process of acculturation.[4]

During 1960-61 Eduard Skendzel researched the Detroit *colonia* for a Master of Arts degree at the Universidad Interamericana in Saltillo, Mexico. His manuscript, based on community interviews and Humphrey's previous work, was revised and translated into English in 1980 under the title *Detroit's Pioneer Mexicans*.[5] The book includes important discussions of churches, radio programs, and organizations not found elsewhere but also contains a number of errors.

In 1975 Ciro Sepulveda conducted the Latino Senior Citizens Oral History Project for the Wayne State University Center for Urban Affairs. He was to be principal author of the 1979 publication, *Mexicans of Detroit*, but he left for Mexico before the book was finished. Excerpts from the interviews appear in the version completed by Baba and Abonyi.[6]

Louis Murillo drew heavily on Humphrey's work and his own personal interviews for his 1981 doctoral dissertation on the Mexican repatriation campaign in Detroit.[7] Dennis Valdés interviewed selected individuals for his excellent social history, *El Pueblo Mexicano en Detroit y Michigan*.[8] Raymond Levendoski included interview data in his otherwise statistical study, *Mexican-Americans in Southwest Detroit: A Study of Migration 1900-1976*.[9] Finally, Zaragosa Vargas researched the Detroit Mexican working class with emphasis on Ford Motor Company employees. His 1993 book, *Proletarians of the North: Mexican Industrial Workers in Detroit and the Midwest 1917-33*, builds upon his doctoral thesis.[10]

These previous studies are excellent sources for material on the history of the Detroit *colonia*, but as a group they neglect cultural life in general and traditional culture in particular. *Fiesta, Fe, y Cultura* focuses on cultural practices of the immigrant generation and their descendants, especially those traditions associated with

encontraba en el Departamento de la Ayuda Publica de Detroit. Sus artículos, que aparecieron en publicaciones académicas, enfatizan las características sociales y económicas de la colonia y el proceso de su aculturación.[4]

En 1960-61, Eduard Skendzel estudió la colonia de Detroit para su Maestría en Artes de la Universidad Interamericana en Saltillo, México. Su manuscrito, basado en entrevistas de la comunidad y en el trabajo previo de Humphrey, fue revisado y traducido al inglés en 1980 bajo el título *Detroit's Pioneer Mexicans*.[5] El libro incluye discusiones importantes sobre las iglesias, los programas de radio, y las organizaciones que no se encuentran en otro lugar. Sin embargo, también contiene numerosos errores.

En 1975 Ciro Sepúlveda condujo para el Centro para Estudios Urbanos de la Universidad Estatal de Wayne el Proyecto de Historia Oral entre los Latinos Ancianos. También iba a ser el autor principal de *Mexicans of Detroit*, una publicación de 1979, pero antes de terminar el libro se fue a México. Extractos de las entrevistas aparecen en la versión completada por Baba y Abonyi.[6]

Louis Murillo se basó en los trabajos de Humphrey y en sus entrevistas personales de 1981 para desarrollar su tesis doctoral sobre la campaña de repatriación en Detroit.[7] Dennis Valdés entrevistó a individuos preseleccionados para su excelente historia social, *El Pueblo Mexicano en Detroit y Michigan*.[8] En un enfoque estadístico, Raymond Levendoski incluyó datos de entrevistas en su estudio, *Mexican Americans in Southwest Detroit: A Study of Migration 1900-1976*.[9] Finalmente, Zaragoza Vargas investigó a la clase obrera de Detroit dando énfasis a los empleados de la Companía Ford Motor. Su libro de 1993, *Proletarians of the North; Mexican Industrial Workers in Detroit and the Midwest 1917-1933*, se basó en su tesis para su doctorado.[10]

Estos estudios previos son fuentes excelentes para la historia de la colonia mexicana en Detroit pero en conjunto no han prestado atención a la vida cultural en general ni a las tradiciones culturales en particular. *Fiesta, Fe, y Cultura* enfoca en las costumbres culturales de la generación inmigrante y en las de sus descendientes, especialmente en las tradiciones

folk Catholicism, as revealed through the unfolding histories of the three religious and cultural fiestas. Folk Catholicism, also termed *popular religion*, is beliefs and practices, not part of orthodox Catholic doctrine and liturgical practice, which may occur within or outside the official church context. This work emphasizes the rich folk culture of public and private celebration, and although concerned with the role of the official Catholic church, is not intended as a study of the church per se.

Photo/Foto: David Perry

Laurie Kay Sommers interviews José Alfaro during research for *Fiesta, Fe, y Cultura*, 1991.

Laurie Kay Sommers entrevista a José Alfaro durante su investigación para *Fiesta, Fe, y Cultura*, 1991.

Fiesta, Fe, y Cultura builds upon the oral histories and photographs collected for *Tradiciones del Pueblo — Traditions of Three Mexican Feast Days in Southwest Detroit*, published by Casa de Unidad Cultural Arts and Media Center in 1990, which focused on pioneering elders born in Mexico.[11] Whereas *Tradiciones* documents memories of Mexico with less emphasis on the Detroit experience, the present work focuses on Detroit. *Fiesta, Fe, y Cultura* represents a compilation of data from the sixteen individuals interviewed for *Tradiciones del Pueblo* in 1988 and 1989, data from thirty-one additional tape-recorded interviews conducted through 1992, various informal interviews not recorded on tape, and archival and secondary sources. The additional interviewees included children of the elders interviewed for *Tradiciones del Pueblo*, referrals from the initial research, Mexican-born individuals who arrived during the second significant migration period of the 1940s and 1950s, and those associated with

asociadas a el catolicismo popular; éstas se fueron revelando a través de las historias relacionadas a las tres fiestas religiosas y culturales. Designado como religiosidad popular, el catolicismo popular, se define como las creencias y las prácticas que no son parte de la doctrina ortodoxa católica ni de la práctica litúrgica; éstas pueden ocurrir dentro o fuera del contexto oficial de la iglesia. *Fiesta, Fe, y Cultura* enfatiza la cultura popular de celebraciones públicas y privadas y aunque se concierne con el papel oficial de la iglesia católica, este trabajo no fue intentado como un estudio de la iglesia.

Fiesta, Fe, y Cultura se basa en las historias orales y en las fotografías que fueron coleccionadas para *Tradiciones del Pueblo — Traditions of Three Mexican Feast Days in Southwest Detroit*. Este libro fue publicado en 1990 por la Casa de Unidad, Centro Cultural de Artes y Medios de Comunicación, y se enfocó en los pioneros ancianos que habían nacido en México.[11] Mientras que *Tradiciones del Pueblo* documentó los recuerdos acerca de México de los ancianos y no tanto sus experencias en Detroit, la obra actual sí se enfoca en Detroit. *Fiesta, Fe, y Cultura* representa la recopilación de varios materiales: datos que proveyeron dieciséis individuos quienes fueron entrevistados para *Tradiciones del Pueblo* en 1988 y 1989; datos sacados de treinta y una entrevistas adicionales grabadas hasta el año 1992; varias entrevistas informales que no fueron grabadas en cinta; recursos archivados y recursos secundarios. Las entrevistas adicionales incluyeron también a los hijos y las hijas de los ancianos que fueron entrevistados para *Tradiciones del Pueblo*.

Latino churches not emphasized in *Tradiciones del Pueblo*. These interviews emphasize the period through the 1950s, and this publication reflects that bias. The interview excerpts included in the text have been translated and edited while attempting to retain the intent of the spoken original. Community members, Casa de Unidad staff, and staff from the Michigan State University Museum all gathered source material.

The interviewees do not represent the entire *colonia,* and their accounts are highly personal. Many interviews contain conflicting names, dates, and interpretations indicative of the diversity of the *colonia,* the ages of the interviewees, and the idiosyncratic nature of individual experiences. Nonetheless, in combination with archival and secondary sources these oral histories provide fresh insight into the religious folk culture of Mexican Detroit.

Characteristics of the Detroit *Colonia Mexicana*

The celebration of Día de los Muertos, the Fiestas Guadalupanas, and Las Posadas must be understood within the

También incluyeron a personas quienes fueron referidas durante la investigación inicial y a individuos que nacieron en México y que llegaron durante los años cuarenta y cincuenta, años en que ocurrió la segunda fase significativa de migración. Finalmente, incluyeron a individuos asociados con las iglesias latinas que no recibieron enfasis en *Tradiciones del Pueblo.* Estas entrevistas dan énfasis al período de los años cincuenta, y esta publicación refleja esa tendencia. Algunas porciones de las entrevistas incluidas en el texto han sido traducidas y redactadas a la vez que se ha tratado de mantener el intento original de lo dicho. Los miembros de la comunidad y el personal de la Casa de Unidad, tanto como el personal del Museo de la Universidad Estatal de Michigan, han recopilado los materiales originales.

Los entrevistados no representan a la colonia entera, ya que sus narraciones son eminentemente personales. Muchas entrevistas contienen nombres, datos, e interpretaciones contradictorias, lo cual indica la diversidad de la colonia, las edades de los entrevistados, y la naturaleza idiosincrática de las experiencias individuales. Sin embargo, junto con las fuentes archivadas y secundarias, estas historias orales proveen una percepción nueva sobre la cultura popular de índole religioso de los mexicanos en Detroit.

Photo/Foto: David Perry

Southwest Detroit working class neighborhood with the Ambassador Bridge to Canada in the background, 1992.

Una vecindad de la clase obrera en el suroeste de Detroit con el Puente Embajador hacia el Canadá en el fondo, 1992.

8

larger historical and cultural context of the Detroit *colonia mexicana*. Scholars of Detroit Mexicans have used the term *colonia* in lieu of *community* or *barrio*, following the lead of Norman Humphrey, to mean persons with a shared national or ethnic origin, aware of one another's existence, and with some shared organization.[12] The *colonia* is not confined to a single geographic area, as implied by the term *barrio*, although certain areas of concentration have emerged, most recently the southwest Detroit barrio. Like any ethnic group, Detroit *mexicanos* are not a unified block, as implied by the term *community*. The immigrants arrived in Detroit with differences in education, political philosophies, religious doctrine, social class, rural and urban origin, and region of birth. As remembered by Sonnie Casillas Pérez and José Alfaro, and corroborated in particular by Humphrey, class differences brought from Mexico were especially divisive.[13] As newly arrived immigrants relegated to the bottom of the Detroit socio-economic ladder, *mexicanos* competed with other immigrants and with each other for power, status, and scarce resources, a situation which both exacerbated differences brought from Mexico and created new ones.

The majority of Detroit Mexicans, like their counterparts in other industrial cities in the United States, are Roman Catholics, although Protestant denominations, especially evangelical groups, have ministered to the *colonia* from the beginning.[14] Despite Protestant inroads, the vast majority of Detroit *mexicanos* remain Catholic, if not necessarily regular in church attendance; and Catholic traditions and customs still dominate the *colonia*. They include the official sacraments and liturgical practices of the church, such as baptisms, first communions, weddings, funerals, saints' days, Christmas, and Holy Week, many of which incorporate elements of folk Catholicism. In addition, events such as wedding anniversaries and *quinceañeras* (the fifteenth birthday ceremony of a young

Características de la Colonia Mexicana de Detroit

Las celebraciones del Día de los Muertos, de las Fiestas Guadalupanas, y de las Posadas se deben situar dentro de un amplio contexto histórico y cultural de la colonia mexicana en Detroit. Los estudiosos de los mexicanos en Detroit han usado el término *colonia* en lugar de *comunidad* o *barrio*, siguiendo el ejemplo de Norman Humphrey, para referirse a personas que comparten un origen nacional o étnico, un reconocimiento de que existen otros como ellos y alguna organización en común.[12] Una *colonia* no se limita a sólo un área geográfica, así como implica el término *barrio*, aunque sí han emergido ciertas áreas de concentración, recientemente en el barrio suroeste de Detroit. Como cualquier grupo étnico, los mexicanos en Detroit no son un bloque unificado como el término *comunidad* implica. Los inmigrantes llegaron a Detroit con diferencias en educación, en filosofía política, en doctrina religiosa, en clase social, en origen rural o urbana, y en origen regional. Según recuerdan Sonnie Casillas Pérez y José Alfaro — lo que ha sido corroborado en particular por Humphrey — las diferencias de clase de los inmigrantes que vinieron de México eran especialmente divisivas.[13] A los inmigrantes recién llegados se les relegaba a la escala socioeconómica más baja. Como resultado, los mexicanos competían con otros inmigrantes y con sí mismo por el poder, por una posición social, y por los escasos recursos. Esto exacerbaba las diferencias que ya traían desde México y a la vez creaba nuevas tensiones.

La mayoría de los mexicanos en Detroit, como sus contrapartes en otras ciudades industriales estadounidenses, son católicos romanos. Sin embargo, las denominaciones protestantes, especialmente los grupos evangélicos, han predicado en la colonia desde su principio.[14] A pesar de las incursiones protestantes, la gran mayoría de los mexicanos en Detroit siguen siendo católicos aunque no asisten a la iglesia con regularidad. Las tradiciones y costumbres católicas por lo tanto siguen dominando todavía en la colonia. Éstas incluyen los sacramentos oficiales y las prácticas litúrgicas de la iglesia, tales como el bautismo, la primera comunión, las bodas, los funerales, los días de los santos, la

mexicana) often include a mass as part of the festivities. Many customs associated with folk Catholicism continue in private homes or places of business, such as the use of home altars and yard shrines. Thus, the religious fiestas discussed in the present work are part of a larger context of religious or cultural tradition.

Navidad, y la Semana Santa. Muchas de estas prácticas incorporan elementos del catolicismo popular. Además, las celebraciones como los aniversarios de boda y las quinceañeras frecuentemente incluyen una misa como parte de sus festividades. Muchas costumbres asociadas con el catolicismo popular también se observan en casas privadas o en lugares de negocio, como el uso de altares en los hogares y ermitas jardineras. Por eso, las fiestas religiosas que se discuten en la obra actual son parte del contexto amplio de las tradiciones religiosas y culturales.

Photo/Foto: David Perry

Leticia Hinojosa at her *quinceañera* party with escort, René Maldonado, and attendants, El Rey Hall, 1992. Many *quinceañera* celebrations also include a Catholic mass.

Leticia Hinojosa, en su fiesta de quinceañera, con su acompañante, René Maldonado, y concurrentes en el Salón El Rey, 1992. Muchas quinceañeras también incluyen una misa católica.

The official church hierarchy in both the United States and Mexico has been ambivalent if not hostile to folk customs which blend indigenous beliefs often viewed as pagan with those of medieval Spanish Catholicism introduced by the conquistadors. Throughout the history of the *colonia*, the established church simultaneously encouraged preservation of Mexican heritage and assimilation to the United States.

La jerarquía de la iglesia oficial, tanto estadounidense como mexicana, se ha mantenido algo hostil a las costumbres populares, las cuales enlazan las creencias indígenas— consideradas a veces "paganas"— con las del catolicismo español y las tradiciones medievales que fueron introducidas por los conquistadores. En el transcuro de la historia de la colonia, la iglesia oficial simultáneamente ha apoyado la preservación de la herencia mexicana y la asimilación a la cultura general de los Estados Unidos. Sin embargo, esta influencia de la iglesia oficial no se debe exagerar. Los sacerdotes señalaban que la mayoría de los inmigrantes mexicanos llegaban a Detroit con poca instrucción religiosa y el anticlericalismo, especialmente entre los hombres, les impedía asistir a la iglesia excepto cuando llegaban las fiestas mexicanas, como el 12 de diciembre (la Fiesta de la Virgen de Guadalupe) o el 16 de septiembre (el Día de la Independencia Mexicana).[15]

Puesto que la colonia en Detroit se componía primariamente de la clase obrera, la vida cultural de la comunidad se caracterizaba por un catolicismo popular. La generación pionera representaba todas las clases sociales de México; sin embargo, la experiencia migratoria económicamente — si no psicológicamente — borró las

The influence of the official church should not be overestimated, however. Priests noted that most Mexican immigrants had little religious instruction before coming to Detroit, and anticlericalism, especially among men, meant sparse attendance except on Mexican holidays such as December 12, the feast day of the Virgin of Guadalupe, and September 16, Mexican independence.[15]

The working class character of the Detroit *colonia* shaped the cultural life of the community in tandem with folk Catholicism. The pioneering generation came from all social classes in Mexico, but the immigration experience leveled class distinctions economically if not psychologically. Today, both middle and upper classes exist, but the majority remains working class.

Between 1910 and 1930, the search for work and escape from the political, economic, and religious turmoil of the Mexican Revolution prompted the pioneering journey north for many Mexican immigrants. Most could not earn even a subsistence wage in their home villages or towns. They came primarily from the central and northern plateau states of Michoacán, Jalisco, Guanajuato, Zacatecas, Durango, and Chihuahua, often through chain migration of family and friends of earlier immigrants.[16] Although many stayed close to the border in the southwestern United States, others stopped there only briefly, if at all, and "leapfrogged" to the Midwest.

The pioneering generation was drawn by enterprises demanding a large pool of

From the collections of/De la colección de: Henry Ford Museum and Greenfield Village/Museo Henry Ford, de la Villa Greenfield

Henry Ford (back to camera) with Mexican auto workers, Ford Highland Park Plant, 1919.

Henry Ford (con la espalda a la cámara) con trabajadores mexicanos en la fábrica de automóviles, la Planta Ford del Parque Highland, 1919.

distinciones. Hoy día, existen la clase alta y la clase media, pero la mayoría de la colonia sigue siendo de clase obrera.

De 1910 a 1930, la búsqueda de trabajo y el escape del trastorno político, económico y religioso causado por la Revolución Mexicana impulsó a que muchos mexicanos por primera vez emigraran hacia el norte. La gran mayoría no había podido ganarse un sueldo de subsistencia en sus pueblos y aldeas natales. Vinieron principalmente de los estados de la Meseta Norteña y Central, o sea de Michoacán, Jalisco, Guanajuato, Zacatecas, Durango, y Chihuahua. Frecuentemente existía una "cadena migratoria" para las familias y las amistades de los primeros emigrantes.[16] Aunque muchos se quedaron cerca de la frontera en el suroeste de los Estados Unidos, otros pasaron ahí solamente una estancia corta antes de hacer el salto a la parte central de los Estados Unidos.

La primera generación de inmigrantes llegó atraída por empresas que necesitaban una fuente laboral barata, especialmente en el cultivo de la remolacha (betabel), en la industria ferroviaria, en la producción de automóviles y en la industria del acero. Otros llegaron a dirigir o a trabajar en restaurantes, en tiendas de abarrotes, en panaderías, y en otros negocios que servían a una colonia creciente. La mayoría de los trabajadores eran hombres, y muchos eran jóvenes y sin familia. Las tradiciones mexicanas en cuanto el papel de los sexos limitaban las oportunidades para la mujer fuera del hogar. Sin embargo, algunas buscaban trabajos de servicio o empleo en las fábricas. Frecuentemente, las mujeres generaban recursos administrando casas de asistencia. Muchas casas tenían el nombre de alguna región de México y atraían a clientes de esa área.[17]

Photo/Foto: John Vachon, Courtesy of the Library of Congress/Cortesía de la Biblioteca del Congreso

Sugar beet worker, Saginaw County, 1941.

Trabajador betabelero, Condado de Saginaw, 1941.

cheap labor, particularly sugar beet cultivation, the railroads, and automobile and steel production. Others operated or worked in restaurants, grocery stores, bakeries, and other businesses that served the growing *colonia*. Most workers were men, and many were young and without families. Traditional Mexican sex roles limited opportunities for women outside the home, but some sought service jobs or factory employment. Women generated income perhaps most frequently through running boarding houses or *casas de asistencia*. Many *casas* took their name from a particular

Courtesy of/Cortesía de José Alfaro

José and Irene Alfaro in front of Alfaro Printing, circa 1940s.

José e Irene Alfaro en frente de su negocio, Alfaro Printing, hacia los años cuarenta.

El gran número de hombres solteros, tanto como la llegada y la salida de los que trabajaban temporalmente, y las mudanzas constantes de las familias de la clase obrera en reacción a las condiciones de viviendas y del empleo contribuían a que la población mexicana de Detroit fuera muy transitoria.[18] Un artículo de 1926 decía: "Entre la colonia mexicana de 7,000 u 8,000, la gran mayoría ha estado aquí por uno o dos años nada más. Efectivamente, pocos han estado cinco años. Es difícil encontrar a los que han estado aquí diez años y la vida de la colonia, como colonia, no se remonta más allá."[19]

Puesto que los mexicanos eran los inmigrantes más recientes en la ciudad, ellos eran especialmente vulnerables al retraso económico. Durante la depresión de 1921

geographic region in Mexico and attracted clientele from that area.[17]

The number of single men, the arrival and departure of seasonal labor, and the constant movement of working class families in response to housing and employment conditions made the Detroit Mexican population highly transient.[18] A 1926 article stated: "Of our Mexican colony of 7,000 or 8,000 a great majority have been here one or two years, and not more. Few indeed, have been here five years. It is hard to find those who have been here ten years, and the life of the colony as a colony does not go back further."[19]

As the city's most recently arrived immigrants, Mexicans were especially vulnerable to economic slowdown. During the depression of 1921 many lost jobs and returned to their homeland voluntarily. The Ford Motor Company financed the repatriation to Mexico of some 3,000 *mexicanos*. The Society of St. Vincent de Paul raised $11,000 in the city and $12,000 from the bishops of Mexico to "defray the expense of any worthy Mexican desiring to return to his own country."[20]

The Great Depression and the repatriation campaign of 1931-32 had a far more devastating impact on the *colonia* than the events of 1921. As the depression worsened in the early 1930s, social policy makers again encouraged repatriation to Mexico. By late 1931 the Mexican consul already was coordinating travel for those headed south.[21] By the following year, however, almost any Mexican receiving public assistance was pressured to leave regardless of citizenship status.[22] Once welcomed as a source of cheap labor, Mexicans were now condemned as inferiors who took jobs from "Americans." The minimal English skills and lack of U.S. citizenship on the part of the workers exacerbated anti-Mexican sentiment. The combined effect of the depression and repatriation caused a sharp drop in the population and severely strained the resources of those who remained. The fact that Detroit *mexicanos* maintained aspects of their culture through

muchos perdieron su trabajo y volvieron a su tierra natal voluntariamente. La compañía Ford Motor financió la repatriación de algunos 3,000 mexicanos. La Sociedad de San Vicente de Paúl recaudó $11,000 en la ciudad y $12,000 de los obispos de México para "sufragar los gastos de cualquier mexicano digno que deseaba volver a su propio país."[20]

La Gran Depresión y la campaña de repatriación de 1931-32 tuvieron un impacto más devastador sobre la colonia mexicana que los eventos de 1921. Al empeorarse la depresión a principio de los años treinta, los encargados de hacer los planes de acción social nuevamente promovieron la repatriación a México. Ya para fines de 1931, el cónsul mexicano coordinaba los viajes para los que volvían al sur.[21] Para el año siguiente, cualquier mexicano que recibía servicios sociales era presionado a irse sin que se tomara en cuenta su ciudadanía.[22] Los mexicanos que al principio habían tenido la bienvenida como fuente laboral barata, ahora eran condenados como personas inferiores que le quitaban los trabajos a los "americanos". El hecho de que los mexicanos tenían una habilidad mínima en inglés y que no tenían ciudadanía estadounidense aumentaba el sentimiento contra ellos. La combinación de la depresión y la repatriación redujo el número de la población mexicana y severamente limitó los recursos de las personas que se quedaron. Al fin y al cabo, el hecho de que los mexicanos en Detroit hayan mantenido su cultura a pesar de tantas dificultades demuestra su resistencia y su valentía.

Para los años veinte y treinta, Detroit era una ciudad étnica, y los mexicanos pioneros constantemente tenían contacto con gente de diferentes culturas a la vez que ellos buscaban a sus compatriotas. Numerosas organizaciones, negocios, programas, y publicaciones étnicas se dedicaban a los intereses de los distintos grupos. En la década de los años veinte, la estación de radio WJLB ofrecía hasta dieciséis programas nacionales semanalmente. Sin embargo, los programas mexicanos no se lograron hasta que José Alfaro empezó su radiodifusión en 1936.[23] La diócesis católica proclamaba el evangelio en más de veinte idiomas.[24] El origen étnico también podía afectar la fuerza laboral. Los vínculos

José Alfaro interviews the Mexican wrestler, "Gorilla Macias," on a live radio broadcast of *Cantares de Mi Pueblo* at WJLB, Detroit, circa 1950s.

José Alfaro entrevista a "Gorila Macias," un luchador mexicano, en una emisión en vivo de *Cantares de Mi Pueblo* en la estación de radio WJLB, Detroit, hacia los años cincuenta.

such a difficult period is a tribute to their resilience and courage.

By the 1920s and 1930s Detroit was an ethnic city, and pioneering *mexicanos* interacted constantly with people of different cultures even as they sought out their countrymen. Numerous ethnic organizations, businesses, programs, and publications catered to different groups. In the 1920s WJLB offered as many as sixteen weekly national radio programs, although Mexican programs did not occur until José Alfaro began broadcasting in 1936.[23] The Catholic diocese alone preached the gospel in more than twenty languages.[24] National origin also shaped the workplace. Ethnic ties could draw a worker into a particular craft or determine where he would work in a large auto plant. Some unions were even

étnicos podían atraer a los trabajadores a ciertos oficios o aún podían determinar el sitio donde se podía trabajar en una fábrica grande de automóviles. Algunos sindicatos hasta estaban segregados por nacionalidad.[25] Las escuelas públicas de Detroit establecieron clases especiales para adultos y niños extranjeros en 1911. En 1929, el Instituto Internacional ayudó a que se establecieran salones especiales para niños que no hablaban el inglés en Pitcher y Houghton, dos escuelas donde los mexicanos predominaban. Frank Lozano recuerda éstos como salones para la americanización, donde su hermano mayor forzosamente tuvo que asistir.[26]

Muchos grupos étnicos se agrupaban en enclaves nacionales. En contraste, los pioneros mexicanos se establecieron por toda la ciudad. A mediados de los años veinte, en el área de Fordson en Dearborn comenzaron a establecerse zonas en donde vivían predominantemente los mexicanos. Lo mismo pasó en el área Michigan-Junction en el suroeste de Detroit, y en la antigua área irlandesa de Corktown, cerca de la Estación Central de Ferrocarriles de Michigan y cerca de la parroquia de la Santísima Trinidad. Sin embargo, muchas familias mexicanas encontraron trabajo y viviendas lejos del ambiente hispanohablante.[27] La diversidad que se encontraba en las iglesias, en las escuelas, en los lugares de trabajo, y en las vecindades facilitó el cambio cultural, tal como ocurre con todo grupo inmigrante. Seguramente esto pasó con los mexicanos que estaban aislados de sus compatriotas. Ignacio Vásquez, artista, maestro, y publicista, quien estuvo activo en los años formativos de la colonia, piensa que en los últimos años de la década de los treinta como 1,000 mexicanos estaban dispersos por toda la ciudad; éstos no trataban de comunicarse con los demás mexicanos. Según él, "Ellos estaban completamente americanizados."[28] Muchos se casaron con personas no mexicanas o, en el caso de inmigrantes que llegaron después, con méxico-americanos cuya cultura era diferente a la suya. Otros conscientemente buscaban a compañeros mexicanos para desahogo social y cultural. Sonnie Casillas Pérez recuerda los modelos sociales de su juventud durante las décadas de los años veinte y treinta.

segregated by nationality.[25] The Detroit Public Schools began special classes for foreign adults and children in 1911. In 1929, the International Institute encouraged the formation of special rooms for non-English speaking children at two predominantly Mexican schools, Pitcher and Houghton. Frank Lozano remembers these as Americanization rooms which his older brother was forced to attend.[26]

Many ethnic groups clustered in national enclaves. By contrast, the pioneering *mexicanos* settled throughout the city. By the mid-1920s, zones of Mexican settlement had emerged in the Fordson area of Dearborn, in the Michigan-Junction area of southwest Detroit, and in the old Irish area of Corktown near the Michigan Central Depot and Most Holy Trinity Church, but many Mexican families found jobs and housing far from any Spanish-speaking environment.[27] As with all immigrant groups, the diversity encountered in church, school, workplace, and neighborhood facilitated cultural change. This was especially true with those isolated from fellow Mexicans. Ignacio Vásquez, an artist, teacher, and publisher active in the early days of the *colonia*, estimated in the late 1930s that some 1,000 Mexicans were scattered throughout the city who made no efforts to contact other Mexicans. "They are," he observed, "completely Americanized." [28] Many married non-Mexicans or, in the case of later immigrants, Mexican-Americans whose culture had adapted to the Detroit context. Others consciously sought out fellow Mexicans for social and cultural outlets. Sonnie Casillas Pérez recalls the social patterns of her girlhood during the 1920s and 1930s.

> In those days you did everything together as a family. My mother or my father said, "We're going to go here," and that's where we went. These fiestas were the only source of our social life. You see, when I was growing up we couldn't go out to a show with a lot of girls or do a lot of the stuff that kids do now. So, the

En esos días hacíamos todo juntos como familia. Mi mamá y papá decían "Vamos a ir allá", e íbamos para allá. Estas fiestas eran la única fuente de nuestra vida social. Cuando crecíamos, no podíamos salir a ver una película con algunas jóvenes o hacer muchas de las cosas que la juventud hace ahora. Así es que la única vez que uno salía era cuando iba a la misa o a la Fiesta de Nuestra Señora de Guadalupe y durante el 15 y el 16 de septiembre. Existíamos en nuestro propio "embrio" de latinos — en su mayoría, mexicanos. Siempre había un cumpleaños acá, un aniversario, o cualquier otra concurrencia. ¡Esto resultaba ser una gran cosa! Porque todos asistíamos entonces. Desde la Calle 12 hasta la Calle 24, y desde Jefferson hasta la Michigan vivían los mexicanos o mexicanos casados con anglos que sentían algún parentesco con lo mexicano. Este grupo entero — diría que había algunas 100 a 150 familias que se reunían — era todo lo que conocíamos mientras crecíamos. Como dije anteriormente, me sentía tan extraña en la escuela que cuando regresaba a este capullito, me sentía segura y feliz entre los míos.[29]

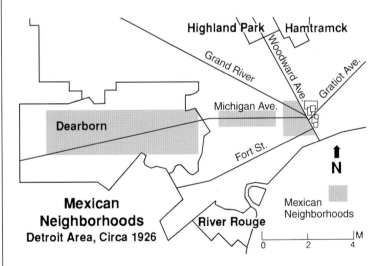

Mexican Neighborhoods
Detroit Area, Circa 1926

This map is based on Figure 33 from *The Mexicans of Detroit* by Marietta Baba and Malvina Hauk Abonyi, Wayne State University Center for Urban Studies, 1979.

Este mapa se basa en la Figura 33 de *The Mexicans of Detroit* por Marietta Baba y Malvina Hauk Abonyi, Centro de Estudios Urbanos de la Universidad Estatal de Wayne, 1979.

only way you were going to get out was to go to mass or to go to the fiestas of Our Lady of Guadalupe and the 15th [and 16th] of September. We were in our own little "embryo" of Mexicans and Latinos mostly. There was always a birthday or an anniversary or something, little gatherings. That was a big deal! Because then everybody went. All the way from 12th Street down to 24th, and from Jefferson back down to Michigan were all Mexicans, or Mexicans married to Anglos who felt a kinship with the things that were Mexican. This whole group, I'd say there were about 100 to 150 families, was all we knew when we were growing up. I told you before I felt like such an outsider at school that when I got back into this little cocoon, I felt safe and happy among my own.[29]

Formal social organization occurred in the context of church, clubs, and organizations. Numerous Mexican organizations existed throughout the years, but at any one time only a small proportion of the Mexican population belonged or was active. Most adults had little free time: men worked long hours in the factory, and women were busy maintaining the household and raising children. Ignacio Vásquez, who kept a card file and mailing list for many groups, estimated that during the 1940s "not more than 500 persons in the colony are members of societies, and with estimates of between 6,000 and 8,000 persons in the colony eligible for membership (including native-born persons of Mexican derivation), the society membership cannot be considered representative of the whole ethnic colony."[30]

The first organization reported in the *colonia* was the Sociedad Católica Mexicana (Mexican Catholic Society), founded in 1920 by Father Juan Pablo Alanís y Gómez, a Mexican priest who also was instrumental in the founding of the Mexican national parish, Our Lady of Guadalupe Church (1923-38). The Mexican Catholic Society attracted the elite of the colony. In accordance with aesthetic tastes in Mexico, they produced

La organización social y formal se fue haciendo dentro del contexto de la iglesia, de los clubes, y de las organizaciones. Numerosas organizaciones mexicanas existieron a través de los años, pero en todos los períodos solamente una pequeña parte de la población mexicana pertenecía a las organizaciones o era activa en ellas. La mayoría de los adultos no tenían tiempo libre: los hombres trabajaban muchas horas en las fábricas y las mujeres mantenían los hogares y criaban a sus hijos. Ignacio Vásquez, quien mantenía un fichero y una lista de los socios de muchos grupos, calculó que durante los años cuarenta "solamente unas 500 personas de la colonia eran miembros de las sociedades, habiendo de 6,000 a 8,000 personas elegibles para membresía (incluyendo personas provenientes de México). Los miembros de las sociedades no podían ser considerados representativos de la colonia étnica."[30]

La primera organización de la que hay informes en la colonia es la Sociedad Católica Mexicana, fundada en 1920 por el Padre Juan Pablo Alanís y Gómez, un sacerdote mexicano que tuvo un papel muy importante en la fundación de Nuestra Señora de Guadalupe (1923-38), una parroquia mexicana. La Sociedad Católica Mexicana atrajo a las élites de la colonia. De acuerdo con los gustos estéticos en México, producían obras musicales, literarias, y dramáticas que enfatizaban la cultura europea y española y no resaltaban la mestiza y la de las tradiciones indígenas.[31] Pronto surgieron otras organizaciones. Una asociación caritativa de mujeres, la Cruz Azul, por ejemplo, repartía comida y se encargaba de los enfermos de la comunidad. El Círculo Mutualista Mexicano, proveniente también de las élites de la comunidad, era una sociedad de asistencia mutua, activa desde el principio en las funciones sociales y en las celebraciones de las Fiestas Patrias mexicanas. Los Obreros Unidos Mexicanos promovían los intereses de trabajadores industriales dentro de la colonia. Todas estas organizaciones fueron fundadas en la década de los veinte.[32] Las organizaciones que se establecieron más tarde, como el Club Artístico Femenino (un grupo de baile folklórico y cultural), el Grupo de Baile de Corktown, y la compañía de teatro,

Members of the Círculo Mutualista Mexicano and Cruz Azul, 1925.

Miembros del Círculo Mutualista Mexicano y Cruz Azul, 1925.

musical, literary, and dramatic productions which emphasized European and Spanish culture over mestizo and Indian traditions.[31] Other organizations soon followed. The women's charitable association, Cruz Azul, for example, fed and cared for the sick of the community. The Círculo Mutualista Mexicano, also drawn from the elite of the colony, was a mutual aid society active from the beginning in social functions and the celebration of Mexican patriotic holidays. The Obreros Unidos Mexicanos promoted the interests of industrial workers within the *colonia*. All were founded in the 1920s.[32] Later organizations such as the Club Artístico Femenino (a girls cultural and dance group), the Corktown dance group, and the Mexican Catholic Players theater troupe did much to enhance cultural life.

Most groups sponsored fundraisers such as *kermesses* (kermises or bazaars), fiestas, and dances. Others organized group picnics at Belle Isle or Pardee Park. Humphrey reports that "during the 1930s 'fiestas' were held nearly every Saturday night in the winter at one of several of the halls sponsored singly or jointly by societies."[33] Members of the Círculo Mutualista sponsored elegant dances at downtown hotels such as the Statler. During the early years, Mexican orchestras were not always available

Actores Católicos Mexicanos, hicieron mucho para aumentar la vida cultural de la colonia.

Muchos grupos patrocinaban eventos como kermesses, fiestas, y bailes para recaudar fondos. Otros organizaban días de campo en grupo en la Bella Isla o en el Parque Pardee. Humprey relata que "durante los años treinta, tenían fiestas casi cada sábado por la noche y durante el invierno, en uno de los salones; éstas eran patrocinadas individualmente o en conjunto por las sociedades."[33] Los miembros del Círculo Mutualista patrocinaban bailes elegantes en los hoteles, como el Statler en el centro de la ciudad. Durante los primeros años no siempre había orquestas mexicanas para estas funciones. José Alfaro recuerda que conjuntos americanos o italianos, en vez de conjuntos mexicanos, tocaban en los bailes durante los años veinte.[34]

Aunque a veces no había orquestas para los bailes, los cantantes y los guitarristas entretenían con frecuencia. Según un artículo en el *Detroit News*: "El guitarrista es la vida de cada concurrencia mexicana. Cuando comienza a tocar su instrumento, su audiencia baila o canta. Nadie se queda quieto."[35] Sonnie Casillas Pérez recuerda el sonido de las guitarras y de los cantos nostálgicos de México que se oían al anochecer. Estos venían desde el campo de furgones en el oeste de Detroit, que estaba cerca del almacén y de la Estación Central de Ferrocarriles de Michigan. Estos campos de furgones

for these functions. José Alfaro recalls that American and Italian rather than Mexican ensembles played at dances in the 1920s.[34]

Although dance orchestras were scarce, singers and guitarists entertained frequently. According to a *Detroit News* article: "The guitar player is the life of every gathering of Mexicans. When he commences strumming his instrument, his auditors either dance or sing. None remains quiet."[35] Sonnie Casillas Pérez remembers the sounds of guitars and nostalgic songs of Mexico drifting through the night air from Detroit's west side boxcar camps, located near the Michigan Central Railroad depot and rail yards, which served as makeshift homes through the 1920s.[36] From 1928-30, the great Texas-Mexican singer Lydia Mendoza worked as a professional musician in Detroit and performed with her family group, El Cuarteto Carta Blanca: "All those people who lived up there really wanted to hear some Mexican music. When we got to Michigan, our family really made a hit, singing and playing."[37]

In 1932, eleven male musicians formed

sirvieron como viviendas provisionales durante los años veinte.[36] Entre 1928-30, la gran cantante tejana-mexicana, Lydia Mendoza, trabajó como artista profesional en Detroit. Ella y su grupo familiar, El Cuarteto Carta Blanca, entretenían al público. De esa experiencia, ella ha dicho lo siguiente: "Toda la gente que vivía por allá de veras deseaban escuchar música mexicana. Cuando llegamos a Michigan, nuestra familia se hizo muy popular, cantando y tocando."[37]

En 1932, once músicos formaron la Liga Filarmónica Mexicana, la primera y única organización musical de su tipo en la historia de la colonia. Por un tiempo todos los miembros de la Liga tocaron con Los Aztecas, una banda familiar establecida por Inez Lozano, una de las fundadoras de la Liga. Los Aztecas tocaron en muchas funciones benéficas y sociales durante los años treinta. Frank "Panchito" Lozano, quien empezó a tocar los tambores a los nueve años de edad, dice que Los Aztecas era la única orquesta mexicana de la época. "Podíamos pedir mucho dinero ya que cada quien ganaba dos dólares para tocar en estos bailes, donde se cobraba una peseta de entrada. Tocábamos la música de moda en México. En aquellos días no había acordeón;

Cast of *Despertarte un Pueblo*, part of the Mexican Catholic Players, takes a bow during the *fiestas patrias* observances, circa 1940s.

El reparto de *Despertarte un Pueblo*, parte de los Actores Católicos Mexicanos, quienes, reciben el aplauso durante la observancia de las Fiestas Patrias, hacia los años cuarenta.

Courtesy of/Cortesía de: José Alfaro

the Liga Filarmónica Mexicana, the first and only musical organization of its kind in the history of the *colonia*. Members of the Liga at one time all played with Los Aztecas, a family band started by Inez Lozano, also a founder of the Liga. Los Aztecas played many benefits and functions during the 1930s. According to Frank "Panchito" Lozano, who began with drums at age nine, Los Aztecas was the only Mexican orchestra of the period. "We used to command big money because we used to make two dollars apiece to play these dances that would charge a quarter to get in. We used to play the music of Mexico, very current. In those days there was no accordion, just piano and instruments; saxophone, trumpet, violin, guitar. This is what my dad was trying to do, was keep that music alive."[38]

Courtesy/Cortesía de: Frank Lozano

Members of the Youth Orchestra of the Liga Filarmónica Mexicana, circa 1930s.

Miembros de la orquesta juvenil de la Liga Filarmónica Mexicana, hacia los años treinta.

The other major secular community fiestas, in addition to those held by the various societies, were the *actos cívicos* or *fiestas patrias* which celebrated the two main Mexican patriotic holidays, September 15 and 16 (Mexican independence), and *Cinco de Mayo* (May 5, the commemoration of the 1862 Battle of Puebla). Mexican organizations of all types joined together to celebrate the *fiestas patrias*. Humphrey reported that "it is the proud boast of colony leaders that the national holiday festivals are 'attended by everyone in the colony'."[39] Although this was probably an exaggerated claim, the celebration of September 16 rapidly exceeded all other religious and secular fiestas in attendance and importance.

The celebration of 1926 was typical. Held in the auditorium of Cass Technical High School, the event drew an audience of

nada más había pianos e instrumentos como el saxofón, la trompeta, el violín, y la guitarra. Esto es lo que trataba de hacer mi papá — mantener viva la música."[38]

Además de las fiestas patrocinadas por varias sociedades también había otras fiestas seculares de gran importancia para la comunidad. Éstas eran los actos cívicos o Fiestas Patrias, las cuales consistían en dos Fiestas Patrias mexicanas de gran importancia: el 15 y 16 de septiembre (la Independencia de México) y el Cinco de Mayo (la conmemoración de la Batalla de Puebla en 1862). Organizaciones mexicanas de todo tipo se juntaban para celebrar estas Fiestas Patrias. Humphrey relató que "los líderes de la colonia presumen orgullosamente que los días de fiestas nacionales 'son asistidos por todo el mundo en la colonia'."[39] Aunque esta declaración probablemente sea exagerada, la celebración del 16 de septiembre rápidamente superó a las demás fiestas religiosas y sociales en asistencia e importancia.

approximately 1,000 people. The stage was decorated not only with symbols of Mexican nationhood but also with the stars and stripes. Guests of honor included the consuls of Great Britain and Colombia in addition to dignitaries from the Mexican community and the Mexican consul. The program consisted of oratory, music, and a tableau entitled *La Patria*. Among the participating organizations were the Cruz Azul, Obreros Libres (Free Workers), Círculo Mutualista Mexicano, Comité Patriotic [sic] Mexicano, Sociedad Anahuac (a literary society), Club Recreo Mutuo Mexicano (an athletic club) and the Reyes Musical Society.[40] In later years, a queen and court were elected from among the young women of the community. Despite

La celebración de 1926 fue típica. Se llevó a cabo en el auditorio del Colegio Technologico Cass y el evento atrajo una audiencia de aproximadamente 1,000 personas. El escenario estaba decorado no solamente con los símbolos del nacionalismo mexicano sino también con las barras y estrellas. Entre los invitados de honor estaban los cónsules de la Gran Bretaña, Colombia, y México, además de los dignatarios de la comunidad mexicana. El programa consistió de oratoria, música, y un cuadro titulado *La Patria*. Entre las organizaciones que participaron estaban la Cruz Azul, los Obreros Libres, el Círculo Mutualista Mexicano, el Comité Patriótico Mexicano, la Sociedad Anáhuac (un club literario), el Club Recreo Mutuo Mexicano (un club atlético), y la sociedad Reyes Musical Society.[40] Con el tiempo también se eligió, de entre las jóvenes de la comunidad a una reina y su corte. A pesar de la presencia simbólica de la bandera estadounidense, estos rituos cívicos perpetuaban el nacionalismo y la cultura mexicana en Detroit. Las Fiestas Patrias formaban parte del grupo de eventos basados en la comunidad y, en conjunto con las fiestas parroquiales, las actividades de clubes y las celebraciones familiares, eran parte esencial de la vida cultural de la clase obrera mexicana.

Sobre todo, fue en el contexto de la familia donde se mantuvieron muchas de las tradiciones culturales debido a la dispersión de la población en la colonia, a la discriminación, y a la aversión de los inmigrantes a unirse en parroquias o clubes.[41] Las costumbres festivas, los ritos de los ciclos de la vida, las comidas tradicionales, las ermitas jardineras, los huertos, y los altares en los hogares se basaban en tradiciones familiares. Los ancianos de la colonia continuaron el sistema mexicano del

Courtesy of/Cortesía de: Frank Lozano

Musicians, with Frank Lozano on trumpet, entertain during an outing at Pardee Park, circa 1930s.

Frank Lozano con la trompeta y otros músicos entretienen durante una excursión en el Parque Pardee, hacia los años treinta.

The coronation of Queen Raquel Alfaro, pictured
with her court at the September 16 celebrations,
circa 1950s.

Coronación de la Reina Raquel Alfaro, retratada con su
corte durante las celebraciones del 16 de septiembre,
hacia los años cincuenta.

the symbolic presence of the U.S. flag, these
civic rituals perpetuated Mexican nationalism and culture in Detroit. The *fiestas
patrias* were in-group, community-based
events which, along with the church fiestas,
club activities, and family celebrations,
were essential parts of working class
mexicano culture.

Due to the dispersed settlement patterns of the *colonia*, as well as to discrimination, and the immigrants' disinclination
to join churches or clubs, many cultural
practices continued within the family context.[41] Holiday customs, life cycle rituals,
traditional foods, yard shrines, kitchen
gardens, and home altars were all family-
based traditions. Elders of the *colonia*
continued the Mexican system of *compadrazgo* (ritual godparenthood), especially
for baptisms and Christmastime observances associated with the Christ Child.
Women played key roles in maintaining the
family and its customs much as they had in

compadrazgo, especialmente para los bautizos y
las observancias navideñas asociadas con el Niño
Dios. Las mujeres tomaron un papel clave en el
mantenimiento de la familia y sus costumbres,
tal como lo habían hecho en México.

Las presiones para americanizarse, el aumento en el uso del inglés, y el contacto con
personas que no eran mexicanas amenazaban la
estructura tradicional de la familia mexicana y
la continuidad de la cultura mexicana. Esto se
veía especialmente en relación a la segunda
generación, la que fue criada en Detroit.[42] Rosa
Solano observó que "mucha gente se avergonzaba
de decir que era mexicana y si podía escaparse
de esto, lo hacía."[43] El crecimiento en la diversi-
ficación de la población latina fue notable en
1950 con la llegada de un grupo numeroso de
puertorriqueños; esto enfatizó las diferencias y
las similaridades entre los varios grupos latinos
y sus culturas. Sin embargo, el flujo y reflujo
constante de inmigrantes mexicanos, especialmente con la segunda ola de migración mexicana durante y después de la Segunda Guerra

21

Mexico.

Pressures to Americanize, increasing use of English, and contact with non-Mexicans threatened both the traditional Mexican family structure and the continuity of Mexican culture, especially for the second generation raised in Detroit.[42] As Rosa Solano observed, "A lot of people were even ashamed to say they were Mexican, if they could get away from it."[43] The increasing diversification of the Latino population, notably the arrival of a large Puerto Rican contingent beginning in 1950, emphasized the differences and similarities among the various Latino groups and cultures. The constant ebb and flow of Mexican immigrants, especially the second wave of Mexican migration during and after World War II, however, continued to refresh Mexican tradition but in different ways than before. The differences stemmed from cultural changes in Mexico and, in contrast with the earlier period of immigration, from the increasing migration of *tejanos* (Texas-Mexicans), whose culture differed in some respects from that of Mexican nationals.

By the 1950s Corktown had become a mecca for new Mexican and *tejano* immigrants who were drawn by the neighborhood ambience and by the programs and personality of Father Clement Kern, the charismatic priest at Most Holy Trinity Church. "Radiating from the center of the barrio near Most Holy Trinity, the streets were filled with signs advertising Mexican restaurants, doctors, grocery and meat markets, tortilla factories, bars, drugstores, and other businesses supplying the needs of the *colonia*."[44] Just as Corktown reached its heyday, however, implementation of the City of Detroit's Master Plan began to undermine the west side neighborhoods. Homes were torn down to make way for expansion of the central business district. The gradual destruction of homes west of Woodward Avenue had a particularly damaging effect on what were then the two main churches serving Detroit *mexicanos*, Ste. Anne and Most Holy Trinity. Ste.

Mundial, siguió renovando las tradiciones mexicanas, pero en una manera diferente a la anterior. Estas diferencias se debían a los cambios culturales que pasaban en México y a la inmigración creciente de tejanos, cuya cultura variaba en algunos aspectos a la de los mexicanos nativos.

Para los años cincuenta, Corktown había llegado a ser la meca para los nuevos inmigrantes mexicanos y tejanos quienes habían sido atraídos por el ambiente en la vecindad y por los programas y la personalidad del Padre Clement Kern, el sacerdote carismático de la parroquia de la Santísima Trinidad. "Radiando del centro del barrio cerca de la Santísima Trinidad, las calles estaban llenas de letreros que anunciaban restaurantes, centros médicos, tiendas de abarrotes y carnicerías, tortillerías, cantinas, farmacias, y otros negocios mexicanos que atendían a las necesidades de la colonia."[44] Sin embargo, justo cuando Corktown llegó a su auge, la implementación del Plan Maestro de Detroit empezó a socavar a la vecindad del área oeste. Se tumbaron casas para acomodar la expansión del distrito central de negocios. La destrucción continua de las casas al oeste de la Avenida Woodward tuvo un efecto particularmente dañoso para las dos parroquias principales que servían a los mexicanos de Detroit: la Santísima Trinidad y Santa Ana. La documentación para la historia bicentenaria de Santa Ana nota: "El martillo de demolición pegaba golpes sin misericordia y destruía casas y familias contiguas a la iglesia. Muchas familias fueron acosadas abiertamente para que se abriera paso a los camiones, mientras que otras estaban descorazonadas por lo inevitable — lo que se nominaba 'el progreso'. La autopista afectó hondamente la fuente de la vida parroquial, forzando la mudanza de familias que no estaban dispuestas a irse."[45] Durante el mismo período, muchas fábricas que empleaban a mexicanos se empezaron a trasladar a los suburbios, lo que dispersó aún más a la población.

Los años sesenta trajeron cambios dramáticos a la colonia. Ésta fue una temporada en que el barrio del suroeste de Detroit comenzó a unirse desde el Puente Embajador hasta Springwells, pasando por la Calle West Vernor. Como pasó con las comunidades católicas por todo el mundo,

Anne's bicentennial parish history notes: "The ball and chain swung mercilessly and wiped out homes and families to within three blocks of the church. Many families were openly harassed to make way for trucks while others were disheartened by the inevitability of so-called progress. Freeways gouged deep into the life stream of the parish forcing unwilling families out."[45] During this same period many factories which employed Mexicans began moving to the suburbs, further dispersing the population.

The 1960s brought dramatic changes to the *colonia* at a time when the southwest Detroit barrio began to coalesce between the Ambassador Bridge and Springwells along West Vernor. Like Catholic communities worldwide, Detroit's Catholic *mexicanos* were affected by the sweeping reforms initiated with the Second Vatican Council (1962-65). One of the most visible changes resulting from the papal goal of *aggiornamento*

los católicos mexicanos de Detroit fueron afectados por los cambios de reforma que se iniciaron con el Concilio Vaticano Segundo (1962-65). Con una meta de *aggiornamento* (la modernización de la iglesia), promovida por el Papa, el Vaticano Segundo inició una serie de cambios que afectaron al catolicismo mundialmente. El cambio más visible se llevó a cabo en la misa católica. En diciembre de 1963, el Vaticano Segundo autorizó el uso del vernacular durante los servicios litúrgicos, lo que hizo que las liturgias se enriquecieran culturalmente. Estos cambios incluyeron el uso de nuevos instrumentos, la música étnica, y vestuarios cuyos colores tenían un significado cultural. También se incluyeron nuevas imágenes y sus símbolos, una mayor participación de los laicos, y el reemplazo del latín con idiomas vernaculares, como el español.[46] Por consecuencia, muchos aspectos del catolicismo popular que la iglesia había ignorado o había descontinuado por mucho tiempo, fueron incorporados a las liturgias y a otros programas.

Photo/Foto: David Perry

Southwest Detroit commercial district on West Vernor near Junction, 1991.

Un distrito comercial en el suroeste de Detroit en la calle West Vernor cerca de Junction, 1991.

View of Ste. Anne Church with the Ambassador
Bridge to Canada in the background, 1991.

Photo/Foto: D. Weiss, Courtesy of the/Cortesía del: *Detroit News*
Vista de la Iglesia de Santa Ana con el Puente Embajador
hacia el Canadá en el fondo, 1991.

(bringing the church up to date) took place in
the Catholic mass. In December 1963,
Vatican II authorized the use of vernacular
worship in regular services and allowed culturally enriched liturgies, including ethnic
musical styles and instruments, vestments
with culturally relevant colors, symbolism
and imagery, greater involvement of the
laity, and replacement of Latin with vernacular languages such as Spanish.[46] As a result,
many aspects of folk Catholicism, long ignored or discouraged by the church, became
incorporated into liturgies or other programs.

The civil rights movement of the 1960s
fundamentally changed social attitudes
toward ethnicity in Detroit and elsewhere;
the melting pot and Americanization models
of social integration which prevailed through
the 1950s were replaced by a mosaic model
which sanctioned cultural pluralism and
ethnic expression. Inspired by the successes
African-Americans achieved during the civil
rights movement, Mexican-American
students, artists, intellectuals, and community activists across the country began the
Chicano movement for self-determination,

El Movimiento de Derechos Civiles cambió
fundamentalmente las actitudes sociales hacia la
aceptación de la etnicidad en Detroit igual que en
otros lugares. Los modelos del "crisol" y de la inte-
gración social americana que habían prevalecido
durante los años cincuenta fueron reemplazados
por un modelo de "mosaico" que sancionaba el
pluralismo cultural y la expresión de etnicidad.
Inspirados por los triunfos logrados por los
afroamericanos durante los años del Movimiento
de los Derechos Civiles, los estudiantes méxico-
americanos, los artistas, los intelectuales, y los
activistas en las comunidades por todo el país
empezaron el Movimiento Chicano para conseguir
una autodeterminación, una renovación cultural, y
unos cambios necesarios. Durante este período,
surgieron varias formas artísticas y eventos
expresivos basados en la cultura tradicional. Entre
ellos se encontraban los murales del barrio, los
bailes folklóricos, la poesía bilingüe, el teatro
popular basado en el Teatro Campesino fundado
por Luis Valdez, y los festivales que enfatizaban la
cultura mexicana y méxico-americana. El sentido
de revitalización y de orgullo étnico con el tiempo
afectó a todos los sectores de la población méxico-
americana aunque algunos sectores de la clase

cultural renewal, and change. Various expressive forms and events emerged during this period which drew from traditional culture, among them barrio murals, *ballet folklóricos*, bilingual poetry, popular theater based on the Teatro Campesino founded by Luis Valdez, and festivals emphasizing Mexican and Mexican-American culture. The sense of cultural revitalization and ethnic pride eventually affected all segments of the Mexican-American population, although some segments of the working class never really adopted the name Chicano or the political and cultural agenda of the movement.[47]

The New Catholicism in the United States, which emerged in the wake of Vatican II, was influenced by the documents of Vatican II and both shaped and was shaped by the civil rights movement. Inspired by the new spirit of change and social activism, various groups pushed their causes. "Hispanic Catholics became especially militant and demanded equal rights in the church, better representation in the hierarchy, and in general more recognition in the Catholic church in the United States."[48] Although response from the clergy has been mixed, some church leaders endeavored to make the church more accessible and sensitive to the cultural, religious, and social needs of parishioners.

The 1967 Detroit riots were another significant and shaping event of the 1960s. Although most often associated with African-Americans, violence also erupted in the barrio as "Mexicans and Appalachian whites took advantage of the opportunity to vent their anger and frustration."[49] In the wake of the riots, civic and church leaders began to address the root causes of the disturbances. Two efforts initially were targeted at African-Americans: the Archdiocese of Detroit contributed $1 million for projects in minority communities, and New Detroit, Inc. was organized as a forum for discussion of urban issues. Mexican-American community members pressed for their own programs and services which led to representation within New Detroit and to the formation of such

obrera en realidad nunca aceptaron el nombre chicano ni la orientación política y cultural del movimiento.[47]

El Nuevo Catolicismo en los Estados Unidos, que fue el resultado del Vaticano Segundo, fue influido por los documentos del Vaticano Segundo y por el movimiento de los derechos civiles. Inspirados por el espíritu nuevo de cambio y activismo social, varios grupos religiosos promovieron sus causas. "Los católicos hispanos empezaron a ser especialmente militantes, reclamando sus derechos de igualdad dentro de la iglesia y pidiendo mejor representación en la jerarquía, y en general, más reconocimiento de sí mismos en la iglesia católica de los Estados Unidos."[48] Aunque la respuesta del clero fue variada, algunos líderes de la iglesia se esforzaron para que la iglesia fuera más accesible y sensible a las necesidades culturales, religiosas y sociales de sus parroquianos.

En 1967, los motines raciales en Detroit le dieron una dimensión única a la ciudad. Aunque la violencia de ese año se asocia más con los afroamericanos, también hubo manifestaciones en el barrio cuando "los mexicanos y los blancos apalaches se aprovecharon de la oportunidad para desahogar su ira y su frustración".[49] Durante los motines, los líderes cívicos y eclesiásticos empezaron a enfrentarse con las causas de los problemas sociales. Inicialmente, dos esfuerzos iban dirigidos únicamente al pueblo afroamericano: la Arquidiócesis de Detroit contribuyó un millón de dólares para proyectos en las comunidades minoritarias, y el New Detroit, Inc. fue organizado como un foro para las discusiones sobre los problemas urbanos. Luego, los miembros de la comunidad méxico-americana también presentaron sus propios programas y servicios, y tales esfuerzos resultaron en su representación dentro del New Detroit, Inc. y en la formación de organizaciones como LA SED (Latinoamericanos para el Desarrollo Social y Económico); el Secretariado Latinoamericano que formó parte de la Arquidiócesis de Detroit; y Latino en Marcha en la Universidad Estatal de Wayne, el precursor del actual Programa de Estudios Chicano-Boricuas.[50]

Las décadas recientes han presenciado no solamente un aumento en el reconocimiento

organizations as LA SED (Latin Americans for Social and Economic Development), the Latin American Secretariat within the archdiocese, and Latino en Marcha at Wayne State University, the forerunner of the current Chicano-Boricua Studies program.[50]

Recent decades witnessed not only greater political and institutional recognition of the Mexican *colonia* in Detroit but also a renewed pride in Mexican and Mexican-American heritage. As expressed by Rosa Solano:

> We are made more aware of our culture as time goes on, instead of keeping it hidden, like we used to years ago. But now, a certain pride has come out of everybody that they say with pride, "Yes, I am a Mexican!" regardless of the circumstances, whether you're poor or rich, or whether you made it or didn't make it. You were very proud of your heritage, and that goes for my family. My family loves saying, "I am a Mexican, a Mexican-American."[51]

This renewed sense of pride is expressed today through the most open and colorful celebrations of traditional culture in the *colonia's* history. Detroit *mexicanos* reflected national trends by organizing public ethnic festivals such as the Mexican Festival by the Mexican Civic and Patriotic Committee, the Unity in the Community Festival by Casa de Unidad, and most recently, the Mexicantown Fiesta by the Mexicantown Community Development Corporation and the Southwest Detroit Business Association.[52] Although the *colonia* has a long history of secular fiestas and *kermesses*, these were chiefly in-group events. The festivals organized since the 1960s are distinguished by their public display of cultural diversity. Other traditions previously observed only in private in-group contexts have been revitalized for audiences of outsiders and fellow *mexicanos*.[53]

Fiesta, Fe, y Cultura

Día de los Muertos, the Fiestas Guadalupanas, and Las Posadas are part of the larger context outlined in this chapter. Each event has been shaped differently by the migration

político e institucional de la colonia mexicana en Detroit sino también un orgullo nuevo en lo mexicano y en lo méxico-americano. Según expresa Rosa Solano:

> Nos estamos haciendo más conscientes de nuestra cultura con el paso del tiempo y ya no la mantenemos escondida como lo hacíamos hace años. Ahora hay un orgullo que ha nacido en todo el mundo y orgullosamente decimos, "Sí, soy mexicano" a pesar de las circunstancias —siendo uno pobre o rico. No importa si haya tenido o no haya tenido éxito. Estamos muy orgullosos de nuestra herencia, y eso incluye a mi familia. A mi familia le encanta decir "Yo soy mexicano; soy méxico-americano."[51]

Ahora este nuevo sentido de orgullo se expresa a través de las observancias públicas que se han organizado para celebrar la cultura tradicional. Reflejando la tendencia nacional, los mexicanos de Detroit han organizado festivales étnicos, tales como el Festival Mexicano del Comité Cívico y Patriótico Mexicano; el Festival de Unidad en la Comunidad de la Casa de Unidad; y el más reciente, Mexicantown Fiesta de la Corporación para el Desarrollo de la Comunidad de Mexicantown y la Asociación de Negocios del Suroeste de Detroit.[52] Aunque la colonia tiene una larga historia de fiestas sociales seculares y kermesses, éstos solían ser eventos principalmente para la gente del barrio. Los festivales, organizados desde los años sesenta, se distinguen por su exhibición pública y su diversidad. Otras tradiciones, que previamente se observaban en privado para grupos particulares, ahora se han revitalizado, tanto para audiencias en general como para los mismos compatriotas mexicanos.[53]

Fiesta, Fe, y Cultura

El Día de los Muertos, las Fiestas Guadalupanas, y las Posadas son parte de un contexto cultural más grande, como se ha visto a través de este capítulo. Cada evento se ha ido formando a través de las experiencias migratorias y a través de las experiencias que han transcurrido en Detroit. También ha habido influencia de unos esfuerzos individuales y de organizaciones que han tratado de crear una identidad de etnía en el

Photo/Foto: Laurie Kay Sommers

Unity in the Community Festival mass with
María Guadalupe Aguirre as liturgist (far left),
1988, Clark Park.

María Guadalupe Aguirre (al fondo izquierdo),
fue lectora durante la misa del Festival de
Unidad en la Comunidad, el Parque Clark,
1988.

and Detroit experiences, and by individual and group attempts to create a meaningful ethnic identity in a new environment. As Heisley observes:

> Maintaining ethnic identity in an urban environment is complex and multifaceted. It involves more than simply perpetuating traditions from Mexico from one generation to another. In part this complexity is due to the diversity of the Mexican-origin population which ranges from recent immigrants to families who have lived in the community for generations. Of course, not all members of the community participate in the full range of. . .festivities, and the meanings. . .differ in certain respects from person to person.[54]

Despite differences in meaning from individual to individual, the collective history of the three celebrations reveals an important story. Their story is only a part of a much larger one; the full cultural history of Detroit *mexicanos* has yet to be told. The chapters which follow interpret these fiestas within a context of cultural continuity and change as immigrants and their children created new Mexican-American variants of Mexican celebrations. They tell the compelling story of a community in search of itself, of its place between two cultures, and its relationship to the Catholic church. In the words of the late Dolores "Lolita" Olvera: "Even though the festivity here is not like that in Mexico, I don't want children to abandon it. I am trying to cultivate the same tradition within my children, and today, within my grandchildren. We have Mexican roots, and these cannot be forgotten."[55]

nuevo ambiente. Como Heisley observa:

> El mantenimiento de la identidad étnica en un ambiente urbano es complicado y multifacético. Se necesita más que perpetuar simplemente las tradiciones mexicanas de una generación a otra. Esta complejidad se debe, en parte, a la diversidad de la población de origen mexicano que varía entre los inmigrantes recientes y las familias que han vivido en la comunidad por generaciones. Por supuesto, no todos los miembros de la comunidad participan plenamente en las. . .festividades, y su significado es. . .distinto, en ciertos aspectos, de persona a persona.[54]

A pesar de estas diferencias en significado, la historia colectiva de las tres celebraciones revela un desarrollo importante. Esto en realidad es parte de una historia más amplia: la historia cultural de los mexicanos de Detroit que aún no se ha contado en toda su complejidad. Los capítulos que siguen interpretan estas fiestas religiosas desde el punto de vista de una continuidad cultural a la vez que se van notando también los cambios culturales. A través de esta dinámica, los inmigrantes y sus familias han ido creando nuevas formas de celebraciones méxico-americanas basadas en las antiguas celebraciones mexicanas. Nos relatan historias y acontecimientos impresionantes de una comunidad que está en búsqueda de sí misma y de su posición entre dos culturas, al igual que de su relación a la iglesia católica. En las palabras de Dolores "Lolita" Olvera, que en paz descanse: "Aunque la festividad de aquí no sea como la de México, no quiero que mis hijos la abandonen. Estoy tratando de cultivar la misma tradición para mis hijos; y ahora, para mis nietos. Ellos tienen raíces mexicanas y éstas no se pueden olvidar."[55]

Introduction
Introducción
Endnotes / Notas

1. This chapter is drawn, in part, from Maria Quinlan Leiby's unpublished paper, "*Colonia, Creed, and Culture: Mexicans in Detroit,*" Michigan State University, 1991. Leiby served as research assistant to the *Fiesta, Fe, y Cultura* project from 1990-91.

2. From an estimated 3,000 to 5,000 Mexican-born individuals in the early 1920s, the City of Detroit in 1990 housed 17,655 persons of Mexican ancestry. The figure for Wayne County was 32,269. This represents 1.5% of the county's total population and 64% of the county's total Hispanic population of 50,506. For various reasons, census data for Mexican-Americans are usually undercounts.

3. Helen May, "We're the Lucky Ones," *Detroit Free Press*, July 27, 1971, sec. B.

4. Norman Daymond Humphrey, "Patterns of Cultural Adjustment of the Mexican Peon Family in Detroit" (Master's thesis, University of Michigan, 1940); "The Mexican Peasant in Detroit" (Ph.D. diss., University of Michigan, 1943). Citations for various articles are listed in the Bibliography.

5. Eduard Adam Skendzel, *Detroit's Pioneering Mexicans, A Historical Study of the Mexican Colonia in Detroit* (Grand Rapids: Littleshield Press, 1980).

6. Marietta Lynn Baba and Malvina Hauk Abonyi, *Mexicans of Detroit* (Detroit: Center for Urban Studies, Wayne State University, 1979). Regrettably, the interview tapes are lost.

7. Louis C. Murillo, "The Detroit Mexican *Colonia* from 1920 to 1932: Implications for Social and Educational Policy" (Ph.D. diss., Michigan State University, 1981). According to personal correspondence with Laurie Kay Sommers, his tapes have been lost.

8. Dennis Nodín Valdés, *El Pueblo Mexicano en Detroit y Michigan: A Social History* (Detroit, College of Education, Wayne State University, 1982).

9. Raymond Levendoski, "Mexican-Americans in Southwest Detroit: A Study of Migration 1900-1976" (Master's thesis, Wayne State University, 1989).

10. Zaragosa Vargas, *Proletarians of the North: A History of Mexican Industrial Workers in the Midwest, 1917-33* (Berkeley: University of California Press, 1993). His tapes will be deposited at the Ford Industrial Archives at the Edison Institute in Dearborn.

11. Margarita Valdez, ed., *Tradiciones del Pueblo — Traditions of Three Mexican Feast Days in Southwest Detroit* (Detroit: Casa de Unidad

1. Este capítulo está basado, en parte, en el informe aún no publicado de María Quinlan Leiby, "*Colonia, Creed, and Culture: Mexicans in Detroit*", Michigan State University, 1991. Leiby sirvió como asistente de investigación del proyecto *Fiesta, Fe, y Cultura* durante 1990-91.

2. En los albores de los años veinte se calcula que la población de origen mexicano era de 3,000 a 5,000 personas. En 1990, la ciudad de Detroit hospedaba a 17,655 personas de ascendencia mexicana. El condado de Wayne mostraba una cifra de 32,269. Ésta representa el 1.5% de la población total del condado de Wayne y el 64% de la población hispana en total, que es de 50,506 personas. Por varias razones, los datos de los censos usualmente no calculan bien la población méxico-americana.

3. Helen May, "We're the Lucky Ones", *Detroit Free Press*, 27 de julio de 1971, B.

4. Norman Daymond Humphrey, "Patterns of Cultural Adjustment of the Mexican Peon Family in Detroit" (Tesis de Maestría, University of Michigan, 1940); "The Mexican Peasant in Detroit" (Tesis Doctoral, University of Michigan, 1943). Varios artículos se incluyen en la bibliografía.

5. Eduard Adam Skendzel, *Detroit's Pioneering Mexicans, A Historical Study of the Mexican Colonia in Detroit* (Grand Rapids: Littleshield Press, 1980).

6. Marietta Lynn Baba y Malvina Hauk Abonyi, *Mexicans of Detroit* (Detroit: Center for Urban Studies, Wayne State University, 1979). Desafortunadamente, las cintas con las entrevistas se han perdido.

7. Louis C. Murillo, "The Detroit Mexican *Colonia* from 1920 to 1932: Implications for Social and Educational Policy" (Tesis Doctoral, Michigan State University, 1981). Según su correspondencia personal con Laurie Kay Sommers, sus cintas se han perdido.

8. Dennis Nodín Valdés, *El Pueblo Mexicano en Detroit y Michigan: A Social History* (Detroit: College of Education, Wayne State University, 1982).

9. Raymond Levendoski, "Mexican-Americans in Southwest Detroit: A Study of Migration 1900-1976" (Tesis de Maestría, Wayne State University, 1989).

10. Zaragoza Vargas, *Proletarians of the North: A History of Mexican Industrial Workers in the Midwest, 1917-33* (Berkeley: University of California Press, 1993). Sus cintas serán depositadas en el Instituto Edison en Dearborn bajo los archivos Industriales Ford.

11. Margarita Valdez, redactora de *Tradiciones del Pueblo — Traditions of Three Mexican Feast Days in Southwest Detroit* (Detroit: Casa de Unidad, Cultural Arts and Media Center, 1990). Información sobre las copias y los materiales originales del proyecto se pueden obtener a través de la Casa de Unidad, Centro Cultural de Artes y Medios de Comunicación, en Detroit, y en las Colecciones de Investigación de las Artes Tradicionales en Michigan, Museo de la Universidad Estatal de

Cultural Arts and Media Center, 1990). Information on the location of copies and originals of project materials is available from Casa de Unidad Cultural Arts and Media Center in Detroit and the Michigan Traditional Arts Research Collections, Michigan State University Museum, in East Lansing.

12. Humphrey, "The Mexican Peasant in Detroit," 63.

13. José Alfaro, interviewed by Laurie Kay Sommers, November 30, 1991, Troy MI, and Sonnie Casillas Pérez, interviewed by Laurie Kay Sommers, February 26, 1990, Livonia, MI; Norman Humphrey, "The Integration of the Detroit Mexican Colony," *American Journal of Economics and Sociology* 3 (1944): 155-66.

14. See Humphrey, "The Mexican Peasant in Detroit," for discussion of the Protestant presence among Detroit Mexicans.

15. Skendzel, *Detroit's Pioneering Mexicans*, 42, from interview with Rev. Eugene Wehner, Holy Redeemer Church, 1961; Msgr. Clement Kern, "Spiritual Problems of the Spanish Speaking (In United States Catholic Society)," Box 1, Speeches, Most Holy Trinity Church Archives, Detroit.

16. Baba and Abonyi, *Mexicans of Detroit*, 29.

17. Valdés, *El Pueblo Mexicano en Detroit y Michigan*, 11-14. Vargas, *Proletarians of the North*, provides extensive coverage of the arrival and employment of men and women in the Detroit Mexican working class.

18. Zaragosa Vargas, "Life and Community in the 'Wonderful City of the Magic Motor': Mexican Immigrants in 1920s Detroit," *Michigan Historical Review* 15 (Spring 1989): 53-58; Skendzel, *Detroit's Pioneering Mexicans*, 16; Valdés, *El Pueblo Mexicano en Detroit y Michigan*, 17-18.

19. Charles D. Cameron, "Our Spaniards and Aztecs, Detroit Saturday Night," October 16, 1926, sec. 2.

20. Baba and Abonyi, *Mexicans of Detroit*, 32; Skendzel, *Detroit's Pioneering Mexicans*, 11. For the most recent scholarship on Detroit Mexicans during the depression and repatriation campaign, see Vargas, "Detroit Mexicans in the Great Depression," Chapter 5 in *Proletarians of the North*, 169-200.

21. Philip A. Adler, "69 Mexicans Say 'Adios,' Depart for Native Land," *Detroit News*, October 10, 1931.

22. Valdés, *El Pueblo Mexicano en Detroit y Michigan*, 36-38; Murillo, "The Detroit Mexican *Colonia*," 122-38.

23. Steve Babson, *Working Detroit: The Making of a Union Town*, 2d ed. (Detroit: Wayne State University Press, 1986), 36; Skendzel, *Detroit's Pioneering Mexicans*, 51.

Michigan, East Lansing.

12. Humphrey, "The Mexican Peasant in Detroit", 63.

13. José Alfaro, entrevistado por Laurie Kay Sommers, el 30 de noviembre de 1991, Troy, MI, y Sonnie Casillas Pérez, entrevistada por Laurie Kay Sommers, el 26 de febrero de 1990, Livonia, MI; Norman Humphrey, "The Integration of the Detroit Mexican Colony", *American Journal of Economics and Sociology 3* (1944): 155-66.

14. Vea a Humphrey, "The Mexican Peasant in Detroit", para información sobre la presencia de los protestantes entre los mexicanos de Detroit.

15. Skendzel, *Detroit's Pioneering Mexicans*, 42, de la entrevista con el Rev. Eugene Wehner, Iglesia del Santísimo Redentor, 1961; el Msgr. Clement Kern, "Spiritual Problems of the Spanish Speaking (En la Sociedad Católica de los Estados Unidos)", Casilla 1, Discursos, Archivo de la Iglesia de La Santísima Trinidad, Detroit.

16. Baba y Abonyi, *Mexicans of Detroit*, 29.

17. Valdés, *El Pueblo Mexicano en Detroit y Michigan*, 11-14. Vargas, *Proletarians of the North*, provee un reportaje extensivo de la llegada y el empleo de hombres y mujeres de la clase obrera mexicana de Detroit.

18. Zaragoza Vargas, "Life and Community in the 'Wonderful City of the Magic Motor': Mexican Immigrants in 1920's Detroit", *Michigan Historical Review 15* (Primavera de 1989): 53-58; Skendzel, Detroit's Pioneering Mexicans, 16; Valdés, *El Pueblo Mexicano en Detroit y Michigan*, 17-18.

19. Charles D. Cameron, "Our Spaniards and Aztecs, Detroit Saturday Night", 16 de octubre de 1926, sec. 2.

20. Baba y Abonyi, *Mexicans of Detroit,* 32; Skendzel, *Detroit's Pioneering Mexicans,* 11. Para obtener el estudio más reciente sobre los mexicanos de Detroit durante la depresión y la repatriación, vea a Vargas, "Detroit Mexicans in the Great Depression", Capítulo 5 en *Proletarians of the North*, 169-200.

21. Philip A. Adler, "69 Mexicans Say 'Adios', Depart for Native Land", *Detroit News,* 10 de octubre de 1931.

22. Valdés, *El Pueblo Mexicano en Detroit y Michigan*, 36-38; Murillo, "The Detroit Mexican *Colonia*", 122-38.

23. Steve Babson, *Working Detroit: The Making of a Union Town*, edición 2da (Detroit: Wayne State University Press, 1986), 36; Skendzel, *Detroit's Pioneering Mexicans*, 51.

24. Leslie Woodcock Tentler, *Seasons of Grace: A History of the Catholic Archdiocese of Detroit* (Detroit: Wayne State University Press, 1990), 3.

25. Babson, *Working Detroit*, 26-27.

26. Loren H. Houtman, "Response of Detroit Public Schools to Immigrant Groups", (Tesis Doctoral, Michigan State University, 1965), 188; Norman D. Humphrey, "The

24. Leslie Woodcock Tentler, *Seasons of Grace: A History of the Catholic Archdiocese of Detroit* (Detroit: Wayne State University Press, 1990), 3.

25. Babson, *Working Detroit*, 26-27.

26. Loren H. Houtman, "Response of Detroit Public Schools to Immigrant Groups" (Ph.D. diss., Michigan State University, 1965), 188; Norman D. Humphrey, "The Education and Language of Detroit Mexicans," *Journal of Educational Sociology* 17 (1944): 541; Frank Lozano, interviewed by Laurie Kay Sommers, December 13, 1991.

27. Baba and Abonyi, *Mexicans of Detroit*, 51-52.

28. Humphrey, "The Mexican Peasant in Detroit," 161.

29. Sonnie Casillas Pérez, interviewed by Laurie Kay Sommers, February 26, 1990, Livonia, MI.

30. Norman D. Humphrey, "The Integration of the Detroit Mexican Colony," 161.

31. James L. Devlin, "A Little Bit of Old Mexico Right Here in Detroit," *Detroit Sunday News Magazine*, September 5, 1920.

32. Skendzel, *Detroit's Pioneering Mexicans*, 58-60; Vargas, "Life and Community," 62-63. Norman Humphrey's doctoral dissertation, "The Mexican Peasant in Detroit," provides a good list of Mexican organizations through 1940. Skendzel repeats Humphrey's list and updates it through 1960. Valdés includes organizations from the 1960s and 1970s in his chapter entitled, "La Lucha 1964-1976." For a more recent treatment of selected organizations and a good overview of life in the *colonia* from the 1910s-1930s, see Vargas, "Life in the Mexican Colonies of the Midwest," Chapter 4 in *Proletarians of the North*, 124-68.

33. Humphrey, "The Mexican Peasant in Detroit," 135.

34. José Alfaro, interviewed by Laurie Kay Sommers, November 30, 1991, Troy, MI. The term *American* in this context means mainstream United States culture in contrast with the Mexican culture familiar to immigrants such as Alfaro. It is used in this sense throughout *Fiesta, Fe, y Cultura.* Latin Americans generally use *American* to denote citizens of North, Central, and South America while U.S. citizens often use it as a synonym for "of the United States." This latter usage was adopted by Detroit's pioneering Mexicans who often described the culture of mainstream, English-speaking U.S. society as *americano*. This usage continues in various contexts, among them the inclusion of "American" chicken on the menu for the Fiestas Guadalupanas.

Education and Language of Detroit Mexicans", *Journal of Educational Sociology* 17 (1944): 541; Frank Lozano, entrevistado por Laurie Kay Sommers, 13 de diciembre de 1991.

27. Baba y Abonyi, *Mexicans of Detroit,* 51-52.

28. Humphrey, "The Mexican Peasant in Detroit", 161.

29. Sonnie Casillas Pérez, entrevistada por Laurie Kay Sommers, 26 de febrero de 1990, Livonia, MI.

30. Norman D. Humphrey, "The Integration of the Detroit Mexican Colony", 161.

31. James L. Devlin, "A Little Bit of Old Mexico Right Here in Detroit", *Detroit Sunday News Magazine*, 5 de septembre de 1920.

32. Skendzel, *Detroit's Pioneering Mexicans*, 58-60; Vargas, "Life and Community", 62-63. La Tesis Doctoral de Norman Humphrey, "The Mexican Peasant in Detroit", provee una buena lista de organizaciones mexicanas hasta 1940. Skendzel repite la lista de Humphrey y la pone al día hasta 1960. Valdés incluye organizaciones desde los años sesenta y setenta en su capítulo titulado, "La Lucha 1964-1976". Para información más reciente de las organizaciones seleccionadas y una vista panorámica de la vida en la colonia durante 1910-1930, vea a Vargas, "Life in the Mexican Colonies of the Midwest", Capítulo 4 en *Proletarians of the North*, 124-68.

33. Humphrey, "The Mexican Peasant in Detroit", 135.

34. José Alfaro, entrevistado por Laurie Kay Sommers, 30 de noviembre de 1991, Troy, MI. El término *americano* en este contexto significa la cultura estadounidense de la mayoría en contraste con la cultura mexicana, tan familiar para los inmigrantes como Alfaro. Así, en este sentido, se usa en *Fiesta, Fe, y Cultura*. Los latinoamericanos generalmente usan la palabra *americano* para denotar los habitantes de los continentes de Norteamérica y Sudamérica, mientras que los ciudadanos estadounidenses usan la misma palabra como sinónimo de los "Estados Unidos". Este uso también fue adoptado por los primeros mexicanos que llegaron a Detroit, que a menudo describen la cultura de la mayoría habla-inglesa en los Estados Unidos como "*americano*". Se sigue usando de esta manera en varios contextos, entre ellos la inclusión de "*pollo americano*" en el menú que se usa para las Fiestas Guadalupanas.

35. Devlin, *Detroit Sunday News Magazine*, 5 de septiembre de 1920.

36. Sonnie Casillas Pérez, en una entrevista telefónica hecha por Laurie Kay Sommers, 23 de marzo 1993, Livonia, MI. Para más información sobre las viviendas de furgones, vea a Vargas, *Proletarians of the North*, 68-69.

37. James S. Griffith, "The Lark of the Border, Lydia Mendoza", en *Ethnic Recordings in America, A Neglected Heritage* (Washington, DC: American Folklife Center, Library of Congress, 1982), 120.

35. Devlin, *Detroit Sunday News Magazine*, September 5, 1920.

36. Sonnie Casillas Pérez, phone interview by Laurie Kay Sommers, March 23, 1993, Livonia, MI. For more discussion of boxcar housing, see Vargas, *Proletarians of the North*, 68-69.

37. James S. Griffith, "The Lark of the Border, Lydia Mendoza," in *Ethnic Recordings in America, A Neglected Heritage* (Washington, DC: American Folklife Center, Library of Congress, 1982), 120.

38. Frank Lozano, interviewed by Laurie Kay Sommers, August 2, 1991, Lansing, MI.

39. Humphrey, "The Mexican Peasant in Detroit," 134.

40. *Detroit News*, September 16, 1926, 16.

41. See Norma Williams, *The Mexican-American Family, Tradition and Change* (Dix Hills, NY: General Hall, Inc., 1990) for a discussion of patterns of change in the life cycle rituals of Mexican-Americans in Texas.

42. See, for example, Norman Humphrey, "On Assimilation and Acculturation," *Psychiatry* 6 (1943): 343-45.

43. Rosa Solano, interviewed by Marta E. Lagos, November 21, 1991, Detroit, MI.

44. Baba and Abonyi, 56.

45. *The Story of Ste. Anne de Detroit Church 1701-1976* (Hackensack, NJ: Custombook, Inc., 1976), 37.

46. Jay P. Dolan, *The American Catholic Experience* (Garden City, NY: Doubleday and Company, Inc., 1985), 423-437; Guy Bensusan, "Some Current Directions in Mexican-American Religious Music," *Latin American Music Review* 10 no. 2 (Summer 1975): 188.

47. The cultural florescence of the Chicano movement has been the subject of many works, among them Tomás Ybarra-Frausto, "The Chicano Movement and the Emergence of a Chicano Poetic Consciousness," in *New Directions in Chicano Scholarship* edited by Ricardo Romo and Raymundo Paredes (San Diego: University of California Chicano Studies Monograph, 1978), 81-109; Juan Gómez-Quiñones, "On Culture," *Revista Chicano-Riqueña* 5 no. 2 (1977): 29-47; Richard Griswold del Castillo, Teresa McKenna, and Yvonne Yarbro-Bejarano, eds., *Chicano Art, Resistance and Affirmation, 1965-1985* (Los Angeles: Wright Art Gallery, University of California, 1990); Nicolás Kanellos, "Folklore in Chicano Theater and Chicano Theater as Folklore," *Journal of the Folklore Institute* 15 (1978).

48. Dolan, *The American Catholic Experience,* 427.

38. Frank Lozano, entrevistado por Laurie Kay Sommers, 2 de agosto de 1991, Lansing, MI.

39. Humphrey, "The Mexican Peasant in Detroit", 134.

40. *Detroit News*, 16 de septiembre, 1926, 16.

41. Vea a Norma Williams, *The Mexican-American Family, Tradition and Change* (Dix Hills, NY: General Hall, Inc., 1990) para una discusión de los cambios que han ocurrido en los rituales que forman el ciclo de vida del méxico-americano en Tejas.

42. Por ejemplo, vea a Norman Humphrey, "On Assimilation and Acculturation", *Psychiatry* 6 (1943): 343-45.

43. Rosa Solano, entrevistada por Marta E. Lagos, 21 de noviembre de 1991, Detroit, MI.

44. Baba y Abonyi, 56.

45. *The Story of Ste. Anne de Detroit Church 1701-1976* (Hackensack, NJ: Custombook, Inc., 1976), 37.

46. Jay P. Dolan, *The American Catholic Experience* (Garden City, NY: Doubleday and Company, Inc., 1985), 423-437; Guy Bensusan, "Some Current Directions in Mexican-American Religious Music", *Latin American Music Review* 10, no.2 (Verano de 1975): 188.

47. El florecimiento cultural del Movimiento Chicano ha sido el tema de muchas obras, entre ellas: Tomás Ybarra Frausto, "The Chicano Movement and the Emergence of a Chicano Poetic Consciousness", en *New Directions in Chicano Scholarship* redactada por Ricardo Romo y Raymundo Paredes (San Diego: University of California Chicano Studies Monograph, 1978), 81-109; Juan Gómez-Quiñones, "On Culture", *Revista Chicano-Riqueña* 5, no.2 (1977): 29-47; Richard Griswold del Castillo, Teresa McKenna e Yvonne Yarbro Bejarano, redactores, *Chicano Art, Resistance and Affirmation, 1965-1985* (Los Angeles: Wright Art Gallery, University of California, 1990); Nicolás Kanellos, "Folklore in Chicano Theater and Chicano Theater as Folklore", *Journal of the Folklore Institute 15* (1978).

48. Dolan, *The American Catholic Experience*, 427.

49. Gumecindo Salas e Isabel Salas, "The Mexican Community of Detroit", en *La Causa Chicana* redactada por Margaret M. Margold (New York: Family Service Association of America, 1972), 169.

50. Para informes sobre los años sesenta y setenta, vea a Valdés, *El Pueblo Mexicano en Detroit y Michigan*. También vea a Gumecindo Salas e Isabel Salas, "The Mexican Community of Detroit", 161-77. La Oficina del Secretariado Latino Americano de la Arquidiócesis de Detroit se transformó en la Oficina de Asuntos Hispanos en 1978 y después la hicieron parte del Departamento de Intereses Étnicos y Urbanos en 1991.

51. Rosa Solano, entrevistada por Marta E. Lagos, 21 de noviembre de 1991, Detroit, MI.

52. El Festival de Unidad en la Comunidad fue patrocinado

49. Gumecindo Salas and Isabel Salas, "The Mexican Community of Detroit," in *La Causa Chicana* edited by Margaret M. Mangold (New York: Family Service Association of America, 1972), 169.

50. For discussions of the 1960s and 1970s, see Valdés, *El Pueblo Mexicano en Detroit y Michigan.* Also see Gumecindo Salas and Isabel Salas, "The Mexican Community of Detroit," 161-77. The Latin American Secretariat of the Archdiocese of Detroit changed to the Office for Hispanic Affairs in 1978 then became part of the Department of Ethnic and Urban Concerns in 1991.

51. Rosa Solano, interviewed by Marta E. Lagos, November 21, 1991, Detroit, MI.

52. The Unity in the Community Festival initially was sponsored by Casa de Unidad Cultural Arts and Media Center; from 1987–1994, it was co-sponsored with the Southwest Detroit Business Association.

53. For a discussion of the changing symbolism of Cinco de Mayo based on data gathered in San Francisco, California, see Laurie Kay Sommers, "Symbol and Style in Cinco de Mayo," *Journal of American Folklore* (October-December 1985): 476-482.

54. Michael Heisley, "Mexican American *Nacimientos*: History and Contemporary Meanings," in *More Than a Tradition: Mexican American Nacimientos in Los Angeles* by Michael Heisley and Mary MacGregor-Villareal (Los Angeles: Southwest Museum, 1991), 32.

55. Dolores "Lolita" Olvera, interviewed by Guadalupe Aguirre, December 7, 1988, Detroit, MI.

inicialmente en 1981 por la Casa de Unidad, Centro Cultural de Artes y Medios de Comunicación, y desde 1987–1994 lo ha co-patrocinado con la Asociación de Negocios del Suroeste de Detroit (SDBA).

53. Para una discusión sobre los cambios del simbolismo del Cinco de Mayo, basada en datos coleccionados en San Francisco, California, vea a Laurie Kay Sommers, "Symbol and Style in Cinco de Mayo", *Journal of American Folklore* (octubre-diciembre 1985): 476-482.

54. Michael Heisley, "Mexican American *Nacimientos*: History and Contemporary Meanings", en *More Than a Tradition: Mexican American Nacimientos in Los Angeles* por Michael Heisley y Mary MacGregor-Villareal (Los Angeles: Southwest Museum, 1991), 32.

55. Dolores "Lolita" Olvera, entrevistada por Guadalupe Aguirre, 7 de diciembre de 1988, Detroit, MI.

Día de los Muertos en Detroit

Día de los Muertos altar installation by Nora Chapa Mendoza and José Leyva Garza, the first such exhibition in southwest Detroit, Casa de Unidad Cultural Arts and Media Center, November, 1989.

Un altar para el Día de los Muertos instalado por Nora Chapa Mendoza y José Leyva Garza, y la primera exibición de su género en el área suroeste de Detroit, Casa de Unidad, Centro Cultural de Artes y Medios de Comunicación, noviembre de 1989.

Día de los Muertos

en Detroit

On October 26, 1991, Casa de Unidad's gallery in southwest Detroit was rich with the imagery of Día de los Muertos. Guests feasted on sweet slices of *pan de muerto* (bread for the dead) made by Panadería La Gloria. The pungent scent of copal smoke drifted through the room, shrouding artist José Narezo's "Ofrenda a Los Angelitos" (Altar to the Little Angels) with subtle mystery. Program Director Marta E. Lagos had sent to California for *cempasúchiles*, a variety of marigold known to the ancient Aztecs as the flower of the dead. A thin band of vivid orange-gold petals stretched from the gallery entrance to the base of the altar. Those who knew Mexican tradition could well imagine scent and smoke guiding spirits of the deceased to the *ofrenda*. For a moment, Día de los Muertos was a vibrant presence in the heart of the barrio.

But only for a moment. From the beginning of the *colonia* in the 1910s some individuals undoubtedly observed Día de los Muertos in the privacy of their homes, continuing this important ritual of spiritual connection with their beloved *antepasados* (deceased) without the knowledge of neighbors and friends. Yet present data suggest this tradition was not widespread in Detroit. Few first-generation immigrants celebrated as they had in Mexico. Virtually all second-generation individuals interviewed echoed the words of Roberto Muñoz, "To a large degree I can't tell you that it's played a significant role in our community."[1]

Since the late 1970s, however, Día de los Muertos exhibitions in the style of "Ofrenda a Los Angelitos" have experienced tremendous popularity with artists and galleries across the country. This growing consciousness of the significance and beauty of Día de los Muertos provides an avenue for artistic expression and an opportunity for a greater appreciation of this deeply meaningful observance, both within the Latino community and among the public at large. As Turner and Jasper note:

El 26 de octubre de 1991, la galería de la Casa de Unidad en el suroeste de Detroit se enriqueció con las imágenes para el Día de los Muertos. Los invitados se deleitaron con pedazos de pan de muerto hecho por la Panadería La Gloria. El aroma acre del incienso de copal se desplazaba por el cuarto, dándole a la "Ofrenda a Los Angelitos" del artista José Narezo un aire misterioso. Marta E. Lagos, la Directora de Programación, había mandado traer de California *cempasúchiles*, una variedad de la flor *maravilla*, conocida por los antiguos aztecas como la flor de los muertos. Una banda delgada de pétalos amarillos-dorados se extendía desde la entrada de la galería hasta la base del altar. Los que conocían la tradición mexicana muy bien podían imaginarse como el aroma y el humo guiaban a los espíritus de los difuntos a la ofrenda. Por un momento, el Día de los Muertos estaba vibrantemente presente en el corazón del barrio.

Pero sucedía solamente por un momento. Indudablemente, algunos individuos observaron en la privacidad de sus hogares el Día de los Muertos durante el período original de la colonia mexicana en la segunda década del siglo veinte. De este modo, seguían con un ritual importante de conexión espiritual con sus queridos antepasados sin que sus vecinos y amigos se dieran cuenta de lo que hacían. No obstante, los datos actuales sugieren que esta tradición no estaba muy difundida en Detroit. Pocos inmigrantes de la primera generación lo celebraron como lo hacían en México. Por eso, casi todas las personas de la segunda generación que fueron entrevistadas hacían hincapié en las palabras de Roberto Muñoz, "Hasta cierto grado, no puedo decirle que ha jugado un papel importante en nuestra comunidad."[1]

Sin embargo, desde finales de los años setenta, las exhibiciones para el Día de los Muertos, como "Ofrenda a Los Angelitos", han tenido una popularidad notable con los artistas y las galerías del mundo latino en los Estados Unidos. Al crecer el conocimiento del significado y la belleza del Día de los Muertos, se ha abierto una nueva avenida para la expresión artística y una oportunidad para apreciar mejor esta

Ceramic skull by Marty Quiroz.

Calavera de cerámica por Marty Quiroz

Photo/foto: Eduardo Treviño

Within the American gallery setting, Day of the Dead *ofrendas* become emblems of the tradition in Mexico and vehicles for memorialization, but they also achieve new meaning as artistic statements that knowingly appropriate aspects of the celebration for purposes beyond its original intent. . . . For the most part such exhibits feature the works of fine artists who bring their personal aesthetic sensibilities to bear in liberal interpretations of the Mexican *ofrenda* (an altar made as an offering to the dead) tradition. Some of the treatments are personal, some are political, some are fanciful, but all of them remove the *ofrenda* tradition from its original Mexican folk context by making use of the altar not as a religious form primarily but as a sculptural form that generates the potential for a multi-layered assemblage of images, objects, and meanings.[2]

The reclaimed Día de los Muertos tradition featured at these galleries is exciting and rich, but its context is museums and galleries, not private homes, cemeteries, and churches where the observance retains its long-standing significance as a holy day devoted to spiritual acts of remembrance.

In Michigan initial Día de los Muertos exhibitions were held at Aquinas College of Grand Rapids, and Dos Manos in Royal Oak in 1987, Casa de Unidad in 1989, in 1990 at the DePree Art Center at Hope College in Holland, and the Pontiac Creative Arts Center, and in 1991 at the Detroit Institute of Arts. Although the gallery-based traditions have blossomed in recent years, such is not the case with the practices of Mexican folk Catholicism which never have been a prominent part of the *colonia's* religious culture. The story of Día de los Muertos in Detroit reveals a poignant and pragmatic response to migration and change.

Día de los Muertos in Mexico is a ritual holiday of remembrance for the dead and differs greatly from region to region.[3] On

observancia significativa, tanto en la comunidad latina como entre el público en general. Según Turner y Jasper:

Dentro del espacio de la galería americana, las ofrendas para el Día de los Muertos se presentan como emblemas de la tradición mexicana y como vehículos de conmemoración; a la vez adquieren un nuevo significado como expresiones artísticas que conscientemente le prestan nuevos aspectos a la celebración que van más allá de su intento original. . . . Estas exhibiciones, en su mayoría, destacan las obras de artistas profesionales quienes imponen sus estéticas personales en unas interpretaciones amplias de la ofrenda tradicional mexicana (un altar creado como homenaje a los muertos). Algunos le dan un toque personal a las ofrendas, otros dan énfasis al aspecto político, algunos la tratan como fantasía. Sin embargo, todos sacan la ofrenda tradicional de su contexto original mexicano y folklórico, para hacer del altar, no un símbolo religioso, sino una forma escultural que genera la posibilidad de un conjunto de imágenes, objetos y significados en varias escalas.[2]

El reclamo de las tradiciones asociadas con el Día de los Muertos que se cultiva en estas galerías produce un sentido de excitación y riqueza, pero su contexto sigue siendo el de museos y galerías y no el de las casas privadas, ni el de los cementerios, ni el de las iglesias donde la observancia retiene su significado antiguo como un día sagrado, dedicado a actos espirituales de conmemoración.

En Michigan, se llevaron a cabo las siguientes exhibiciones para el Día de los Muertos: en 1987 en Aquinas College en Grand Rapids y en Dos Manos en Royal Oak; en 1989 en la Casa de Unidad; en 1990 en el Centro de Arte de DePree del Colegio Hope en Holland y en el Centro de Artes Creativas en Pontiac; y en 1991 en el Instituto de las Artes de Detroit. Estas nuevas tradiciones se han desarrollado en las galerías y han florecido durante los últimos años; pero no se puede decir lo mismo del catolicismo popular mexicano, el que nunca ha tenido un papel importante en la cultura religiosa de nuestra colonia. La historia del Día de los Muertos en

38

Día de los Muertos
en Detroit

November 1 and 2, dates which coincide with the Catholic observances of All Saints' and All Souls' Days respectively, the souls of the deceased are expected to visit the living. Families visit the cemetery to clean the graves and decorate them with special offerings. In markets or streets near the cemeteries, vendors sell crosses, crowns, and sprays of yellow *cempasúchiles* for grave decorations; whimsical toys of clay, paper, wire, and wood; special candles and candlesticks; incense and containers; decorative *papel picado* [paper cut outs]; ceramics; *pan de muerto* [bread for the dead] in different colors and shapes; sugar skulls called *calaveras*; and a variety of sweets and foodstuffs. In some regions masked processions or musical serenades also occur. Many homes have a special altar to honor the returning souls holding favorite objects, food, and drink of the deceased. The faithful believe that the dead partake of the food in spirit and the living eat it afterward.

The origins of this observance combine the death rituals of Spanish Catholicism, centered around November 1 and 2, with those of the ancient indigenous cultures of Mesoamerica. Archeological evidence points to centuries of ancestor worship and funerary rites prior to the arrival of the Spanish conquistadors in 1519. In addition to funeral celebrations,

Mexican Día de los Muertos toy displayed at Dos Manos of Royal Oak, 1991.

Juguetes mexicanos para el Día de los Muertos exhibidos en Dos Manos de Royal Oak, 1991.

Photo/Foto: David Perry

Detroit revela una dinámica pragmática y conmovedora en cuanto a la migración y los cambios subsecuentes.

En México, el Día de los Muertos es un día festivo de ritos que conmemoran a los muertos. Varía mucho de región en región.[3] El 1° y 2 de noviembre—fechas que coinciden con las fiestas católicas del Día de Todos los Santos y el Día de Todas las Almas, respectivamente—se espera que las almas de los difuntos visiten a los vivos. Las familias visitan el cementerio para limpiar las sepulturas, las que decoran con ofrendas especiales. En las tiendas o calles junto a los cementerios, hay los siguientes artículos: cruces, coronas, y arreglos de flores decorados con *cempasúchiles* amarillas; juguetes de fantasía hechos de barro, papel, alambre, y madera; veladoras especiales y velas; incienso y su recipiente; papel picado decorativo; cerámica; pan de muerto en diferentes formas y colores; calaveras de azúcar; y una variedad de dulces y comestibles. En algunas regiones hay procesiones de enmascarados o serenatas musicales. Muchos hogares tienen un altar en honor del regreso de las almas que contiene algunos objetos, comidas, y bebidas favoritas de los difuntos. Los fieles creen que los difuntos comparten de la comida en una forma espiritual, aunque son los vivos realmente los que se la comen después.

Los orígenes de esta observancia combinan los rituales fúnebres del catolicismo español, centrados en el 1° y 2 de noviembre, con los de las antiguas culturas indígenas mesoamericanas. La evidencia arqueológica indica que el culto a los

the Spanish chroniclers Bernardino de Sahagún and Diego Durán documented three Aztec festivals that involved regular offerings to the deceased. These included ceremonies and offerings of such items as bread, incense, fruit, chocolate, and other food. "Durán believed that the Indians maintained their observances after the Conquest by shifting them to November under cover of the Catholic All Saints' and All Souls' holidays."[4]

The similarity of some traditions associated with folk Catholicism in Europe also facilitated the merger of the two cultures in the New World. Graveside offerings, bread for the dead, lighted candles, and belief in returning souls occur in Spain and bear striking resemblance to Día de los Muertos traditions as they evolved in Mexico. The Catholic concept of purgatory, however, disappeared in the New World; All Souls' Day, set aside in Catholic ritual to pray for the souls in purgatory, has become "a day to visit with and entertain the spirits of the dead."[5]

Historically, the Catholic church tried to suppress aspects of folk belief and Indian practice, so the vitality of the tradition varies. The traditional celebrations with the strongest pre-Hispanic influences remain among rural Indian populations. Although home altars persist, in recent decades some residents in Mexico's larger cities have embraced Día de los Muertos as part of national culture in which a traditionally private and spiritual event has been transformed into a more public secularized event, at times influenced by Halloween imagery, with parades, fireworks, altar displays, and political speeches.[6]

Migration to the United States disrupted and changed the observance of Día de los Muertos. Many discontinued its practice altogether. This was especially true in areas located farther from the Mexican border. Initial migration typically involved young unmarried men who went north in search of jobs. Migrants had difficulty maintaining cultural practices which were

antepasados y los rituales fúnebres se celebraron por siglos antes de la llegada de los conquistadores españoles en 1519. Además de las celebraciones fúnebres, los cronistas Bernardino de Sahagún y Diego Durán documentaron tres festivales aztecas que regularmente requerían ofrendas a los difuntos. Éstos incluían ceremonias y ofrendas de objetos como el pan, el incienso, la fruta, el chocolate, y otras comidas. "Durán creía que los indios mantuvieron sus observancias hasta después de la conquista, cuando cambiaron la fecha a noviembre, con el pretexto de celebrar las fiestas católicas del Día de Todos los Santos y del Día de Todas las Almas."[4]

La similaridad de algunas tradiciones asociadas con el catolicismo popular en Europa también facilitó la fusión de las dos culturas en el Nuevo Mundo. El uso de ofrendas en las sepulturas, el pan de muerto, las velas encendidas, y la creencia del regreso de las almas también se practicaban en España y estas costumbres tenían un parecido notable a las tradiciones del Día de los Muertos en México. Sin embargo, el concepto católico del purgatorio desapareció en el Nuevo Mundo. En el ritual católico, el Día de Todas las Almas se fue dedicando solamente al rezo por las almas del purgatorio, y así se fue quedando sólo como un "día para visitar y entretener a los espíritus de los muertos."[5]

Históricamente, la iglesia católica trató de suprimir aspectos de las creencias populares y de las prácticas indígenas, de manera que la vitalidad de la tradición varía. Las celebraciones tradicionales con influencias prehispánicas más fuertes permanecen entre las poblaciones indígenas rurales. Aunque los altares caseros han persistido hasta las décadas recientes, algunos residentes en las ciudades más grandes de México han visto el Día de los Muertos como parte de la cultura nacional; y así se han transformado acontecimientos tradicionales, privados y espirituales en acontecimientos más bien públicos y secularizados — a veces influidos por la imaginería de Halloween, con desfiles, fuegos artificiales, exhibiciones de altares, y discursos políticos.[6]

La inmigración a los Estados Unidos

tied to family and village life in Mexico. South Texas is one of the few places in the United States where Día de los Muertos is documented as an enduring, community-based folk practice. The Pimeria Alta region on the Arizona/Mexico border is another.[7] As Turner and Jasper note, "These traditions are pervasive, vital, ongoing and highly visible, but because of their special locus in family life they have remained largely undocumented and their importance underappreciated."[8] Beyond the border Día de los Muertos has not received much attention, perhaps in part because the tradition appears dormant if not altogether absent. The documentation project which produced *Tradiciones del Pueblo* and *Fiesta, Fe, y Cultura* is the first substantive research of community-based Día de los Muertos traditions in the Midwest. Oral histories from the Detroit *colonia* suggest that many immigrants had observed Día de los Muertos in some form prior to migration. What happened to the tradition in Detroit?

The answer must begin with the earliest immigrants who left a homeland torn by revolution and arrived in Detroit before 1930. Migration from Mexico to the United States disrupted traditional Mexican cultural patterns. This was particularly true with Día de los Muertos which involved beliefs and practices more subject to misunderstanding. Prejudice came from within as well as without. Those from the Mexican middle and upper classes in particular had a negative view of all things *indio* (Indian), Día de los Muertos among them.[9] Yet prejudice from without and the fear it engendered was also a powerful deterrent. Carmen Solís-Crowley, a third-generation *mexicana* raised in Detroit, explains the impact of this fear in her own family.

> We did not celebrate Día de los Muertos. I learned about this day during a time when I lived in Mexico. I remember my grandmother saying some prayers because it was All Saints' Day or something like that.

interrumpió y cambió la observancia del Día de los Muertos. Muchos descontinuaron su práctica por completo. Esto fue cierto, particularmente, en áreas lejanas de la frontera mexicana. Inicialmente, la inmigración consistía de solteros que típicamente fueron hacia "el norte" a buscar trabajo. Para los inmigrantes era difícil mantener las prácticas culturales que iban ligadas a la familia o a la vida del pueblo mexicano. El sur de Tejas es una de las pocas áreas en los Estados Unidos donde el Día de los Muertos se ha documentado como una práctica perdurable, popular y basada en la comunidad. La región de la Pimeria Alta, la frontera entre Arizona y México, es otra.[7] Como Turner y Jasper notan, "Estas tradiciones son penetrantes, vitales, continuas y altamente visibles; pero éstas, por su posición especial en la vida familiar, se han mantenido generalmente indocumentadas y su importancia ha sido menospreciada."[8] Más allá de la frontera, el Día de los Muertos no ha recibido mucha atención, quizás, en parte, porque la tradición parece estar inactiva — si no ausente del todo. Los proyectos de documentación que produjeron *Tradiciones del Pueblo* y *Fiesta, Fe, y Cultura* son las primeras investigaciones de la manera en que la comunidad observa la tradición del Día de los Muertos en el mediooeste. Las historias orales de la colonia de Detroit sugieren que muchos inmigrantes celebraron el Día de los Muertos en alguna forma antes de inmigrar. ¿Qué pasó con esta tradición en Detroit?

La respuesta debe de empezar con los primeros inmigrantes, quienes dejaron su patria, desgarrada por la revolución, para llegar a Detroit antes de 1930. La inmigración de México a los Estados Unidos interrumpió los modelos culturales y las tradiciones que habían conocido en México. En particular, esto ocurrió con la observancia del Día de los Muertos, la cual integraba creencias y prácticas que pueden ser malentendidas. Los prejuicios venían de adentro y de afuera. En particular, los mexicanos de la clase alta y de la clase media tenían un punto de vista negativo acerca de todo lo que supuestamente tenía raíces indígenas, entre éstas, el Día de los Muertos.[9] Además, el prejuicio de afuera y el miedo que éste engendraba también servían para disuadir la observancia. Carmen Solís-

We made no special foods or anything. I asked why and my mother said "It's the fear of being in a strange country." At the beginning, she wanted to celebrate the Day of the Dead, but my grandmother said people might think it was witchcraft.[10]

Surely this is not an isolated view. Even in a city with so many Catholic ethnic groups, Día de los Muertos traditions would have seemed strange at best: eating bread and candies in the shape of skulls and human figures, special altars at the home and gravesite, and merriment in cemeteries.

Yet fear and prejudice alone cannot explain the limited observance of Día de los Muertos in Detroit. Regional differences also played a role. The Detroit *colonia* included immigrants from different regions in central and northern Mexico, each with their own distinct variant of Día de los Muertos.[11] Some did not celebrate at all. As María Magaña Alvizu commented: "No, we didn't celebrate this custom here. There were a lot of people here from our country, but we didn't know if all Mexicans had the same customs. But there, in Michoacán, we did have this custom."[12]

Like Sra. Alvizu, some *mexicanos* may have been uncomfortable continuing this tradition without the support of *paisanos* [countrymen]. Regional and village customs often disappear when immigrants settle in a new country or are simplified into a new variant which represents the national culture in a foreign land. Caught up in the first disorienting years after migration, and overwhelmed by unsympathetic views of their tradition by outsiders, doubts about the support of fellow Mexicans may have caused some to alter, suppress, or even discard Día de los Muertos traditions.

Photo/Foto: David Perry

Mexican sugar skull [*calavera*] displayed for Día de los Muertos at Dos Manos of Royal Oak, 1991.

Calavera mexicana de azúcar exhibida para el Día de los Muertos por Dos Manos de Royal Oak, 1991.

Crowley, una mexicana de tercera generación, criada en Detroit, explica el impacto de este temor en su propia familia.

Anteriormente, nunca habíamos celebrado el Día de los Muertos. Cuando pasé una época en México, aprendí más de este día. Recuerdo que mi abuelita rezaba, y decía que era el Día de Todos los Santos, y cosas así. Aquí no hacíamos comida ni nada de eso. Le pregunté a mi mamá por qué había sido así. "Es el miedo de estar en un país extraño." Me dijo que al principio ella quería celebrar el Día de los Muertos, pero mi abuela le dijo que la gente podía pensar que esto era brujería.[10]

Seguramente, éste no es un punto de vista aislado. Aún en una ciudad dónde había tantos grupos étnicos católicos, la tradición del Día de los Muertos parecía extraña: el hecho de comer pan y dulces en forma de calaveras y figuras humanas, el mantenimiento de altares especiales en casa y en los sepulcros, y el regocijo en los cementerios — todo esto parecería extraño.

Sin embargo, ni el temor ni el prejuicio pueden explicar en si por qué en Detroit la observancia del Día de los Muertos fue truncada. La colonia de Detroit incluía inmigrantes de diferentes regiones del centro y del norte de México, cada uno con una variante distinta en los ritos asociados con el Día de los Muertos.[11] Algunos ni siquiera lo celebraron acá. Como María Magaña Alvizu comentó: "No, nunca nos acostumbramos a celebrar esta costumbre aquí. Como había mucha gente de allá, de nuestra tierra, no sabíamos si todos los mexicanos tenían la misma costumbre. Pero allí, en Michoacán, sí se acostumbraba."[12]

Como la Sra. Alvizu, algunos mexicanos pudieron haberse sentido incómodos continuando esta tradición sin el apoyo de sus paisanos. Generalmente, las costumbres regionales y pueblerinas desaparecen cuando los inmigrantes se acomodan a su nuevo país; o se simplifican en una nueva variante, la que representa la cultura

Another significant factor, especially for those first immigrants, is exemplified by the Escamillas. Pablo Escamilla, who came to Detroit in 1924 from Guadalajara, Jalisco, commented that although his Mexican grandmother had put out *ofrendas* at night, and the family decorated the graves in the cemetery, he and his wife Luz had no need to continue those traditions in Detroit. "We didn't have anyone in a cemetery here. Our parents and relatives were buried in Mexico."[13]

Death records for parishes serving Mexicans from 1920 to 1935 corroborate such a conclusion. Murillo compiled statistics from six parishes, including Our Lady of Guadalupe. For the other five churches, deaths per parish throughout the period were always less than ten, although Murillo notes that some records were missing or incomplete. Our Lady of Guadalupe Church peaked at fifty-four in 1929, but the mean for the period was twenty-two deaths per year. These are small numbers compared with total population estimates for the period which ranged as high as 8,000 in the mid-1920s.[14]

By the time Detroit cemeteries did come to have a greater number of Mexican grave sites, the tradition had changed. María Magaña Alvizu migrated to Saginaw with her parents in 1919 and continued to visit their graves in Saginaw even after moving permanently to Detroit. She did not take food, as she would have in her native Morelia, Michoacán. Instead, she and her husband brought flowers, tended the grave, and prayed the rosary. They would go three or four times a year, but not on Día de los Muertos. In her mind, however, Sra. Alvizu maintained the family obligation to the deceased, which is the essence of Día de los Muertos.[15]

Interviews with four other first-generation women who arrived from the 1920s through the 1950s also mention cemetery visits with prayers, flowers, and tending the graves. One went in November but not necessarily on November 1 or 2. María

nacional en tierra extraña. Algunos alteraron o suprimieron o aún descartaron las tradiciones del Día de los Muertos a causa de la desorientación que sufrieron en los primeros años de su inmigración. Abrumados por el punto de vista mayoritario, el que no tenía compasión por las tradiciones extranjeras, o por las dudas de no tener el apoyo de sus colegas mexicanos, los inmigrantes dejaron de observar las costumbres asociadas con el Día de los Muertos.

Otro elemento significativo, especialmente para los primeros inmigrantes, fue mencionado por los Escamilla. Pablo Escamilla, quien vino de Guadalajara, Jalisco, a Detroit en 1924, comentó que, aunque su abuelita mexicana acostumbraba poner ofrendas en la noche y su familia decoraba las sepulturas en el cementerio, él y su esposa, Luz, no sentían la necesidad de esta tradición en Detroit. "Aquí no teníamos a nadie en el cementerio. Nuestros padres y nuestros parientes estaban enterrados en México."[13]

Los registros de los difuntos en las parroquias que servían a los mexicanos desde 1920 hasta 1935 corroboran esta conclusión. Murillo compiló estadísticas de seis parroquias, incluyendo la parroquia de Nuestra Señora de Guadalupe. Para las otras cinco iglesias, el saldo de los muertos en cada parroquia por todo este período siempre contaba menos de diez; sin embargo, Murillo notó que faltaban algunos registros o que algunos estaban incompletos. Los de Nuestra Señora de Guadalupe llegaron a cincuenta y cuatro en 1929, pero el promedio para la época era de veintidós por año. Éstas son cifras pequeñas cuando se toma en cuenta el número de la población que se proyectaba durante este período, el que llegó a contar 8,000 personas para la mitad de los años veinte.[14]

Para cuando los cementerios de Detroit llegaron a tener un número significativa de mexicanos, quienes allí habían muerto, la tradición ya había cambiado. María Magaña Alvizu emigró a Saginaw con sus padres en 1919 y continuó visitando las sepulturas de sus fallecidos en Saginaw después de trasladarse permanentemente a Detroit. Ella no llevaba comida, como lo hacía en su ciudad nativa, Morelia, Michoacán. En lugar de eso, ella y su esposo llevaban flores, limpiaban el sepulcro, y rezaban el rosario. Iban

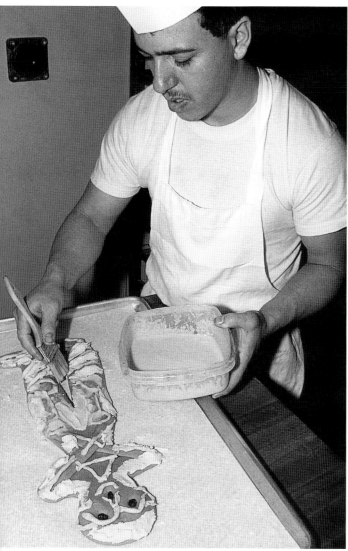

**Baker Alfonso Lupercio of Panadería La Gloria
decorates *pan de muerto*, 1991.**

**El panadero Alfonso Lupercio, Panadería La Gloria,
decorando el pan de muerto en 1991.**

Hernández Alcalá, who moved from
Hamtramck to Detroit in the early 1930s,
mentions groups of up to fifteen people who
prayed the rosary together on All Saints'
Day and Día de los Muertos. Sometimes
they would pray in homes; other times they
would take flowers and pray in the cemetery. The interviewees stressed that the
cemetery visits were not in the Mexican

tres o cuatro veces al año, pero no en el mero
Día de los Muertos. Sin embargo según la Sra.
Alvizu, ella mantenía su obligación familiar a los
difuntos, lo cual es la esencia del Día de los
Muertos.[15]

En entrevistas con otras cuatro mujeres de la
primera generación, quienes llegaron entre los
años veinte y los años cincuenta, también se
mencionan visitas a los cementerios, las que
incluían rezos, la aportación de flores, y el cuidado de los sepulcros. Se iba al cementerio en
noviembre, pero no necesariamente durante el 1^0
ó 2 del mes. María Hernández Alcalá, quién se
trasladó de Hamtramck a Detroit en los primeros
años de los años treinta, recuerda que algunos
grupos, que a veces llegaban a incluir hasta
quince personas, rezaban juntos el rosario el Día
de Todos los Santos y el Día de los Muertos. A
veces, rezaban en casa; otras veces, llevaban
flores y rezaban en el cementerio. Sin embargo,
los entrevistados enfatizaron que las visitas al
cementerio no eran "al estilo mexicano".
Claramente, algunos adoptaron la costumbre
estadounidense de visitar los sepulcros en
Memorial Day. En vista de los prejuicios contra
la perspectiva de la muerte que forma la base del
Día de los Muertos, no es sorprendente que los
mexicanos pioneros eliminaran cualquier característica distintiva que llamara atención a ellos
mismos o a sus fallecidos.

En realidad, Detroit nunca tuvo un cementerio mexicano en donde se pudieran nutrir las
tradiciones del Día de los Muertos. Aunque hubiera existido tal cementerio, el clima de
Michigan no era conducente al tipo de celebraciones — al aire libre— que se acostumbraban en
las regiones de México. Sin su propio cementerio,
los inmigrantes estaban sujetos a los regla-
mentos locales para el acceso al cementerio y su
cuidado y apariencia, lo cual desanimaba la
continuidad de las prácticas tradicionales mexicanas. Por ejemplo, muchos cementerios prohi-
bían el uso de flores artificiales durante el
invierno. Además, en México, muchas familias
compraban pan, comida, juguetes, y arreglos
florales en mercados de especialidades o de
vendedores cerca de los cementerios. Nada
similar existía en Detroit. Sin los especialistas
para proveer los artículos que dan su distintiva

Día de los Muertos
en Detroit

style, however. Some clearly adopted the U.S. custom of grave visitations on Memorial Day. In light of the previously discussed prejudices toward the Mexican view of death, it is scarcely surprising that the pioneering Mexicans eliminated any distinctive characteristics which would draw attention to themselves or the deceased.

In fact, Detroit never had a Mexican cemetery in which the traditions of Día de los Muertos might have been nurtured. Even if there had been a Mexican cemetery, the Michigan climate was not conducive to the type of day-long outdoor celebration common to parts of Mexico. Without their own cemetery, the immigrants were subject to local rules for access, care, and appearance which inhibited the continuity of traditional Mexican practices. For example, many cemeteries prohibited the use of artificial flowers during the winter. Further, in Mexico, most families purchased the characteristic breads, foods, toys, and flower arrangements in specialty markets or from vendors near the cemeteries. Nothing similar existed in Detroit. Without the specialists to provide items which give Día de los Muertos much of its distinctive character, the tradition at the very least would have changed. The *colonia* did have individual *panaderos* (bakers) and paper flower makers but only one interviewee remembered any participation in Día de los Muertos activities. Manuel Zaragoza, owner of Panadería La Gloria from 1957-72, recalls making two kinds of *pan de muerto* in response to requests beginning in the early 1960s. He was not aware of specific uses, but his recollection provides evidence that some sporadic, private use of the bread took place without widespread community knowledge, perhaps among more recent immigrants.[16]

Throughout the *colonia's* history, local Catholic churches held masses for All Saints' and All Souls' days. Various first and second-generation Detroit Mexicans did or do attend these services; however, no written or oral sources suggest that the

característica al Día de los Muertos, la tradición, a lo menos, tenía que cambiar. Sí había panaderos particulares y personas que hacían flores de papel en la colonia, pero solamente uno de los entrevistados recuerda haber participado en las actividades del Día de los Muertos. Manuel Zaragoza, dueño de la Panadería La Gloria durante 1957-72, recuerda que hacía dos tipos de pan de muerto, según los encargos recibidos, los que empezaron a principios de los primeros años de los años sesenta. No sabía específicamente como se usaba el pan, pero sus recuerdos sirven de prueba de que había un uso privado y esporádico del pan, posiblemente entre los inmigrantes más recientes, sin que esto se supiera por toda la comunidad.[16]

A través de la historia de la colonia, las iglesias católicas locales celebraban misas para el Día de Todos los Santos y para el Día de Todas

Hector Cruz of Panadería La Gloria removes *pan de muerto* from the oven, November, 1991.

Hector Cruz, Panadería La Gloria, saca el pan de muerto del horno en noviembre, 1991.

Re-creation of Rafaela Barroso's home altar for Día de los Muertos, shown here at the *"Fiestas de la Fe/ Celebrations of Faith"* exhibition, Michigan State University Museum, 1992.

Altar para el Día de los Muertos en la casa de Rafaela Barroso, reconstruído, durante la exhibición de *"Fiestas de la Fe/*Celebrations of Faith" en el Museo de la Universidad Estatal de Michigan, 1992.

church actively encouraged the folk celebrations of Día de los Muertos, not even the designated Mexican national church, Our Lady of Guadalupe. In part this may be due to the ambivalence of the Mexican Catholic church toward folk Catholicism and Indian practices. Father Juan Pablo Alanís, the Mexican priest who served the *colonia* until 1926, was born in Nuevo León and ordained in San Luís Potosí, neither known for Día de los Muertos observances. After the unsuccessful tenure of Father James J.

las Almas. Varios mexicanos en Detroit de la primera y segunda generación asistían a estos servicios; sin embargo, ningún informe en escrito u oral sugiere que la iglesia alentaba activamente las celebraciones populares del Día de los Muertos, ni aún en la designada iglesia mexicana, Nuestra Señora de Guadalupe. En parte, esto se puede deber a la ambivalencia de la iglesia católica mexicana hacia el catolicismo popular y hacia las prácticas indígenas. Juan Pablo Alanís, el sacerdote mexicano quién sirvío a la colonia hasta 1926, nació en Nuevo León y

Gore in 1926, a man accused with "having no feeling for the people of the parish," the diocese assigned Father Luis Castillo to serve Our Lady of Guadalupe Church. He was a native of Venezuela unfamiliar with Mexican customs for Día de los Muertos.[17]

In Michigan the policies of Detroit Archbishop (after 1945, Cardinal) Edward Mooney (1938-57) discouraged national churches and ethnic practices in favor of Americanization. Although Father Clement Kern and Father James Barrett, both of whom began serving the *colonia* in the early 1940s, supported and even encouraged certain Mexican traditions despite the official church policy of Americanization, they did not foster the folk customs of Día de los Muertos. Father Barrett, who began serving Detroit Mexicans in 1941, was familiar with Día de los Muertos from a previous pastorate in San Antonio, Texas, where he was asked to say prayers over the graves. No one made such requests in Detroit.[18]

The clergy and the official Catholic church in Mexico were not necessarily a part of Día de los Muertos festivities. Rather, it was a family-based celebration held in the home, the streets, and the cemetery, not in the church. In Detroit, with cemetery activities restricted, the streets seemingly cold and inhospitable, and ambivalent attitudes toward and on the part of the church, those inclined to observe Día de los Muertos did so in the privacy of their own homes. Some sent money or prayer requests to Mexico so that the deceased they left behind would be cared for. Others lit candles and said rosaries at home. Some no doubt prepared private *ofrendas* to the dead in the manner of their native region, making do with whatever flowers or other items were available in Detroit.[19] For the most part these were hidden traditions unknown to elders interviewed for this project.

The second generation did not carry on the tradition. Consuelo Alcalá, whose mother said rosaries in the cemetery, only

fue ordenado en San Luís Potosí; ambas son áreas que no se reconocen por sus observancias del Día de los Muertos. Después de la estancia ineficaz del Padre James J. Gore en 1926, acusado de "no tener ninguna compasión por la gente de la parroquia," la diócesis asignó al Padre Luis Castillo a la Iglesia de Nuestra Señora de Guadalupe. Nativo de Venezuela, él no conocía las costumbres mexicanas del Día de los Muertos.[17]

En Michigan, las expectativas del Arzobispo de Detroit (y desde 1945, Cardenal), Edward Mooney (1938-57), desanimaban el establecimiento de iglesias nacionales y prácticas étnicas, y favorecían la americanización. A principio de los años cuarenta, los Padres Clement Kern y James Barrett empezaron a servir a la colonia; y aunque ambos apoyaban y hasta animaban ciertas tradiciones mexicanas a pesar de la norma oficial de la iglesia hacia la americanización, ellos no fomentaron las costumbres populares del Día de los Muertos. El Padre Barrett, quién empezó su ministerio entre los mexicanos en 1941, estaba familiarizado con el Día de los Muertos por su previo pastorado en San Antonio, Tejas, donde le pedían orar al lado de las sepulturas. En Detroit nadie le pidió hacer esto.[18]

De esta manera, los clérigos y la iglesia católica oficial no fueron parte, necesariamente, de las festividades asociadas con el Día de los Muertos. Más bien, era una celebración de familia, llevada a cabo en las casas, en las calles, y en el cementerio — no en la iglesia. En Detroit, donde las actividades en los cementerios estaban restringidas, donde las calles eran aparentemente frías e inhospitalarias y las actitudes de la iglesia ambivalentes, los que se inclinaban a celebrar el Día de los Muertos lo hacían en la privacidad de sus propios hogares. Algunos mandaban dinero o peticiones de oraciones a México para que se atendieran a los fallecidos que habían dejado atrás. Otros encendían veladoras y rezaban rosarios en casa. Sin duda, algunos preparaban ofrendas privadas a los fallecidos según las costumbres de sus regiones natales; hacían lo que podían con cualquier clase de flores y otros artículos que estaban disponibles en Detroit.[19] En gran parte, éstas eran tradiciones ocultas, desconocidas por los

"En Memoria de Nuestros Difuntos" [In Memory of Our Deceased], a list of those who died during the past year, at the November 2, 1990 mass, María Madre de la Iglesia Mission.

"En Memoria de Nuestros Difuntos", una lista de los que fallecieron el año anterior, usada durante la misa del 2 de noviembre de 1990, Misión María, Madre de la Iglesia.

remembers the standard church liturgy for All Souls' Day. "I don't recall [it] as a Mexican celebration as such."[20] Similarly, Roberto Muñoz only recalls going to church and family discussions of remembrance for their deceased. "I can't tell you that it's been or that it's played a significant role in our community. If we lived close to a cemetery where our *antepasados* were buried and the weather was more favorable to visiting the *panteón* then I think we would be more amenable to giving greater significance to events like Día de los Muertos, but we're not."[21] Josefina González laments the changes. "Today, everything has changed, everything is different. Children do not want to go to these celebrations. Parents go alone, but it should be a day for the whole family."[22]

González's statement touches the central poignancy of cultural loss. As Turner and Jasper note:

> Family traditions are at the core of the Mexican-American experience. . . . If there is something critical for all to learn from the Texas-Mexican observance of Day of the Dead it is the way families and communities use the tools of tradition to externalize their encounter with death and loss through the physical expression of connection. The annual decorating and refurbishment of graves finally are acts of regeneration.[23]

For all of the diverse and interconnected reasons previously described, Detroit *mexicanos* as a group lost this act of regeneration for their community and their families. Isolated traditional practices continue as always. In recent years, however, both the established Catholic church and community artists have introduced new versions of Día de los Muertos. These new observances reflect the changes wrought by the liturgical revolution of Vatican II and the social and cultural revolution of the Chicano movement.

Within the established Catholic church,

ancianos entrevistados como parte de este proyecto.

Los de la segunda generación no siguieron con la tradición. Consuelo Alcalá, cuya madre rezaba rosarios en el cementerio, recuerda solamente la liturgia normal de la iglesia para el Día de Todos los Santos. "No la recuerdo como una celebración mexicana en sí."[20] Igualmente Roberto Muñoz recuerda solamente que iba a la iglesia con su familia y que tenían conversaciones en las que recordaban a sus fallecidos. "No puedo decirle que haya sido de gran importancia ni que haya tenido un papel importante en nuestra comunidad. Si hubiéramos vivido cerca de un cementerio donde nuestros antepasados estaban enterrados, y si el clima hubiera sido más favorable para visitar el panteón, entonces pienso que habríamos estado más dispuestos a conceder una significación más grande a los eventos como el Día de los Muertos, pero no fue así."[21] Josefina González lamenta los cambios. "Ahora, todo ha cambiado, todo es diferente. Los jóvenes no quieren ir a estas celebraciones. Los padres van solos, pero debe ser un día para toda la familia."[22]

La declaración de González se refiere al enorme interés por la cultura pérdida. Según notan Turner y Jasper:

> Las tradiciones familiares están al centro de la experiencia méxico-americana. . . . Si hay algo crítico para que todos aprendan de la observancia tejano-mexicana del Día de los Muertos es la manera en que las familias y las comunidades usan los instrumentos de la tradición para exteriorizar su encuentro con la muerte y con la pérdida, a través de una expresión física de conexión. El decorar y retocar las sepulturas anualmente son, al fin y al cabo, actos de regeneración.[23]

Por todas las razones diversas e interconectadas que ya se han descrito, los mexicanos en Detroit, como grupo, fueron perdiendo este acto de regeneración como parte de su comunidad y de sus familias. Algunas prácticas tradicionales aisladas continúan como siempre. Pero en años recientes, tanto la iglesia católica establecida como los artistas de la comunidad,

all parishes in Detroit hold the standard All Souls' Day liturgy, but at María Madre de la Iglesia Mission, a small church led since 1982 by Father Juan González, a special November 2 Misa de los Queridos Difuntos (Mass for our Dear Departed) now takes place.[24] The form of the mass reflects the post-Vatican II reforms of the Catholic church with hymns and responses sung to the accompaniment of guitars. Father González describes the service.

> I wear a black vestment; it is the only day on which black can be worn during the liturgical year. On that day we put a catafalque draped with a black funeral cloth. During the mass, for the Prayers of the Faithful, we would announce all the names of our deceased loved ones. Now that the list is so long, we no longer do this; instead, we display those names for all to see. After the Prayers of the Faithful, we have a long moment of silence to remember the dead. During the Canon, we also remember the dead. The people give me donations for the dead. I think it helps the people to recall the memories of how this day is celebrated in Mexico. [25]

Nothing in this service evokes the distinctive folk Catholicism associated with Día de los Muertos in Mexico. Yet within this small Hispanic mission, Father González recognizes the significance of this day to his parishioners.

Another version of Día de los Muertos observance originated among artists and cultural workers during the Chicano movement of the 1960s and 1970s as what Amalia Mesa-Bains calls "a Chicano ceremony of remembrance and reclamation."

> With the exception of Mexican/ Chicano communities along the borders and in parts of Texas, the celebration of the Day of the Dead was no longer an active part of cultural life. The movement of the 1960s reconnected Chicano communities with this celebration and

han introducido nuevas versiones del Día de los Muertos. Estas nuevas observancias reflejan los cambios que resultaron a causa de la revolución litúrgica del Concilio Vaticano Segundo y la revolución social y cultural que produjo el Movimiento Chicano.

Dentro de la iglesia católica oficial, cada parroquia en el suroeste de Detroit lleva a cabo la liturgia del Día de Todas las Almas; pero en la Misión María, Madre de la Iglesia, una iglesia pequeña, dirigida desde 1982 por el Padre Juan González, el 2 de noviembre se lleva a cabo una misa de los difuntos queridos.[24] La forma de la misa refleja las reformas de la iglesia católica según el Concilio Vaticano Segundo, con himnos y respuestas cantadas al acompañamiento de guitarras. El padre González describe este servicio.

> Me pongo vestimentos negros; es el único día en que se puede usar el color negro durante el año litúrgico. En ese día, sacamos un catafalco cubierto con un manto negro. Durante la Misa y las Oraciones de los Fieles, anunciábamos todos los nombres de nuestros queridos difuntos. Hoy en día, la lista es tan larga que ya no la leemos. En su lugar, exhibimos una lista con los nombres para que todo el mundo la vea. Después de las oraciones de los fieles, tenemos un momento largo de silencio para recordar a los muertos. Durante el Canon, también recordamos a los muertos. La gente me da sus donaciones para los muertos. Pienso que esto ayuda a que la gente recuerde sus memorias de cómo se celebraba este día en México.[25]

Nada de este servicio evoca el destacado catolicismo popular que se asocia con el Día de los Muertos en México. Aún así, dentro de esta pequeña misión hispana, el Padre González reconoce el significado de este día para sus parroquianos.

Otra versión de la observancia del Día de los Muertos se originó entre los artistas y trabajadores culturales que se identificaban con el Movimiento Chicano de los años sesenta y setenta, lo que Amalia Mesa-Baines nombra "una ceremonia chicana de recordación y reclamación."

> Con la excepción de las comunidades

brought new forms into the contemporary observance. Death and its relationship to life was all the more relevant for Chicanos growing up in poverty and exploitation.[26]

Mesa-Bains suggests that, just as the combination of Spanish and Indian created Día de los Muertos in Mexico, the syncretic experience of Chicanos in the United States has shaped new art forms drawn from "baroque colonialism, Catholic religious iconography, Mexican Indian spirituality, folk art, contemporary American formalism, and barrio popular arts."[27] Many of these works have taken the form of *homenajes* (homages) to family members or famous personalities such as the Mexican artists Frida Kahlo and Diego Rivera. Others address social issues such as street violence, AIDS, the disappeared in Latin America, or the treatment of farmworkers. At least in some contexts, Día de los Muertos imagery and celebration are linked with the very different secular holiday of Halloween, by virtue of their occurrence at the same time of year.[28] Yet the new popularity of Día de los Muertos transcends this role. René Yáñez, co-founder of Galería de la Raza in San Francisco, home to one of the earliest Chicano observances of Día de los Muertos, suggests that "its popularity stems from a hunger we all have for tradition and for honoring the dead."[29] The Galería's yearly Día de los Muertos event now encourages multicultural participation in its exhibitions and candlelight processions.

Like their counterparts across the country, Michigan galleries now hold exhibitions of *altares* and *ofrendas*. In 1989, Casa de Unidad commissioned the first installation of an altar in Detroit's barrio.[30] Michigan artists Nora Chapa Mendoza and José Leyva Garza, both originally from Texas, constructed an altar that drew heavily on American Indian imagery and symbolism: an Inca weaving representing unity of all Indian tribes in the world, forest seeds for regeneration, a sacred tree of life wound in red ribbons for the Sun Dance,

méxico-chicanas en la frontera y en otras partes de Tejas, la celebración del Día de los Muertos ya no era de gran importancia en la vida cultural. El movimiento de los 1960s conectó de nuevo a las comunidades chicanas con esta celebración e introdujo nuevas formas a la observancia contemporánea. La muerte y su relación a la vida tenían una relevancia especial para los chicanos que habían crecido con la pobreza y la explotación.[26]

Mesa-Bains sugiere que, así como la combinacíon española e indígena creó el Día de los Muertos en México, la experiencia sincrética de los chicanos en los Estados Unidos ha producido nuevas formas de arte, extraídas del "colonialismo barroco, de la iconografía religiosa católica, de la espiritualidad indígena mexicana, del arte popular, del formalismo contemporáneo americano, y de las artes populares del barrio."[27] Muchas de estas obras han tomado la forma de homenajes a miembros de la familia o a personalidades famosas, como los artistas mexicanos Frida Kahlo y Diego Rivera. Otros se dirigen a problemas sociales, como la violencia en las calles, el SIDA, los desaparecidos en Latinoamérica, o el maltrato de los trabajadores campesinos. En algunos contextos, por lo menos, la imaginería del Día de los Muertos está ligada a días festivos seculares muy diferentes, como Halloween, a causa de que esta fiesta se celebra en la misma época del año.[28] Aún así, la nueva popularidad del Día de los Muertos trasciende este papel sincrético. René Yáñez, cofundador de la Galería de la Raza en San Francisco, sede de una de las primeras observancias chicanas del Día de los Muertos, sugiere que "su popularidad radica en el interés que todo el mundo tiene en la tradición y en honrar a los muertos."[29] El evento anual del Día de los Muertos en dicha galería ahora anima la participación multicultural en sus exhibiciones y en sus procesiones con luces de vela.

Como otros centros de artes visuales que se encuentran por todo el país, las galerías en Michigan tienen exhibiciones de altares y ofrendas. En 1989, la Casa de Unidad comisionó la primera instalación de un altar en el barrio de Detroit.[30] Los artistas Nora Chapa Mendoza y José Leyva Garza de Michigan, ambos originarios de Tejas,

and *cempasúchiles*, the Aztec symbol of death.

Casa de Unidad mounted a second *ofrenda* exhibition in the fall of 1991, this time featuring the work of Grand Rapids artist José Narezo.[31] Narezo was born in Mexico and raised in Lansing, the youngest son of migrant workers. Although he now devotes much of his artistry to Día de los Muertos themes, he did not observe Día de los Muertos while growing up. The tradition was never even discussed because "they didn't want the people to think it's a devil worship of some type."[32] Like many Mexican-Americans, he was raised with home altars to the Virgin of Guadalupe, the Holy Family, and other saints. Altars have become a theme in his art but only recently Día de los Muertos altars per se. In 1987 he was invited to participate in the first Día de los Muertos exhibition at the Mexican Fine Arts Museum in Chicago where he created an *homenaje* to his father. He then began to study the Día de los Muertos tradition in Mexico through books and trips to his father's grave in San Antonio, Texas, to his own birthplace in Anahuac, Mexico, and to Oaxaca, Mexico.

Narezo found himself increasingly drawn to the intimacy and spiritual connection of the Mexican Día de los Muertos, a spirituality he found far more comforting than that associated with Memorial Day. "As an artist, I wanted to reintroduce that back into Michigan. Nothing like that was being done here."[33] As part of this mission, in 1990 he curated a Día de los Muertos show at the DePree Art Center at Hope College in Holland, Michigan. The Casa de Unidad *Ofrenda* dedicated to *Los Angelitos* (1991) and its subsequent restaging at the *"Fiestas de la Fe"* exhibition at the Michigan State University Museum (1992) helped fulfill his goal. His motivation derives from his own experience and recent discovery of his roots.

> It's very difficult for young second-generation Hispanics here in the United States to know anything about their cultural heritage. Things

construyeron un altar, basado ampliamente en la imaginería y el simbolismo indígena-americano: un tejido incaico, que representaba la unidad entre todas las tribus indígenas del mundo, una semilla forestal que sugería la regeneración, un arbol sagrado de la vida envuelto con listones rojos que simboliza la Danza del Sol, y los *cempasúchiles*, el símbolo azteca de la muerte.

La Casa de Unidad montó una segunda ofrenda en el otoño de 1991, presentando esta vez las obras del artista de Grand Rapids José Narezo.[31] Narezo, quien nació en México y se crió en Lansing, es el hijo menor de un trabajador campesino. Aunque ahora dedica mucho de su arte a la temática del Día de los Muertos, él no celebró esta fiesta cuando era niño. Nunca se discutía la tradición porque "ellos no querían que la gente pensara que era un tipo de culto demónico."[32] Como muchos méxico-americanos, Narezo se crió con altares en casa dedicados a la Virgen de Guadalupe, a la Sagrada Familia, y a otros santos. Los altares han llegado a ser un tema en su arte, pero no ha sido hasta reciente que ha creado altares para el Día de los Muertos. En 1987 fue invitado a participar en la primera exhibición del Día de Los Muertos en el Museo de Bellas Artes Mexicanas en Chicago, donde creó un homenaje a su padre. Entonces, comenzó a estudiar la tradición mexicana del Día de los Muertos a través de libros y de viajes a la sepultura de su padre en San Antonio, Tejas, igual que a través de viajes a su suelo nativo en Anáhuac, y a Oaxaca.

Narezo se fue sintiendo más atraído a la intimidad y a la conexión espiritual del Día de los Muertos como se celebra en Mexico y sentía que esta espiritualidad era para él más consoladora que la que se asocia con la del "Memorial Day". "Como artista quería reintroducirla nuevamente en Michigan. No había algo similar aquí."[33] Como parte de su misión, colaboró en la exhibición del Día de los Muertos en el Centro de Arte DePree en el Colegio Hope en Holland, la que está en Michigan. La "Ofrenda a Los Angelitos" en Casa de Unidad (1991) y luego, su presencia en la exhibición *"Fiestas de la Fe"* en el Museo de la Universidad Estatal de Michigan (1992), le ayudaron a lograr su meta. Narezo debe su motivación a su propia experiencia y a su recién descubrimiento de sus propias raíces.

"Ofrenda a Los Angelitos" by Grand Rapids artist, José Narezo, on exhibit at Casa de Unidad Cultural Arts and Media Center, November, 1991. This Día de los Muertos altar installation draws on traditional images but is designed for gallery exhibition rather than private devotion. Since the late 1970s, exhibitions of this kind have experienced tremendous popularity nationwide. Casa de Unidad held southwest Detroit's first Día de los Muertos exhibition in 1989.

"Ofrenda a Los Angelitos" por José Narezo, artista de Grand Rapids, exhibida en Casa de Unidad, Centro Cultural de Artes y Medios de Comunicación, en noviembre de 1991. Este altar, instalado para el Día de los Muertos, destaca las imágenes tradicionales pero fue diseñado como exhibición de galería más bien que como homenaje privado. Desde finales de los años setenta, exhibiciones de este género han experimentado una popularidad inmensa nacionalmente. Casa de Unidad llevó a cabo la primera exhibición para el Día de los Muertos en el área suroeste de Detroit's en 1989.

Photo/Foto: Laurie Kay Sommers

"The Spirit Will Survive in the Memory of the Living" Día de los Muertos altar installation by Diana Alva, Casa de Unidad Cultural Arts and Media Center, November-December, 1993.

"El Espíritu Sobrevivirá en la Memoria de los Vivos" instalación de un altar para el Día de los Muertos por Diana Alva, Casa de Unidad, Centro Cultural de Artes y Medios de Comunicación, noviembre a diciembre, 1993.

Photo/Foto: Eduardo Treviño

get diluted so much that by that time, it's second or third-hand information. It's so Americanized that they lose the tradition. I feel that it's very important for a person to understand his cultural roots in order to feel good about himself.[34]

Concurrent with Narezo's *ofrenda* at Casa de Unidad, the Detroit Institute of Arts (DIA) joined the growing number of major institutions to feature a Day of the Dead exhibition. The DIA highlighted Detroit's unique heritage of 20th-century Mexican art. Juan Coronel Rivera, grandson of the great painter Diego Rivera, was invited to create an *ofrenda* to his grandfather in the midst of the Rivera Court, home to the elder Rivera's famous *Detroit Industry* murals. As the gallery notes state, " 'Ofrenda: An Offering to Diego Rivera,' honors the great Mexican artist in the tradition of one of Mexico's most important holidays, *el día de los muertos.*"[35]

What impact, if any, do the resurgence and exposure of Día de los Muertos traditions have on the local community? Definitive conclusions at this point would be premature, but surely the recent activities of the DIA, a museum of international stature located in Detroit's official Cultural Center, and those of smaller

Es muy difícil para la segunda generación de jóvenes hispanos aquí en los Estados Unidos, conocer su herencia cultural. Todo está tan diluido, que se consigue solamente información de segunda y tercera mano. Está todo tan americanizado que se pierden las tradiciones. Creo que es muy importante que uno conozca sus raíces culturales para así sentirse bien consigo mismo.[34]

Concurrente con la ofrenda de Narezo en Casa de Unidad, el Instituto de Arte de Detroit se unió al número creciente de instituciones importantes que han presentado una exposición acerca del Día de los Muertos. Éste quiso destacar el legado tan único que se encuentra en Detroit del arte mexicano del siglo veinte. Se invitó a Juan Coronel Rivera, nieto del gran artista Diego Rivera para que creara una ofrenda en honor de su abuelo en medio de la Corte Rivera, sitio de los Murales de la Industria de Detroit, los que fueron pintados por Rivera. Según indican las notas que se presentaron en la galería, " 'Ofrenda: An Offering to Diego Rivera' rinde homenaje al gran artista mexicano siguiendo la tradición de uno de los días festivos más importantes en México, el Día de los Muertos."[35]

¿Qué impacto, si alguno, han tenido estas nuevas tradiciones del Día de los Muertos en la comunidad local? Cualquier conclusión definitiva a estas alturas sería prematura; pero, las actividades recientes del Instituto de Arte de Detroit, un museo de fama internacional que se ubica en el Centro Cultural oficial de Detroit, al igual que las actividades de las

Pan de muerto from Panadería La Gloria used in "Ofrenda: An Offering to Diego Rivera" by Juan Coronel Rivera, Detroit Institute of Arts, November, 1991. Special orders from museums and school teachers comprise most of the bakery's orders for pan de muerto.

Pan de muerto de la Panadería La Gloria, usado por Juan Coronel Rivera en la "Ofrenda: An Offering to Diego Rivera" en el Instituto de Arte de Detroit, noviembre, 1991. La mayoría de órdenes especiales para pan de muerto que recibe la panadería representan pedidos de los museos y de los maestros en las escuelas.

Photo/Foto: Laurie Kay Sommers

local galleries, may encourage others to reclaim Día de los Muertos. Will this spark a grass roots renaissance of Día de los Muertos? Change is just beginning.

For example, inspired by the exhibitions at the DIA and Casa de Unidad, and by a conversation with Juan Coronel Rivera, Alfredo Aguirre, Jr. created his first Día de los Muertos altar to his late mother, María Guadalupe Aguirre, former program director for Casa de Unidad. "In a sense it's something I really didn't grow up with, so I want to learn more about it. It's very timely, given my mother's recent death, to recall, in some way, her life and spirit, which I think is with us. In a sense, it's an effort to reconcile my own desire to keep my culture and to address my mother's death in some way."[36]

The DIA exhibition, recent deaths of a number of local youth, and the desire to incorporate more relevant cultural material into its program in-spired Latino Family Services of southwest Detroit to do its first Día de los Muertos altar in 1991. Based primarily on ideas the youth workers found in books or had experienced during trips to Mexico, rather than on per-sonal experience growing up with the tradition, the staff guided

galerías locales, sin duda han influido la nueva aceptación del Día de los Muertos. ¿Será ésta la chispa que va a resucitar el Día de los Muertos en la comunidad? El cambio apenas está empezando.

Por ejemplo, Alfredo Aguirre, Jr., tanto se ins-piró en las exhibiciones del Día de los Muertos en el Instituto de Arte de Detroit y en la Casa de Unidad, igual que en una conversación con Juan Coronel Rivera que luego creó su primer altar en honor de su finada madre, María Guadalupe Aguirre, quién había sido la Directora de Progra-mación de la Casa de Unidad. "En realidad, es algo con lo cual yo no crecí; por tal razón, yo quería aprender más acerca de ello. Debido a la reciente muerte de mi madre, es oportuno recor-dar de alguna manera su vida y su espíritu, que está todavía con nosotros. En realidad, hago un esfuerzo para recon-ciliar mi propio deseo de conservar mi cul-tura y a la vez res-ponder, en alguna forma, a la muerte de mi madre."[36]

La exhibición del Instituto de Arte de Detroit, las recientes muertes de un número de jóvenes locales, y el deseo de incorporar en sus programas materi-ales más relevantes a la cultura local inspiraron a los Servicios para las Familias Latinas del suroeste de Detroit a tener, en 1991, su primer altar en honor del Día de los Muertos. Basándose principalmente en las ideas que encon-traron en libros o en experiencias que tuvieron en viajes recientes a México

Photo/Foto: Robert Killips

Re-creation of Alfredo Aguirre, Jr.'s home altar for Día de los Muertos, dedicated to the memory of his mother, María Guadalupe Aguirre, shown here at the "*Fiestas de la Fe*/Celebrations of Faith" exhibition, Michigan State University Museum, 1992.

El altar casero de Alfredo Aguirre, Jr. para el Día de los Muertos, dedicado a la memoria de su madre, María Guadalupe Aguirre, montado y mostrado aquí, durante la exhibición "*Fiestas de la Fe*/Celebrations of Faith", Museo de la Universidad Estatal de Michigan, 1992.

"Ofrenda: An Offering to Diego Rivera," Día de los Muertos installation by Rivera's grandson, Juan Coronel Rivera, in the Rivera Courtyard of the Detroit Institute of Arts, November, 1991.

"Ofrenda: An Offering to Diego Rivera", instalación para el Día de los Muertos por Juan Coronel Rivera, nieto de Diego Rivera, en el Patio Rivera del Instituto de las Artes de Detroit, noviembre de 1991.

Photo/Foto: Laurie Kay Sommers

Photo/Foto: David Perry

The first Día de los Muertos altar at Latino Family Services, created in 1991, illustrates a growing awareness and rediscovery of Día de los Muertos among southwest Detroit youth and youth workers.

El primer altar creado en 1991 para el Día de los Muertos en Servicios para las Familias Latinas, ilustra el reconocimiento nuevo y el redescubrimiento del Día de los Muertos entre la juventud y los trabajadores en el área suroeste de Detroit.

Día de los Muertos
en Detroit

youngsters in the creation of individual "shoe box *ofrendas*" to family members or friends who had died. The children painted shoe boxes, which were stacked on a sarape-covered table and held mementos of the deceased. Paper skulls, in the tradition of Mexican *calaveras*, were colored and decorated with the names of loved ones. Thirty-five young people from five to nineteen years of age participated in the November 1 ceremony, during which individuals placed candles, food, toys, pictures, candy, and a variety of objects which had special meaning on the altar. The altar was the focal point for a candle-light vigil which became an important healing process for the participants.

With the exception of recent immigrants, few youth were familiar with Día de los Muertos traditions prior to this activity and a field trip to the DIA *ofrenda* to Diego Rivera. For most, this time of year meant instead the celebration of Halloween, an event Latino Family Services also includes in its program-ming. Because Halloween (October 31) is the eve of All Saints' Day (November 1), and the altar took time to assemble, it was built, in

más bien que en su propia experienca local, el personal a cargo de la juventud guió a éstos a crear ofrendas individuales en cajas de zapatos en honor de los miembros de sus familias o en honor de sus amigos que habían fallecido. Los jóvenes pintaron las cajas de zapatos, y éstas fueron presentadas en una mesa cubierta de sarapes. Las cajas llevaban recuerdos de los fallecidos. Pintaron y decoraron calaveras de papel siguiendo la tradición de las calaveras mexicanas que llevan los nombres de los seres queridos. Treinta y cinco jóvenes de cinco a dieci-nueve años de edad participaron en la ceremonia del 1⁰ de noviembre, colocando sobre el altar veladoras, comida, retratos, dulces, y una varie-dad de objetos que tenían un significado especial. El altar fue el punto central para una vigilia a luz de vela y fue parte de un proceso importante de curación para los participantes.

Con la excepción de los inmigrantes recientes, pocos jóvenes estaban familiarizados con las tradiciones del Día de los Muertos antes de par-ticipar en esta actividad y antes de hacer una excursión al Instituto de Arte de Detroit a la ofrenda en honor de Diego Rivera. Para la mayoría, esta época del año significaba, más bien, la celebración de Halloween, un evento que

Youth from Latino Family Services making paper *calaveras* for Día de los Muertos, 1991.

Jóvenes de Servicios para las Familias Latinas hacen calaveras de papel para el Día de los Muertos, 1991.

Photo/Foto: David Perry

part, during the traditional Halloween party. As a result, the two events became tied together, with some Halloween images included in the altar. As staff member Angie Reyes observed, however, Halloween is "fun" while Día de los Muertos is "solemn," and the kids clearly understand the difference.

With its 1992 Día de los Muertos altar, Latino Family Services presented other cultural traditions which deal with death and the spirit world, such as Native American ghost suppers and African-American Ancestors Day. The use of Día de los Muertos as a vehicle for a multicultural exploration of death is a growing trend within the larger artists' movement to reclaim Día de los Muertos.[37] Latino Family Services plans to continue Día de los Muertos programming in the future.[38]

los Servicios para las Familias Latinas también incluyó en su programación. Puesto que Halloween (el 31 de octubre) es la víspera de Todos los Santos (el 1⁰ de noviembre), y puesto que asamblar el altar tomó mucho tiempo, se decidió edificar parte del altar durante la fiesta tradicional de Halloween. El resultado fue que los dos eventos se mezclaron y algunas imágenes de Halloween se incluyeron en el altar. Sin embargo, como observó Angie Reyes, miembro del personal, "Halloween es 'divertido' mientras que el Día de los Muertos es 'solemne', y los jóvenes comprenden claramente la diferencia."

Con su altar para el Día de los Muertos en 1992, la agencia de Servicios para las Familias Latinas presentó otras tradiciones culturales que tenían que ver con la muerte y el mundo espiritual, tales como las "Cenas Para los Espíritus" de los indígenas americanos y el "Día de los Antepasados" de los afroamericanos. El uso del Día los Muertos como vehículo para una exploración multicultural sobre la muerte es una tendencia que sigue creciendo dentro del movimiento artístico que se ha interesado en la restitución del Día de los Muertos.[37] La agencia de Servicios para las Familias Latinas, intenta continuar la programación para el Día de los Muertos en el futuro.[38]

1. Roberto Muñoz, interviewed by Esther P. Magaña, September 28, 1991, Detroit, MI.

2. Kay Turner and Pat Jasper, *Day of the Dead - The Tex / Mex Tradition* (San Antonio: Guadalupe Cultural Arts Center, 1988), 3. These authors, along with Tomás Ybarra Frausto in "Recuerdo, Descubrimiento, Voluntad: Mexican/Chicano Customs for The Day of the Dead," in *Día de los Muertos* Chicago: Mexican Fine Arts Center Museum, 1991, 26, use the term *reinvent* to describe the phenomena of Día de los Muertos exhibitions in galleries, following the seminal work of Eric Hobsbawm and Terence Ranger in *The Invention of Tradition* (Cambridge University Press, 1983). The present work uses the less esoteric terms *renaissance* and *reclaim* to describe the same phenomena. Neither term is intended to deny the connection to the ancient traditions of Día de los Muertos in its folk context, but rather to suggest that contemporary artists, most of whom did not grow up celebrating this tradition, are using a renewed awareness of the tradition to create something qualitatively different. "In these new environments the spectacle aspects of Day of the Dead in Mexico are imitated or refigured, but they are ultimately framed and generally received as unfamiliar and exotic renderings. Perhaps this is because Mexico is a country where the spirit world is still alive, whereas America is a country that agonizes over the absence of belief in the spirit world" (Turner and Jasper, 1988, 3-4).

3. For discussions of Día de los Muertos in Mexico, see Elizabeth Carmichael and Chlöe Sayer, *The Skeleton at the Feast, the Day of the Dead in Mexico* (Austin: University of Texas Press in co-operation with British Museum Press, 1991); Robert V. Childs and Particia B. Altman, *Vive tu recuerdo: Living Traditions in the Mexican Days of the Dead* (Museum of Cultural History, UCLA, Monograph Series no. 17, 1982); John Greenleigh and Rosalind Rosoff Beimler, *The Days of the Dead* (San Francisco: Crown Publishers, 1991); Mexican Fine Arts Museum, *Día de los Muertos* (Chicago: Mexican Fine Arts Center Museum, 1991); Octavio Paz, "The Day of the Dead," in *The Labyrinth of Solitude* (New York: Grove Press/London: Evergreen Books, 1961); and Maria Teresa Pomar, *El Día de los Muertos: the Life of the Dead in Mexican Folk Art* (Fort Worth: Fort Worth Art Museum, 1987). For attention to regional variation within Mexico, see Carmichael and Sayer, and Childs and Altman.

4. Childs and Altman, *Vive tu recuerdo*, 9.

5. Childs and Altman, *Vive tu recuerdo*, 16.

6. Childs and Altman, *Vive tu recuerdo*, 60.

7. See James Griffith, "All Souls' Day in Ambos Nogales," in *Respect and Continuity, The Arts of Death in a Border Community* (Nogales: The

1. Roberto Muñoz, entrevistado por Esther P. Magaña, 28 de septiembre de 1991, Detroit, MI.

2. Kay Turner y Pat Jasper, *Day of the Dead - The Tex / Mex Tradition* (San Antonio: Guadalupe Cultural Arts Center, 1988), 3. Estas autoras, junto con Tomás Ybarra Frausto en "Recuerdo, Descubrimiento, Voluntad: Mexican/Chicano Customs for The Day of the Dead", en *Día de los Muertos* Chicago: Mexican Fine Arts Center Museum, 1991, 26, usan el término *reinventar* para describir el fenómeno de las exhibiciones para el Día de los Muertos en las galerías de arte, basándose en la obra seminal de Eric Hobsbawm y Terence Ranger en *The Invention of Tradition* (Cambridge University Press, 1983). Nuestra obra usa los términos menos esotéricos de *redescubrimiento y reclamo*, para referirse al mismo fenómeno. Ninguno de los dos términos pretende negar la conexión con la antigua tradición del Día de los Muertos en su contexto popular; más bien, sugiere que los artistas contemporáneos, cuya mayoría en su adolecencia jamás celebraron esta tradición, ahora usan un conocimiento "renovado" de la tradición para crear algo cualitativamente diferente. "Dentro de este nuevo ambiente los aspectos del espectáculo que acompañan el Día de los Muertos en la República Mexicana se imitan o se refiguran, pero al ser finalmente montados, generalmente se reciben como rendimientos exóticos y desconocidos. Quizás esto se deba a que México es un país donde el mundo espiritual aún sigue viviente, mientras que América (los Estados Unidos) es un país que agoniza por la ausencia de creencia en el mundo espiritual" (Turner y Jasper, 1988, 3-4).

3. Para una elaboración sobre el Día de los Muertos en México, vea la obra de Elizabeth Carmichael y Chlöe Sayer, *The Skeleton at the Feast, the Day of the Dead in Mexico* (Austin: University of Texas Press in co-operation with British Museum Press, 1991); Robert V. Childs y Particia B. Altman, *Vive tu recuerdo: Living Traditions in the Mexican Days of the Dead* (Museum of Cultural History, UCLA, Monograph Series no. 17, 1982); John Greenleigh y Rosalind Rosoff Beimler, *The Days of the Dead* (San Francisco: Crown Publishers, 1991); Mexican Fine Arts Museum, *Día de los Muertos* (Chicago: Mexican Fine Arts Center Museum, 1991); Octavio Paz, "The Day of the Dead", en *The Labyrinth of Solitude* (New York: Grove Press/London: Evergreen Books, 1961); y María Teresa Pomar, *El Día de los Muertos: the Life of the Dead in Mexican Folk Art* (Fort Worth: Fort Worth Art Museum, 1987). Para leer, acerca de la variación regional dentro de México, vea la obra de Carmichael y Sayer, y Childs y Altman.

4. Childs y Altman, *Vive tu recuerdo,* 9.

5. Childs y Altman, *Vive tu recuerdo,* 16.

6. Childs y Altman, *Vive tu recuerdo,* 60.

7. Vea a James Griffith, "All Souls' Day in Ambos Nogales", en *Respect and Continuity, The Arts of Death in a Border Community* (Nogales: The Pimeria Alta Historical Society; Tucson: The Southwest Folklore Center, University of Arizona, 1985): 11-21.

Pimeria Alta Historical Society; Tucson: The Southwest Folklore Center, University of Arizona, 1985): 11-21.

8. Turner and Jasper, *Day of the Dead*, 17.

9. Sonnie Casillas Pérez and Argelio Pérez, Sr., interviewed by Laurie Kay Sommers, February 26, 1990, Livonia, MI; these views are corroborated by Norman D. Humphrey, "The Mexican Peasant in Detroit," (Ph.D. diss., University of Michigan, 1943), 164.

10. Carmen Solís-Crowley, interviewed by Alexandra Boján, December 3, 1991, Detroit, MI. See also José Narezo, interviewed by Laurie Kay Sommers, December 3,1991, Grand Rapids, MI.

11. Examination of matrimony records at St. Leo and Our Lady of Guadalupe Churches from 1920 to 1926 reveals that of the seventy-one marriages recorded, forty-one were between individuals from different regions who would not necessarily have observed Día de los Muertos in a similar manner. Only nineteen were from the same region. None came from the southern Mexican states, a region known for this tradition (Louis Murillo, "The Detroit Mexican *Colonia* from 1920-1922: Implications for Social and Economic Policy" (Ph.D. diss., Michigan State University, 1981), 30, 81).

12. María Magaña Alvizu, interviewed by Joe Rodríguez, June 28, 1989, Detroit, MI.

13. Pablo Escamilla, interviewed by Connie Rodríguez Meade, April 24, 1989, Allen Park, MI. See also Childs and Altman 1982, 60, and Olivia Cadaval, " 'The Taking of the Renwick': The Celebration of the Day of the Dead and the Latino Community in Washington, D.C.," *Journal of Folklore Research* 22 2-3 (1985): 181.

14. Special thanks to Zaragosa Vargas who loaned copies of these records.

15. María Magaña Alvizu, interviewed by Joe Rodríguez, June 28, 1989, Detroit, MI.

16. Manuel Zaragosa, phone interview with Laurie Kay Sommers, January 6, 1992.

17. Murillo, "The Detroit Mexican *Colonia*," 68.

18. Father James Barrett, interviewed by Laurie Kay Sommers, April 12, 1991.

19. Just two interviewees did so; however, both were women who came from central Mexico in the 1940s and 1950s.

20. Consuelo Alcalá, interviewed by Marta E. Lagos, June 15, 1991, Detroit, MI.

21. Roberto Muñoz, interviewed by Esther P. Magaña, September 28, 1991, Detroit, MI.

8. Turner y Jasper, *Day of the Dead,* 17.

9. Sonnie Casillas Pérez y Argelio Pérez, entrevistados por Laurie Kay Sommers, 26 de febrero de 1990, Livonia, MI; estas entrevistas están corroboradas por Norman D. Humphrey, "The Mexican Peasant in Detroit", (Tesis Doctoral, University of Michigan, 1943), 164.

10. Carmen Solís-Crowley, entrevistada por Alejandra Boján, 3 de diciembre de 1991, Detroit, MI. También vea a José Narezo, entrevistado por Laurie Kay Sommers, 3 de diciembre de 1991, Grand Rapids, MI.

11. La investigación acerca de las actas matrimoniales en las iglesias de San Leo y en Nuestra Señora de Guadalupe desde 1920 a 1926 revela que de los setenta y un matrimonios que se anotaron, cuarenta y uno eran entre individuos de diferentes regiones que no observaban necesariamente el Día de los Muertos en una manera similar. Solamente diecinueve eran de la misma región. Ninguno había venido de los estados del sur de México, una región donde se conoce bien esta tradición (Louis Murillo, "The Detroit Mexican *Colonia* from 1920-1922: Implications for Social and Economic Policy" (Tesis Doctoral, Michigan State University, 1981), 30, 81).

12. María Magaña Alvizu, entrevistada por Joe Rodríguez, 28 de junio de 1989, Detroit, MI.

13. Pablo Escamilla, entrevistado por Connie Rodríguez Meade, 24 de abril de 1989, Allen Park, MI. También vea a Childs y Altman 1982, 60, y Olivia Cadaval, " 'The Taking of the Renwick': The Celebration of the Day of the Dead and the Latino Community in Washington, D.C.", *Journal of Folklore Research* 22 2-3 (1985): 181.

14. Gracias especiales, a Zaragosa Vargas quién nos prestó copias de estos documentos.

15. María Magaña Alvizu, entrevistada por Joe Rodríguez, 28 de junio de1989, Detroit, MI.

16. Manuel Zaragosa, entrevista telefónica por Laurie Kay Sommers, 6 de enero de 1992.

17. Murillo, "The Detroit Mexican *Colonia*", 68.

18. El Padre James Barrett, entrevistado por Laurie Kay Sommers, 12 de abril de 1991.

19. Sin embargo, solamente dos de los entrevistados lo habían hecho; las dos mujeres provinieron de México central en los años cuarenta y cincuenta.

20. Consuelo Alcalá, entrevistada por Marta E. Lagos, 15 de junio de 1991, Detroit, MI.

21. Roberto Muñoz, entrevistado por Esther P. Magaña, 28 de septiembre de 1991, Detroit, MI.

22. Josefina González, entrevistada por Margarita Jiménez, 29 de octubre de 1988, Detroit, MI.

23. Turner y Jasper, *The Day of the Dead,* 17.

24. Misión María, Madre de la Iglesia se ha unido a St. Stephen desde entonces. El 14 de agosto de 1994, la

22. Josefina González, interviewed by Margarita Jiménez, October 29, 1988, Detroit, MI.

23. Turner and Jasper, *The Day of the Dead*, 17.

24. María, Madre de la Iglesia Mission has since unified with St. Stephen. On August 14, 1994, St. Stephen-Mary, Mother of the Church Parish celebrated their first anniversary of unification. All of the cultural customs and celebrations remain the same.

25. Juan González, interviewed by Margarita Jiménez, March 31, 1989, Detroit, MI.

26. Amalia Mesa-Bains, "El Día de los Muertos, A Chicano Ceremony of Remembrance and Reclamation," in *Annual Día de los Muertos Celebration* (San Francisco: Galería de la Raza, 1989), 3.

27. Mesa-Bains, "El Día de los Muertos," 4.

28. Turner and Jasper, *The Day of the Dead*, 4.

29. Dawn García, "Mexican Day of the Dead Revived," *San Francisco Chronicle*, 1 November 1990, sec. A.

30. The Latin American import shop, Dos Manos, located in Royal Oak, erected an altar in 1987, the first in Metropolitan Detroit.

31. Subsequent *ofrendas* at Casa de Unidad Cultural Arts and Media Center have been "Ofrenda for the Homeless" by Marty Quiroz, November 1992 – January 1993 and "The Spirit Will Survive in the Memory of the Living" by Diana Alva in honor of César Chávez, November – December 1993.

32. José Narezo, interviewed by Laurie Kay Sommers, December 3, 1991, Grand Rapids, MI.

33. José Narezo, interviewed by Laurie Kay Sommers, December 3, 1991, Grand Rapids, MI.

34. José Narezo, interviewed by Laurie Kay Sommers, December 3, 1991, Grand Rapids, MI.

35. Nancy Jones, "Ofrenda: An Offering to Diego Rivera" (Detroit: Detroit Institute of Arts, 1991).

36. Alfredo Aguirre, Jr., interviewed by Marta E. Lagos, November 15, 1991, Dearborn, MI.

37. Galería de la Raza in San Francisco and the Pontiac Creative Arts Center both recently mounted Día de los Muertos exhibitions in which a cross-cultural group of artists created pieces on the theme of death.

38. Information on Latino Family Services' celebration of Día de los Muertos was provided by Angie Reyes during an April 23, 1993 phone conversation with Laurie Kay Sommers, and by a draft exhibit label prepared by Marta E. Lagos and Latino Family Services for the 1992 "*Fiestas de la Fe*" exhibition at Michigan State University.

parroquia St. Stephen-María, Madre de la Iglesia celebró su primer aniversario de unificación. Todas las costumbres y celebraciones culturales permanecen iguales.

25. Juan González, entrevistado por Margarita Jiménez, 31 de marzo de 1989, Detroit, MI.

26. Amalia Mesa-Bains, "El Día de los Muertos, A Chicano Ceremony of Remembrance and Reclamation", en *Annual Día de los Muertos Celebration* (San Francisco: Galería de la Raza, 1989), 3.

27. Mesa-Bains, "El Día de los Muertos", 4.

28. Turner y Jasper, *The Day of the Dead,* 4.

29. Dawn García, "Mexican Day of the Dead Revived", *San Francisco Chronicle,* 1 noviembre 1990, sec. A.

30. Dos Manos, tienda de importaciones latinoamericanas, ubicada en Royal Oak, montó un altar en 1987, el primero en el área metropolitana de Detroit.

31. Las ofrendas subsiguientes en Casa de Unidad, Centro Cultural de Artes y Medios de Comunicación, han sido "Ofrenda a los Sinhogar" por Marty Quiroz, noviembre de 1992 a enero de 1993, y "El Espíritu Sobrevivirá en la Memoria de los Vivos" por Diana Alva en honor de César Chávez, noviembre a diciembre 1993.

32. José Narezo, entrevistado por Laurie Kay Sommers, 3 de diciembre de 1991, Grand Rapids, MI.

33. José Narezo, entrevistado por Laurie Kay Sommers, 3 de diciembre de 1991, Grand Rapids, MI.

34. José Narezo, entrevistado por Laurie Kay Sommers, 3 de diciembre de 1991, Grand Rapids, MI.

35. Nancy Jones, "Ofrenda: An Offering to Diego Rivera" (Detroit: Detroit Institute of Arts, 1991).

36. Alfredo Aguirre, Jr., entrevistado por Marta E. Lagos, 15 de noviembre de 1991, Dearborn, MI.

37. Recientemente, la Galería de la Raza en San Francisco y el Centro de Artes Creativas en Pontiac instalaron unas exhibiciones para el Día de los Muertos en que un grupo multicultural de artistas crearon piezas sobre el tema de la muerte.

38. La información sobre la celebración del Día de los Muertos patrocinada por los Servicios para las Familias Latinas fue provista por Angie Reyes durante una conversación telefónica el 23 de abril de 1993 con Laurie Kay Sommers, y por un borrador de la descripción de la exposición preparado por Marta E. Lagos y Servicos para las Familias Latinas para la exhibición "*Fiestas de la Fe*" en 1992 en el Museo de la Universidad Estatal de Michigan.

Fiestas Guadalupanas
en Detroit

Girl waiting next to the image of the Virgin of Guadalupe for a procession to begin, Holy Redeemer Church, 1990.

Una joven espera al lado de la imagen de la Virgen de Guadalupe hasta que empieza una procesión, Iglesia del Santísimo Redentor, 1990.

Fiestas Guadalupanas
en Detroit

*I*n the heart of southwest Detroit stands a billboard with the image of Our Lady of Guadalupe. Amid decaying streets in a neighborhood struggling with factory closings and crime stands an image which symbolizes hope, faith, and *mexicanidad*. For those who understand her significance, the Virgin of Guadalupe claims the barrio for *mexicanos*. She came with the first immigrants, and she remains today. If one looks closely, the Virgin seems to permeate the iconography of southwest Detroit, more powerful and pervasive than the graffiti and street signs in Spanish. She is on a calendar in Roy's Record Shop, a kitchen altar in El Palenque restaurant, and the stage in Las Brisas restaurant in fulfillment of a *promesa* (a devotional promise).

Within the Catholic faith, Guadalupe is a manifestation of the Virgin Mary. For *mexicanos*, however, she has special significance, for she is the Patroness of Mexico. As

*E*n el corazón del suroeste de Detroit se destaca un cartelón con la imagen de Nuestra Señora de Guadalupe. En medio de las calles deterioradas, en una vecindad que sufre por el cierre de fábricas y por el crimen, se encuentra una imagen que simboliza la esperanza, la fe y la mexicanidad. Para aquéllos que comprenden su significado, la Virgen de Guadalupe reclama el barrio para los mexicanos. La Virgen llegó con los primeros inmigrantes y todavía permanece hoy en día. Si uno se fija de cerca, esta Virgen parece estar por todas partes en la iconografía del suroeste de Detroit, más poderosa y con más difusión que los graffiti y los letreros en español. Ella se encuentra en un calendario en Roy's Record Shop, en un altar en la cocina del restaurante El Palenque, y en el tablado del restaurante Las Brisas, montado allí después de haberse cumplido una promesa.

Para los católicos, Nuestra Señora de Guadalupe es una manifestación de la Virgen María. Para los mexicanos, sin embargo, ella

Billboard of the Virgin of Guadalupe on West Vernor, between Oakland and Cabot, 1991.

Cartelón de la Virgen de Guadalupe colocado en la calle West Vernor, entre Oakland y Cabot, 1991.

Photo/Foto: David Perry

Photo/Foto: David Perry

Manuel Jauregui (left), Jesús Saucedo, and José
Ángel of Mariachi Nuevo Zapopán perform at Las
Brisas restaurant, where the stage features an
image of the Virgin of Guadalupe placed in
fulfillment of a *promesa*, 1992.

Manuel Jauregui (izquierda), Jesús Saucedo, y José Ángel
del Mariachi Nuevo Zapopán tocan en el escenario del
restaurante Las Brisas, donde se destaca una imagen de la
Virgen de Guadalupe, montada en realización de una
promesa, 1992.

the anthropologist Eric Wolf notes: "The
Guadalupe symbol links together family,
politics and religion; colonial past and
independent present; Indian and Mexican.
. . . It is ultimately a way of talking about
Mexico, a 'collective representation' of
Mexican society."[1]

The Mexican relationship with Our Lady
of Guadalupe dates to 1531 on the hill of
Tepayac outside present-day Mexico City,
then the site of a shrine to the great Aztec
goddess of Earth and Corn, Tonantzín. The
legend of the Virgin's miraculous appearance to the Indian Juan Diego is told in
many ways but perhaps none as eloquently
as by Dolores "Lolita" Olvera of Detroit.

The reality that we celebrate on
December 12th is that the Virgin of
Guadalupe appeared to Juan Diego
more than [400] years ago. At that
time, the Indians were treated very

tiene un significado especial, ya que es la
Patrona de México. Como nota el antropólogo
Eric Wolf: "El símbolo de Guadalupe enlaza a la
familia, la política y la religión; el pasado
colonial y el presente independiente; lo indígeno
y lo mexicano. . . . Al fin y al cabo es una manera
de hablar sobre México, 'una representación
colectiva' de la sociedad mexicana."[1]

Esta relación tan especial de los mexicanos
con Nuestra Señora de Guadalupe se remonta a
1531, al cerro del Tepeyac en las afueras de lo
que hoy en día es la Cuidad de México y que
entonces era el lugar sagrado de Tonantzín, la
gran diosa azteca de la Tierra y el Maíz. La
leyenda de la aparición milagrosa de la Virgen al
indígena Juan Diego se cuenta de muchas
maneras, pero quizás ninguna tan elocuente
como la versión de Dolores "Lolita" Olvera de
Detroit.

Lo que realmente celebramos el 12 de
diciembre es que la Virgen de Guadalupe

badly by the Spaniards. In order to demonstrate to the Spaniards that the Indians were also children of God, the Virgin wished to reveal herself personally to them. She chose a poor and humble Indian who didn't know how to read and who used simple clothing and a *tilma* for a blanket. Although he was rude and ignorant, Juan Diego was a good Catholic — he went to daily mass.

The Virgin appeared to Juan Diego four times during the 9th to the 12th of December. Since no one believed what Juan Diego said about the Virgin, Juan Diego did not want to see the Virgin on the 12th. . . . Juan Diego told the Virgin that the bishop had asked for a sign. The Virgin asked that Juan Diego climb the hill and cut the flowers that he would find there. These he was to take to the bishop. He didn't think twice. He climbed the hill. He marveled at finding such a quantity of roses in various colors. The Virgin told him to keep them in his *tilma* and to show them only to Bishop Zumárraga. After waiting for many hours, he was finally permitted to see the bishop. Juan Diego explained that he had the sign that the bishop had requested. At this, he lowered the *tilma* and the roses fell to the floor. On his *tilma* they saw the Virgin, just as she had appeared to Juan Diego, stamped on his *tilma*.

The Virgin had her hands together as when in prayer. Her appearance was that of a Mexican, a mestiza, her complexion was like that of the Indians. Her dress was a brilliant blue and a veil covered her head. It is said that the Virgin is expecting the child Jesus. Upon seeing the Virgin, the bishop believed Juan Diego and the Spaniards began to realize that the poor also are children of God, and that they should not be treated badly.[2]

Over time the brown-skinned Virgin of Guadalupe came to symbolize *mestizaje*, or the fusion of Spanish and Indian cultures,

se le apareció a Juan Diego hace más de [400] años. En ese tiempo, los indios eran tratados muy mal por los españoles. Para demostrarle a los españoles que los indios también eran hijos de Dios, la Virgen deseaba revelarse personalmente a ellos. Escogió a un indio pobre y humilde que ni sabía como leer, quien usaba vestuario simple con una tilma como su cobija. Aunque era rudo e ignorante, Juan Diego era un buen católico — asistía a la misa diariamente.

La Virgen se le apareció a Juan Diego cuatro veces entre el 9 y el 12 de diciembre. Siendo que nadie le creía a Juan Diego lo que decía de la Virgen, él no quería ver a la Virgen el día 12. . . . Juan Diego le dijo a la Virgen que el obispo le había pedido alguna evidencia. La Virgen le señaló a Juan Diego que subiera al cerro y que cortara las flores que iba a encontrar allá. Éstas debía llevárselas al obispo. No pensó dos veces. Juan Diego subió al cerro. Se maravilló al encontrar una gran cantidad de rosas de varios colores. La Virgen le dijo que las guardara en su tilma y que se las enseñara solamente al Obispo Zumárraga. Después de esperar por muchas horas, finalmente le permitieron ver al obispo. Juan Diego le explicó que tenía la evidencia que el obispo le había pedido. Dicho esto, dejó bajar su tilma, y las rosas cayeron al piso. En la tilma vieron la imagen de la Virgen, tal y como se le había aparecido a Juan Diego — estampada en la tilma.

La Virgen tenía las manos como si estuviera rezando. Su apariencia física era de mexicana, de mestiza, su cutis como el de los indígenas. Su vestido era de color azul brillante y un velo le cubría la cabeza. Se dice que la Virgen estaba esperando al Niño Jesús. Al ver a la Virgen, el obispo le creyó a Juan Diego, y los españoles empezaron a darse cuenta de que los pobres también eran hijos de Dios, y que no se les debería tratar mal.[2]

A través del tiempo, la Virgen Morena de Guadalupe llegó a representar el mestizaje o la fusión de la cultura indígena y la cultura española que sirve como la base de la cultura y la identidad mexicana. Como dijo el Cónsul de México en Detroit en un editorial el 2 de

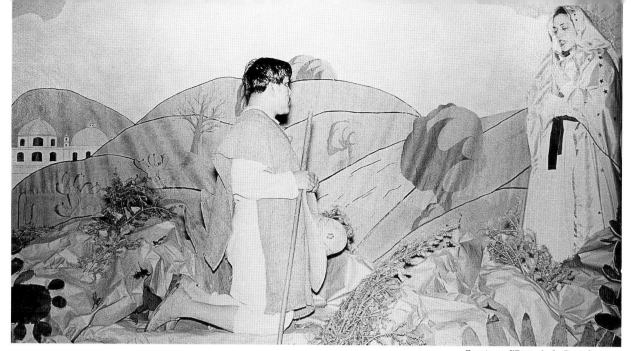

The Virgin of Guadalupe appears to Juan Diego, as performed by parishioners from Most Holy Trinity Church, Fiestas Guadalupanas, 1955.

Courtesy of/Cortesía de: Irma Carrasco

Una aparición de la Virgen de Guadalupe a Juan Diego, realizada por unos parroquianos de la Iglesia de la Santísima Trinidad, Fiestas Guadalupanas, 1955.

which lies at the heart of Mexican culture and identity. As stated in a December 2, 1950 editorial by Detroit's Mexican consulate: "The Virgin of Guadalupe is a Symbol of Mexico. Ever since Juan Diego presented his *tilma* with the sacred image, Mexico has considered Tepeyac the spiritual center of the Nation. Those winter roses flourished in the hearts of all Mexicans. The Brown Virgin, through divine and hidden designs, has become a living representation of our race."[3]

Not surprisingly, the Virgin of Guadalupe remained in the hearts of Catholic *mexicanos* who came to Detroit. Such a powerful religious and cultural symbol could not help but survive the transition from Mexico to Michigan. In the privacy of their homes, Detroit's pioneering Mexicans continued their personal devotions. The celebration of the Virgin's feast day in 1920, however, was the *colonia's* first public affirmation of a common faith and heritage.

On December 12, 1920, Mexican immigrants from Detroit and surrounding areas flocked to St. Mary's Parish Hall, site of the *colonia's* first Catholic worshiping community, to celebrate the feast day of the Virgin of Guadalupe. Few had been in Michigan more than two or three years. Most held nostalgic if varied memories of this day in Mexico. They recalled streets festooned with paper cut outs of red, white, and green, and processions of Indians with plumed headdresses who danced tribute to the Virgin; there were dazzling explosions of fireworks, markets spilling over with candies, fruits, nuts, sugar cane, and items of devotion; music filled the streets day and

diciembre de 1950, "La Virgen de Guadalupe es símbolo de México. Desde que Juan Diego presentó su tilma con la sagrada imagen, México ha visto el Tepeyac como el centro espiritual de la Nación. Aquellas rosas invernales florecieron en los corazones mexicanos. La Virgen Morena, por divinos y ocultos designios, resulta ser una representación viva de nuestra raza."[3]

No es sorprendente, entonces, que la Virgen de Guadalupe se encuentre en los corazones de los mexicanos católicos que vinieron a Detroit. Un símbolo religioso y cultural tan poderoso tenía que sobrevivir el traslado de México a Michigan. En la privacidad de sus hogares, los pioneros mexicanos de Detroit continuaron sus devociones personales. La celebración de la fiesta de la Virgen en 1920, sin embargo, fue la primera afirmación pública de la fe y la herencia común de la colonia.

El 12 de diciembre de 1920, los inmigrantes mexicanos de Detroit y de las áreas contiguas se congregaron en el salón de la parroquia de Santa María, el primer sitio religioso de feligreses católicos de la colonia, para celebrar el día de fiesta en honor de la Virgen de Guadalupe. Pocas personas habían estado más de dos o tres años en Michigan. La mayoría recordaba nostálgicamente las celebraciones en México. Recordaban las calles con adornos de papel picado en colores verdes, blancos y rojos, y las procesiones de indios con penachos quienes danzaban en tributo a la Virgen. Había explosiones deslumbrantes de fuegos artificiales; mercados con abundancia de dulces, flores, nueces, caña, y artículos de devoción. La música penetraba las calles día y noche; y en la iglesia, el altar de la Virgen estaba tupido con flores, veladoras, y ofrendas.

Al reunirse los mexicanos por primera vez

Fiestas Guadalupanas
en Detroit

night, and in the church, the Virgin's altar was laden with flowers, candles, and offerings.

As *mexicanos* came together for the first Fiestas Guadalupanas in Detroit, what were their hopes for the day? Certainly hopes of the organizers were buoyant. They anticipated participation from "the entire Mexican colony of 8,000 residents" in addition to "representative delegations from all parts of Michigan which has a population of about 40,000 Mexicans, mostly recent immigrants." They planned "ceremonial processions and religious services," a sermon in Spanish, and the official blessing of a painting of the Virgin of Guadalupe. Father Juan Pablo Alanís, the first Mexican appointed to serve the growing *colonia*, would conduct the services, assisted by an American and a Mexican priest.[4]

The public recognition of Mexico's Patroness as the official *Patrona* in Detroit was a milestone in the life of the *colonia*. Yet the organizers, at least, also recognized their place in a new country. They advertised the event as a peace service which commemorated "the seventy-second year of peace between the United States and the Republic of Mexico, and the friendly relations established between the two republics by the new Obregón regime in Mexico. The feast is to be observed annually as a symbol of the good-will between the two nations."[5]

No records exist of the numbers who actually came. Although this may have been the largest gathering of *mexicanos* to date, the crowds predicted could scarcely have materialized given the transient and scattered settlement patterns of the population. Few probably came for or remembered a peace service. Instead, perhaps they felt joy and surprise to see so many fellow *mexicanos* all celebrating the Virgin's feast day in a foreign land, much as María Benítez

para las Fiestas Guadalupanas en Detroit, ¿cuáles serían sus esperanzas para ese día? Ciertamente, las esperanzas de los organizadores eran ambiciosas. Anticipaban la participación de "la colonia entera de 8,000 residentes" además de "las delegaciones representativas de todas partes de Michigan, cuya población contaba con algunos 40,000 mexicanos, la mayoría, inmigrantes recién llegados." Planearon "procesiones ceremoniales y servicios religiosos", un sermón en español, y la bendición oficial de una pintura de la Virgen de Guadalupe. El Padre Juan Pablo Alanís, el primer mexicano asignado a servir a la colonia creciente, dirigió los servicios, asistido por un sacerdote americano y otro mexicano.[4]

El reconocimiento público de la Patrona de México como la Patrona Oficial de Detroit fue una piedra millera en la vida de la colonia. De esta manera los organizadores, por lo menos, también reconocieron su lugar en un país nuevo. Anunciaron el evento como un servicio de paz para conmemorar "setenta y dos años de paz entre los Estados Unidos y la República de México, y las relaciones amigables establecidas entre ambas repúblicas por el nuevo régimen del Presidente Obregón en México. La fiesta sería celebrada anualmente como un símbolo de benevolencia entre ambas naciones."[5]

No existen datos del número de los que asistieron. Aunque ésta podría haber sido la reunión

Concepción Ramírez's home altar, 1991.

Altar casero de Concepción Ramírez, 1991.

Photo/Foto: Laurie Kay Sommers

did some thirty years later. "I recall the first time I went; I was greatly moved and I called out, 'Long live the Virgin of Guadalupe! Long live Mexico!' I was extremely happy."[6]

Many historians speak of the importance of the Catholic church in the lives of Mexican immigrants. As Vargas notes, "It was as important as family relationships and the work experience being gained in the auto plants, because it satisfied both their spiritual and social needs."[7] During these years the Catholic church played an especially crucial role for many immigrant groups. With over one-third of Detroit's population being Catholic, and with thirty-two new foreign language parishes established between 1918-29, the diocese was a key force in adjustment to city life.[8] Bishop Michael Gallagher appointed Alanís to Detroit in November 1919, in recognition of the need for a Mexican pastor to minister to the growing *colonia*.[9] Father Alanís created a register of the new arrivals, visited homes, helped families find and pay for housing, and formed the Mexican Catholic Society, an organization which endeavored to obtain better housing, promote religious education, and nurture the *colonia's* fledgling cultural life.[10]

The church also became a voice for the *colonia* before a Mexican consul was assigned to Detroit.[11] A newspaper account in 1920 quotes Father Alanís' glowing descriptions of his countrymen as "frugal, affable, honest, and ambitious for the better things in life," phrases no doubt designed to counter the anti-foreign sentiment of the period and prove that Mexicans would make good American citizens.[12] Father Alanís, in fact, carried out the church's Americanization policies among the Mexicans.

During this period the Catholic church participated in the Americanization Committee of Detroit and tried to instill the principles of American government and citizenship. Among the Mexicans, Father Alanís "soon made the formation of adult

más grande de mexicanos hasta la fecha, la multitud que se había estimado de posibles participantes apenas pudo haberse materializado, dadas las pautas esparcidas y transitorias del establecimiento de la población. Probablemente los que vinieron no estaban allí para celebrar un servicio de paz ni lo recordarían de esta forma. Quizás sintieron gozo y sorpresa al ver a tantos paisanos mexicanos, todos celebrando la Fiesta de la Virgen en una tierra extranjera. María Benítez recuerda unos treinta años después lo que sintió en aquella ocasión. "Me acuerdo de la primera vez que fui. Me emocioné tanto que dije, '¡Viva la Virgen de Guadalupe! ¡Viva México!' Yo estaba bien alegre."[6]

Muchos historiadores hablan de la importancia de la iglesia católica en la vida de los inmigrantes mexicanos. Como Vargas nota, "Tenía tanta importancia como las relaciones familiares y las experiencias en el trabajo por las cuales estaban pasando en las fábricas de automóviles porque satisfacía tanto sus necesidades espirituales como las sociales."[7] Durante estos años, la iglesia católica jugaba un papel decisivo en el desarrollo de muchos grupos inmigrantes. Ya que más de una tercera parte de la población de Detroit era católica y puesto que se habían establecido entre 1918-29 treinta y dos parroquias nuevas donde se hablaba idiomas extranjeros, la diócesis era una fuerza clave en el ajuste de los inmigrantes a la vida urbana.[8] El Obispo Michael Gallager asignó al Padre Alanís a Detroit en noviembre de 1919, reconociendo la necesidad de tener un pastor mexicano que asistiera en el ministerio de la colonia creciente.[9] El Padre Alanís creó un registro de los recién llegados, visitó los hogares, ayudó a que las familias hallaran y pagaran por su alojamiento, y formó la Sociedad Católica Mexicana, una organización que se esforzaba para obtener mejor alojamiento, promover la educación religiosa, y nutrir la vida cultural de la colonia que apenas se iba dasarrollando.[10]

La iglesia también llegó a ser la voz de la colonia antes de que se nombrara un cónsul mexicano en Detroit.[11] En un artículo periodístico de 1920, el Padre Alanís citó en sus descripciones ardorosas a sus compatriotas como

Americanization classes an important part of his efforts to improve their living conditions."[13] Father Alanís felt that Mexicans differed from other immigrant groups in their apparent lack of "sectional sentiments and prejudices." This made Americanization work among them less difficult. He told the *Detroit News*: "I believe that my countrymen here will prove among the most useful aliens drawn to Detroit in recent years. . . . They are deeply religious, which will recommend them as law-abiding. When we build a small church for our Mexicans, I am confident that we can bring these families together and teach them a sympathetic understanding of the laws and liberties of this Republic."[14]

Despite the Americanization programs, the church did foster Mexican traditions other than the Fiestas Guadalupanas. Weekly gatherings at St. Mary's Church included "mass in the mother tongue each Sunday morning while the afternoon provided time for Mexican socialization. Small children played in the church yard and were given language and history lessons; the ladies met to enjoy a welcome break from the chores of the week; and the men played cards, sang 'corridos' and discussed politics." [15]

The construction of Our Lady of Guadalupe Church marked another milestone in the development of the *colonia*. Dedicated on October 28, 1923, it was the first Mexican national church in the Midwest.[16] National parishes which served a particular ethnic group differed from territorial parishes which served a specific geographic neighborhood. The Diocese recognized the need for Spanish-language services but also understood that a national church provided an efficient context for Americanization. The national parish policy also kept Mexicans out of neighborhood churches where persons of color often were unwelcome.[17] Unfortunately, the location on Roosevelt and Kirby Streets south of Grand River Avenue, far from any area of Mexican settlement, eventually limited Our Lady of

"frugales, complacientes, honestos, y ambiciosos de mejorar su nivel de vida", frases intentadas, sin duda, para contrarrestar el sentimiento antiextranjero del período y para comprobar que los mexicanos serían buenos ciudadanos americanos.[12] De hecho, el Padre Alanís también fomentaba la política de americanización que la iglesia deseaba para los mexicanos.

Durante este período, la iglesia católica participaba en el Comité de Americanización de Detroit y trataba de inculcar los principios del gobierno y de la ciudadanía americana. Entre los mexicanos, el Padre Alanís "hizo que las clases para la americanización tomaran una parte importante en sus esfuerzos para mejorar las condiciones de la vida."[13] El Padre Alanís sentía que los mexicanos diferían de otros grupos de inmigrantes por su aparente falta de "sentimientos y prejuicios seccionales." Esto hacía el trabajo de la americanización entre ellos menos difícil. Le dijo al *Detroit News*: "Creo que mis compatriotas aquí se van a ver como los extranjeros más trabajadores que han sido atraídos a Detroit en los años recientes. . . . Son profundamente religiosos, y esto les hace ser buenos ciudadanos. Cuando podamos construir una iglesita para los mexicanos, confío en que podamos reunir a estas familias para enseñarles una comprensión simpatizante de las leyes y libertades de esta república."[14]

A pesar del programa de americanización, la iglesia alentaba otras tradiciones mexicanas además de las Fiestas Guadalupanas. Las reuniones semanales en la Iglesia Santa María incluían "misas en el idioma natal cada domingo por la mañana, mientras que por la tarde, proveían tiempo para la socialización de los mexicanos. Los niños pequeños jugaban en el patio de la iglesia y se les daban lecciones de idioma e historia; las mujeres se reunían para disfrutar un merecido descanso de los quehaceres semanales; y los hombres jugaban cartas, cantaban corridos y discutían política."[15]

La construcción de la Iglesia de Nuestra Señora de Guadalupe representó otra paso importante en el desarrollo de la colonia. Dedicada el 28 de octubre de 1923, ésta fue la primera iglesia nacional en el mediooeste.[16] Las parroquias nacionales, que servían a un grupo

Guadalupe's effectiveness as a viable national parish.

Members of the *colonia* helped fund the church by raising $6,000 and another $1,000 in pledges. The Mexican Catholic Society, for example hosted picnics and fiestas.[18] Mexicans also built the church. Jesús Saracho directed the construction of a wood building, seventy-five feet by twenty-eight feet in size with a sixteen by sixteen foot wing. According to Father Alanís' 1923 *Annual Report*:

> It has ample windows, a vestibule, a choir-loft, a steeple for the bell, electrical and heating systems, a communion rail, an altar, benches, an organ, sacristy furnishings, Stations of the Cross in bas-relief, vases, various utensils, etc.— all most complete. There is a Mass

étnico en particular, variaban de las parroquias territoriales, que servían a una vecindad específica en términos geográficos. La diócesis reconocía la necesidad de tener servicios en español pero también entendía que una iglesia nacional proveería un contexto eficiente para la americanización. La política de las parroquias nacionales también ayudaba a que los mexicanos se reunieran, aparte de las iglesias de otras vecindades en donde las personas de color frecuentemente no eran bienvenidas.[17] Desafortunadamente, su ubicación en las calles Roosevelt y Kirby, al sur de la Avenida Grand River, a una distancia considerable del territorio de la colonia mexicana, eventualmente limitó la efectividad de Nuestra Señora de Guadalupe en su función como una parroquia nacional.

Los miembros de la colonia ayudaron a recaudar fondos para la iglesia y juntaron $6,000 en efectivo y otros $1,000 en garantías. La

Our Lady of Guadalupe Church at Roosevelt and Kirby, shown here circa 1930s, was the first Mexican national parish in the Midwest.

La Iglesia de Nuestra Señora de Guadalupe en la calle Roosevelt y la calle Kirby, fotografiada, hacia los años treinta. Fue la primera parroquia nacional en el mediooeste.

Fiestas Guadalupanas
en Detroit

celebrated each day, but on Sundays there are three Masses. The moral influence of the new church on the Spanish-speaking people of the city, especially on the Mexican people, is incalculable. Each Sunday the church is filled to overflowing, and the financial recovery of the church is secure. Moreover, a great number of souls will receive important spiritual help through its agency.[19]

This account suggests an untold story of devotion, skill, and artistry: of the men who labored on the church construction; the skilled woodcarver who chiseled the stations of the cross; the craftsmen who created the high altar surrounding the image of the Virgin of Guadalupe; and the women who made exquisite embroideries and brilliantly colored paper flowers to decorate the altar. As the parish grew, the church also acquired gifts given to Our Lady of Guadalupe. Some, as Sonnie Casillas Pérez remembers, were old and treasured items brought from Mexico such as sarapes and beautifully embroidered blouses.[20]

Lay leadership came from the elite of the colony, among them those who eventually formed the Círculo Mutualista Mexicano in 1924. Although comprising a small minority among an immigrant population of peasants and laborers, they shaped the social, religious, and cultural life of the emerging colony according to their standards and tastes. The Mexican middle and upper classes, especially those from the cities, had adopted the preference for European culture promoted during the tenure of Mexican president, Porfirio Díaz. Argelio Pérez, Sr. remembers: "Like I said, my family, especially because they came from the big cities, they were brainwashed. The Spaniard taught that anything 'indigenous' was nothing; it was 'lower class.' Anything that was 'European' was highly prized among the social groups in Mexico, especially in the bigger cities."[21]

The Virgin of Guadalupe, despite her public veneration throughout Mexico, was

Sociedad Mexicana Católica, por ejemplo, patrocinó días de campo y fiestas.[18] Los mexicanos también edificaron la iglesia. Jesús Saracho dirigió la construcción de un edificio con dimensiones de 75 pies por 28 pies, haciendo un ala adicional de 16 pies por 16 pies. Según el *Reporte Anual* de 1923 del Padre Alanís:

> Tiene ventanas amplias, un vestíbulo, un ábside para el coro, un campanario, sistemas de electricidad y calefacción, un altar, bancas y un órgano, accesorios para la sacristía, el Vía Crucis en bajorrelieve, floreros, varios utensilios, etc. — toda muy completa. Se celebra una misa diariamente, pero hay tres misas los domingos. La influencia moral de la nueva iglesia sobre los hispanoparlantes de la ciudad, y en especial sobre los mexicanos, es incalculable. Cada domingo la iglesia rebosa de feligreses, y el estado financiero de la iglesia está asegurado. Además, un gran número de almas recibirán ayuda espiritual importante por medio de su agencia.[19]

Este informe sugiere una historia aún no relatada de devoción, habilidad, y arte: de los hombres que trabajaron para construir la iglesia; de los ebanistas diestros quienes tallaron las estaciones del Vía Crucis; de los artesanos que crearon el altar principal que circunda la imagen de la Virgen de Guadalupe; y de las mujeres que hicieron bordados exquisitos y fabricaron bellas flores de colores brillantes para adornar el altar. En cuanto crecía la parroquia, la iglesia iba adquiriendo dones regalados a Nuestra Señora de Guadalupe. Algunos, como recuerda Sonnie Casillas Pérez, eran objetos antiguos y apreciados, traídos desde México, tales como sarapes y blusas bellamente bordadas.[20]

El liderazgo laico provenía del sector de "gente acomodada" de la colonia, entre ellos los que eventualmente formaron el Círculo Mutualista Mexicano en 1924. Aunque sólo constaba de una pequeña minoría que vivía entre una población de inmigrantes campesinos y obreros, ellos formaron una vida social, religiosa, y cultural para la colonia surgiente según sus propios gustos y normas. Los mexicanos de clase media y de clase alta, especialmente los de las ciudades, habían adquirido preferencias por la cultura

considered by the elite as a "country Virgin." Sonnie Casillas Pérez recalls: "You see, the Spaniards didn't believe in her because she appeared to Juan Diego, who was a native. They had another Virgin called Nuestra Señora de los Remedios. So, for a long time you didn't see people who were very Spanish with pictures of Our Lady of Guadalupe in their home. It's only the people who came here, the country people, who brought their little *estampitas* of Our Lady of Guadalupe, or statues, or whatever."[22] Argelio Pérez, Sr., who came from a middle class Guadalajara family, and whose mother preferred opera, never knew about the Virgin of Guadalupe until coming to the United States. His mother venerated other saints such as the Santo Niño de Atocha and the Virgen de Soccoro.[23]

The majority of immigrants, who had been peasants and laborers, remembered the Virgin's feast day in Mexico as both a social and religious fiesta. In Detroit, despite promising beginnings, the early observances of December 12 were never fiestas in the Mexican sense. Pablo Escamilla, who arrived in 1924, remembers them as "very solemn."

> I remember once I went to the special mass for Our Lady of Guadalupe, and there were only seven people there. That was in the 1920s. I was very sad because I had to take two buses to get there. I can't remember the busline, but it was a long ride. I didn't know too many Spanish-speaking people at that time.[24]

Compared with the vivid recollections of Mexico where preparations and celebrations lasted for days and the whole community participated, the contrast must have been dramatic.

There were other difficulties as well. As mentioned previously, the church was simply too far from the major areas of Mexican settlement. Not everyone had the perseverance of Sonnie Casillas Pérez, whose family walked four miles to mass

europea, fomentada durante la tenencia del presidente mexicano, Porfirio Díaz. El Sr. Argelio Pérez recuerda: "Como dije, mis parientes, especialmente porque venían de las ciudades grandes, tenían lavado el cerebro. Los españoles enseñaron que lo 'indígena' no contaba — era de 'clase baja'. Lo 'europeo' era muy apreciado entre los grupos sociales en México, especialmente en las grandes ciudades."[21]

La Virgen de Guadalupe, a pesar de su veneración pública por todo México, era considerada por los selectos como la "Virgen Ranchera". Sonnie Casillas Pérez recuerda: "Ud. verá, los españoles no creían en ella porque se le apareció a Juan Diego, quien era indígena. Ellos tenían a otra Virgen, la Señora de los Remedios. Así fue que por mucho tiempo no se veían cuadros de Nuestra Señora de Guadalupe en las casas de gente que estaba muy españolizada. Solamente fueron los que vinieron aquí, la gente campesina, los que trajeron sus estampitas, sus estatuas o lo que fuera de Nuestra Señora de Guadalupe."[22] El Sr. Argelio Pérez, cuya familia era de la clase media de Guadalajara, y cuya madre prefería la ópera, no sabía de la Virgen de Guadalupe hasta que llegó a los Estados Unidos. Su madre veneraba a otros santos, como al Santo Niño de Atocha y a la Virgen del Socorro.[23]

La mayoría de los inmigrantes, quienes habían sido campesinos y obreros, recordaban la Fiesta de la Virgen en México como algo social y religioso. En Detroit, a pesar de un comienzo prometedor, las observancias tempranas del 12 de diciembre nunca fueron fiestas en el sentido mexicano. Pablo Escamilla, quien llegó en 1924, las recuerda como "muy solemnes".

> Recuerdo una ocasión cuando fui a una misa especial para Nuestra Señora de Guadalupe, y había siete personas ahí, nada más. Eso sucedió en los años veinte. Yo estaba muy triste porque tuve que tomar dos autobuses para llegar. No recuerdo la línea del autobús, pero era un viaje largo. No conocía a mucha gente hispanohablante en esos tiempos.[24]

En comparación con los recuerdos vívidos de México, donde las preparaciones y las celebraciones duraban varios días y la comunidad entera participaba, el contraste tuvo que haber

each week. Many men, especially the young singles so common in the early period, habitually did not attend church, and women were not allowed out of the house alone. Isolated from each other, poor, and stripped of the civic support and traditional village sponsorship which funded religious fiestas in Mexico, the members of the *colonia* found it difficult to raise money for fiestas in Detroit.

The attitude of priests was critical to the maintenance of Mexican customs. A petition from the congregation requesting a Spanish-speaking pastor described the Reverend James Gore, who briefly replaced the popular Father Alanís in 1926, as "having no feeling for the people of the parish."[25] In response, Bishop Gallagher appointed Father Luis Castillo, a Venezuelan who served Our Lady of Guadalupe Church from 1927-38.

Father Castillo was a controversial figure. José Alfaro remembers him as "rather cheerful," a man who played guitar and used to join with parishioners for parties and informal gatherings.[26] Interviews by Skendzel and correspondence in the archdiocese archives indicate that others disliked Father Castillo and wanted a Mexican pastor. As a Venezuelan he would have been aware of the Virgin of Guadalupe but unfamiliar with the richness of Mexican traditions surrounding her feast day. And as indicated by his remarks to anthropologist Norman Humphrey, he scarcely had more feeling for Mexicans than did Father Gore.

> At the Mass of this church on December 27, 1936, sixty Mexicans were present in a much larger group of "Old Americans." The Mexicans attending were chiefly women with their children, men and male youths being minimal in number. No Mexicans went to the communion rail. Father Castillo said at a later day, in regard to the church attendance, that "the only thing which brought Detroit Mexicans to church in any numbers was a lot of rain or

sido dramático.

Había otras dificultades también. Como se ha mencionado previamente, la iglesia simplemente quedaba muy lejos de las áreas de mayor población mexicana. No todos tenían la perseverancia de Sonnie Casillas Pérez, cuya familia caminaba cuatro millas semanalmente para ir a misa. Muchos hombres, especialmente los solteros — que eran muy numerosos en este periodo — no iban a la iglesia habitualmente, y no se permitía que las mujeres salieran solas fuera de la casa. Aislados unos de los otros y además pobres y despojados del apoyo cívico y tradicional que en sus pueblos había mantenido las fiestas religiosas, los miembros de la colonia tuvieron dificultades en recaudar fondos para las fiestas en Detroit.

La actitud de los sacerdotes era crítica para el mantenimiento de las costumbres mexicanas. Una petición de la congregación describía al Reverendo James Gore, el que reemplazó brevemente al popular Padre Alanís en 1926, como una persona que "no tenía ningún sentimiento para la gente de la parroquia." Por eso, pedían un pastor hispanohablante.[25] En respuesta el Obispo Gallagher nombró al Padre Luis Castillo, un venezolano que sirvió a la Iglesia de Nuestra Señora de Guadalupe de 1927-38.

El Padre Castillo fue un personaje polémico. José Alfaro lo recuerda como "muy alegre", un hombre que tocaba la guitarra y se juntaba con los feligreses para sus reuniones informales y sus fiestas.[26] Sin embargo, entrevistas hechas por Skendzel y la correspondencia en los archivos de la arquidiócesis indican que otros no estaban a gusto con el Padre Castillo y querían un pastor mexicano. Como venezolano, tal vez sabía de la Virgen de Guadalupe aunque no estaba familiarizado con las ricas tradiciones mexicanas sobre su festividad. Y si sus comentarios dados al antropólogo Norman Humphrey son indicativos de su conducta, sus sentimientos hacia los mexicanos no diferían mucho de los sentimientos del Padre Gore.

> En una misa en su iglesia que tomó lugar el 27 de diciembre de 1926, sesenta mexicanos estaban presentes junto con un grupo más grande de "americanos ancianos". La mayoría de los mexicanos que

heavy snow, the causality being related to superstitions regarding these events. . . . Mexicans, however, would ordinarily rather sleep than go to church." He stated that he himself decorated the church interior after he found that the Mexican women who were assigned to this task argued so greatly among themselves that nothing was accomplished.[27]

Attitudes such as this, and continuing friction with those who wanted a Mexican pastor, affected the vitality of the church and its celebrations. Repatriation and the hardships of the depression also took their toll. By 1936, only 1,200 Mexicans remained in Detroit, down from an estimated 15,000 in 1931.[28] The dramatic population decline likewise affected church attendance. After Father Castillo left in 1938, Our Lady of Guadalupe ceased to be the Mexican national church. The Catholic leadership of the *colonia* entered a period of transition in which neighborhood parish churches struggled to provide some ministry to *mexicanos*. In 1939 the archdiocese appointed Father Casimir López to Most Holy Trinity Church. Father López tried to revive the Mexican national parish and even surveyed several construction sites. The church-sponsored journal *Cultura Mexicana* said of Father López:

> Ever since Father Alanís left for Mexico, all has not been well in the little Mexican temple of Our Lady of Guadalupe which he founded. Wherever the fault may be, it is a fact that the colony has been in dire need of a spiritual leader who speaks the language of the people. . . . Since his arrival last spring, he (Father López) has visited all the Mexicans whom it is possible to visit. . . . It is Father López's fondest wish to elevate the status of every Mexican who comes in contact with him. How? By making him a member of an organization which will function under disciplinary rules.[29]

Father López did organize societies and

asistieron eran mujeres con sus hijos; había pocos hombres y jóvenes. Ningún mexicano fue a recibir la comunión. En otra ocasión el Padre Castillo dijo que "lo único que causaba que los mexicanos de Detroit vinieran a la iglesia en grandes números era la lluvia o la nieve, porque relacionaban esto a las supersticiones sobre el tiempo. . . . Usualmente, los mexicanos preferían dormir en vez de ir a la iglesia." Dijo que él mismo se había encargado de decorar el interior de la iglesia después de haberse enterado de que las mujeres asignadas a este trabajo discutían tanto entre sí que nada se realizaba.[27]

Tal actitud y la fricción continua con los que querían un párroco mexicano, afectó la vitalidad y las celebraciones de la iglesia. La repatriación y las dificultades de la depresión también produjeron sus consecuencias. En 1936, había solamente 1,200 mexicanos en Detroit, mucho menos de los 15,000 que en 1931 se habían calculado.[28] Esta disminución dramática de la población afectó la asistencia a la iglesia. Después de la partida del Padre Castillo en 1938, Nuestra Señora de Guadalupe dejó de ser la iglesia nacional mexicana. El liderazgo católico de la colonia entró en un período de transición en el cual las parroquias territoriales luchaban para proveer algún ministerio a los mexicanos. En 1939 la arquidiócesis nombró al Padre Casimir López a la Iglesia de la Santísima Trinidad. El Padre López trató de resucitar la parroquia nacional mexicana e inspeccionó varios locales para la construcción de una iglesia. Un diario patrocinado por la iglesia, *Cultura Mexicana*, comentó acerca del Padre López:

> Desde que el Padre Alanís se fue a México, no le ha ido muy bien al pequeño templo mexicano de la Virgen de Guadalupe que él fundó. Sea de quien sea la culpa, es un hecho que la colonia tiene necesidad de un líder espiritual que hable el idioma de la gente. . . . Desde su llegada en la primavera, el Padre López ha visitado a todos los mexicanos que le ha sido posible. . . . Su anhelo más grande es elevar la condición de cada mexicano con quien se encuentra. ¿Cómo? Haciéndolo miembro de una organización que funcione

sponsor dances designed to attract younger English-speaking members of the *colonia*. The *Detroit News* describes one fiesta with a Miss Mexico and a Miss America, Mexican guitarists and national dress, Mexican food, the sale of paper flowers to raise money, and a mix of American social dances and Mexican folk dances.[30] The content of this fiesta reveals the emerging conflict between more traditional Spanish-speaking parents and English-speaking children who preferred U.S. customs. Marriage to non-Mexican women, inter-ethnic contact, and shame caused by discrimination further eroded pride in Mexican heritage.[31]

No description exists of the Fiestas Guadalupanas during Father López's year-long tenure. His unfortunate practice of pocketing money from church fundraisers and charging for his services, including "exorbitant prices for weddings, funerals, masses, and even for confession" limited his effectiveness and prompted his early departure.[32]

The 1940s marked the arrival of two American priests who were to have lasting impact on the Detroit Mexican *colonia* and its religious fiestas: Father James Barrett at Holy Redeemer, who served from 1941-46 and from 1967 to the present, and Father Clement Kern at Most Holy Trinity (1943-77). Both men were sympathetic to the Mexican people and culture, a situation not generally the case with other parish clergy. For example, Father Barrett recalled that Father Kern's predecessor at Most Holy Trinity, the Irish Father Ted Kelly, "had no use for the Mexican people. He kind of looked down on them; he tolerated them. I heard confessions down there for the people who wanted to come on Saturday evenings, and I conducted funerals and baptisms there. They [the Most Holy Trinity clergy] let me do that."[33] Such discriminatory attitudes did not encourage parishioners to press for distinctively Mexican practices within the church.

The attitude of parish clergy was especially important given Archbishop

con reglas de disciplina.[29]

El Padre López organizó sociedades y patrocinó bailes ideados para atraer a la juventud de la colonia hispanoparlante. El *Detroit News* describió una fiesta en donde no sólo estaban la Señorita México y la Señorita América, sino que se encontraban también guitarristas mexicanos con sus trajes nacionales, comida mexicana, la venta de flores de papel para recaudar fondos, y una mezcla de bailes sociales americanos y bailes folklóricos mexicanos.[30] Los contrastes en esta fiesta revelan los conflictos que empezaban a emerger entre padres hispanohablantes y los jóvenes anglohablantes que preferían las costumbres estadounidenses. Los matrimonios con mujeres que no eran mexicanas, el contacto interétnico, y la discriminación que avergonzaba a todos, todo esto fue disminuyendo el orgullo en la herencia mexicana.[31]

No existen descripciones de las Fiestas Guadalupanas durante el año de la tenencia del Padre López. Su desafortunada práctica de embolsarse el dinero de actividades para recaudar fondos para la iglesia y de cobrar por sus servicios, incluyendo "precios demasiados altos para bodas, funerales, misas y hasta para confesión", limitó su efectividad e incitó su precipitada partida.[32]

La década de los cuarenta marcó la llegada de dos sacerdotes americanos quienes tendrían un impacto duradero en la colonia mexicana de Detroit y en sus fiestas religiosas: el Padre James Barrett del Santísimo Redentor, quien sirvió durante 1941-46 y desde 1967 hasta el presente; y el Padre Clement Kern de la Santísima Trinidad (1943-77). Los dos sacerdotes simpatizaban con la gente mexicana y su cultura, una situación que no era el caso generalmente con los demás clérigos parroquiales. Por ejemplo, el Padre Barrett recuerda al predecesor del Padre Kern en la Santísima Trinidad, el irlandés Padre Ted Kelly, "No les tenía simpatía a los mexicanos. Los miraba despectivamente; apenas los toleraba. Yo confesaba allí a la gente que solía venir los sábados por la tarde y también dirigía los funerales y bautizos de allí. Los clérigos de la Santísima Trinidad me permitían hacer todo eso."[33] Tales actitudes discriminatorias no animaban a los parroquianos a que

Edward Mooney's policies against a national church. In 1941 several priests reported his views in an interview with Humphrey.

> The bishop wishes that no racial or nationality distinction be made toward the Mexican. He absolutely forbids the priests' giving any encouragement to the idea of a church especially for Mexicans, and this applies also to organizations, religious or otherwise. Three of the four priests interviewed disagreed with the bishop, because they believed that the Mexicans could work better as a unit, and that this would make for greater adaptation to American life and Catholicism. The bishop, however, feels that more value is to be found in denationalizing Mexicans and in encouraging Americanization.[34]

Despite archdiocesan policy to the contrary, both Father Kern and Father Barrett supported Mexican organizations and worshiping communities. In 1944 Father Barrett helped establish the separate chapel for Mexicans at Ste. Anne, where he held the first Spanish-language mass and presided over the installation of an image of the Virgin of Guadalupe.[35] Father Clement Kern made Most Holy Trinity a center for Mexican religious and cultural life and became one of the most influential, beloved, and respected individuals in the history of the Detroit Mexican *colonia*. In Father Kern, the Mexican laity found the support and encouragement to revive the

Father Clement Kern in front of Most Holy Trinity Church, date unknown.

El Padre Clement Kern frente a la Iglesia de la Santísima Trinidad, fecha desconocida.

Father James Barrett, date unknown.

El Padre James Barrett, fecha desconocida.

insistieran en tener servicios distintamente mexicanos dentro de la iglesia.

La actitud de los clérigos parroquiales era especialmente importante debido a las prácticas del Arzobispo Edward Mooney en contra de una iglesia nacional. En 1941 varios sacerdotes comunicaron su punto de vista durante una entrevista con Humphrey.

> El deseo del obispo es que ninguna distinción, ni de raza ni de nacionalidad se haga en relación a los mexicanos. Absolutamente prohibe que los sacerdotes alienten la idea de una iglesia especial para los mexicanos, y esto también se aplica a instituciones religiosas o de otra índole. Tres de los cuatro sacerdotes que fueron entrevistados no estaban de acuerdo con el obispo porque creían que los mexicanos podrían trabajar mejor como una unidad, y esto facilitaría su mayor adaptación a la vida americana y al catolicismo. Sin embargo, el obispo cree que es de más valor desnacionalizar a los mexicanos para fomentar su americanización.[34]

A pesar de la práctica arquiepiscopal, los Padres Kern y Barrett apoyaron a las organizaciones mexicanas y a los feligreses de la comunidad. En 1944 el Padre Barrett ayudó a establecer una capilla aparte para los mexicanos en Santa Ana, donde él celebró la primera misa en español y presidió durante la instalación de la imagen de la Virgen de Guadalupe.[35] El Padre Clement Kern convirtió a la Santísima Trinidad en un centro cultural y religioso, y entre los mexicanos se convirtió en uno de los individuos más influyentes, más queridos y más respetados en la historia de la colonia mexicana en Detroit. Los laicos mexicanos encontraron en el Padre Kern el

Photo/Foto: David Perry

Fiestas Guadalupanas, Most Holy Trinity Church, 1991. Beginning in the 1940s under the leadership of Father Clement Kern, Most Holy Trinity emerged as a cultural, religious, and social service center for the growing Detroit *colonia mexicana*. The first Guadalupanas society in Detroit was organized at Most Holy Trinity in 1948 and, with Kern, established a larger and more colorful Fiestas Guadalupanas observance which continues today.

Las Fiestas Guadalupanas, Iglesia de la Santísima Trinidad, 1991. Desde los años cuarenta bajo el liderazgo del Padre Clement Kern, la Santísima Trinidad emergió como un centro de servicios culturales, religiosos, y sociales para la creciente colonia mexicana de Detroit. La primera Sociedad Guadalupana en Detroit fue organizada en la Santísima Trinidad en 1948, y con el Padre Kern, estableció una observancia de las Fiestas Guadalupanas más grande y más colorida, la que continúa hasta el presente.

Banner belonging to the Damas Católicas
Mexicanas of Ste. Anne Church, 1940s.

Estandarte perteneciente a las Damas
Católicas Mexicanas de la Iglesia de Santa
Ana, durante los años cuarenta.

Photo/Foto: Robert Killips

Fiestas Guadalupanas and to make
them a true fiesta for the first time
in the *colonia's* history.

The process was gradual. In the
1940s the Virgin's feast day was still
a solemn event. Amelia González,
who had lived isolated from fellow
Mexicans since her arrival in 1943,
was directed by Father Barrett to a
novena for the Virgin of Guadalupe
during the mid-1940s. González
remembers her disappointment with
the observances in Detroit, so unlike
her native Zacatecas.

> I remember that we prayed the
> rosary. There was a priest here by
> the name of Father Alfonso, who
> delivered a sermon. But everything
> seemed quite subdued and monoto-
> nous. I come from a region (of
> Mexico) that is very cheerful, where
> we all sing and participate. I thought
> to myself, 'What a sad lot of people!' I
> looked at the group that had gath-
> ered. No one made an effort to
> communicate with the others. We
> prayed but did not sing. One day, I
> got courageous and began to sing a
> hymn to the Virgin ["Mexicanos
> Volad Presurosos"]; I sang by myself.
> This caught the attention of the
> women who were organizing the
> Guadalupana Society.[36]

The clergy organized the festivities
initially. In 1944, services were held on
December 12, which fell on a work day. No
doubt because of this, the solemn mass at
10 a.m. attracted only forty adults. That
evening, however, approximately 200
adults and 100 children braved snow and
cold to attend the 7:30 devotions which
included an ad hoc Mexican choir organized
by Father Barrett, a bilingual service,
hymns to the Virgin of Guadalupe, and a
presentation of flowers to the Virgin. About
350 or 400 people attended a fiesta at Casa
María, where the only obviously Mexican
element was music provided by Blase and
Morrie Casillas, well known singers and
guitarists in the *colonia*. Even the food was

apoyo y el ánimo para revivir las Fiestas
Guadalupanas y para hacer de ellas una
verdadera fiesta por primera vez en la historia
de la colonia.

El proceso fue gradual. En la década de los
cuarenta, la fiesta de la Virgen todavía era un
evento solemne. Amelia González, quien vivía
aislada de sus compatriotas mexicanas desde su
llegada en 1943, fue invitada por el Padre
Barrett a una novena en honor de la Virgen de
Guadalupe a mediados de los años cuarenta.
González recuerda su desilusión con la observancia en Detroit, tan distinta a la de Zacatecas,
su estado nativo.

> Pues recuerdo que sí se rezaba el
> rosario. Un Padre que estaba aquí, quien
> se llamaba el Padre Alfonso, decía el
> sermón. Pero estaba todo aquello tan
> triste, tan monótono. Yo vengo de una
> tierra muy alegre donde todos cantamos,
> todos tomamos parte. Entonces, me dije:
> "¡Qué gente tan triste!" Y yo observaba a
> todo el grupito que se reunía ahí. Nadie
> hablaba con nadie. Rezábamos pero no se
> cantaba. Un día me animé y sola me puse
> a cantar el himno a la Virgen ["Mexicanos
> Volad Presurosos"]. Y esto les llamó la

not Mexican. By the late 1940s, however, when the newly formed Guadalupanas Society began fundraising and planning, the post-mass fiesta included piñatas, music, Mexican food such as tacos and tamales, and the "famous Most Holy Trinity Dance Club."[37]

A dramatic change occurred in 1950. With the encouragement of Father Kern, various churches with Mexican parishioners jointly observed the Fiestas Guadalupanas under the organizing guidance of the Archicofradía Guadalupana of Most Holy Trinity.[38] Elaborate processions still unrivaled in the *colonia's* history spilled onto the wintry streets in a public affirmation of faith, Mexican culture, and nationalism. Mañanitas, *matachines*, a queen contest, and folkloric and social dances all became part of the celebration, in some cases for the first time. The Fiestas

atención a las señoras que estaban organizando la Sociedad Guadalupana.[36]

Inicialmente, los clérigos organizaban las festividades. En 1944, se celebraron los servicios durante el mero día, el 12 de diciembre, que cayó en un día de trabajo. Indudablemente por eso, la misa solemne a las 10:00 de la mañana atrajo solamente a cuarenta adultos. Sin embargo, esa noche, aproximadamente doscientos adultos y cien jóvenes enfrentaron el frío y la nieve para asistir a las devociones de las 7:30 de la noche, las cuales incluyeron un coro mexicano provisional organizado por el Padre Barrett, un servicio bilingüe, himnos guadalupanos, y la presentación de flores a la Virgen. Algunas trescientas cincuenta a cuatrocientas personas asistieron a la fiesta en Casa María, donde el único elemento obviamente mexicano era la música de Blase y Morrie Casillas, cantantes y guitarristas reconocidos en la colonia. Ni la comida era mexicana. En los últimos años de la

Procession with *matachines*, Virgin of Guadalupe (played by Consuelo Alcalá), and Juan Diego, leaving Most Holy Trinity Church, 1952.

Procesión con *matachines*, la Virgen de Guadalupe (realizada por Consuelo Alcalá), y Juan Diego, saliendo de la Iglesia de la Santísima Trinidad, 1952.

Courtesy of/Cortesía de: Frances Angiano

Guadalupanas of the 1950s were extraordinary in their unity and festivity, especially in light of prevailing social and religious policies of Americanization. Their florescence must be attributed in large part to the personal charisma of Father Kern, his supportive partnership with the laity, and the arrival of new immigrants who revitalized Mexican culture in Detroit.

The Fiestas Guadalupanas of the 1950s established a basic format which continues today. The celebration combined the traditions of central Mexico, home to many of the key organizers, with practical alterations to the work schedules, climate, resources, and mainstream culture of the Detroit context. The feast day, for example, was not a state-sanctioned day of religious observance as in Mexico, and so organizers planned major social and religious activities for weekends. The processions took place outside, despite the cold, but the fiesta occurred indoors. During the early years, when permission was granted to close off the streets, the procession extended for blocks and literally claimed the streets for the Mexican community.[39] In 1951, as remembered by Consuelo Alcalá, sub-zero temperatures failed to keep the crowds from lining Bagley Street between St. Boniface and Most Holy Trinity Churches.[40]

The procession allowed collective public expression of devotion and ethnicity which remained private during the early decades of the *colonia's* history. The sounds of Guadalupana hymns carried through the chill December air as participants sang along with recorded music or with strolling trios of guitar and *requinto* players. Despite the archbishop's policies of "denationalizing the Mexicans," the lyrics firmly linked veneration of the Virgin with Mexican nationhood as in this verse from "Himno Guadalupano": *"Mexicanos, volad presurosos al pendón de la Virgen en pos. Y en la lucha saldéis victoriosos, defendiendo la Patria ya a Dios."* ["Fly quickly, Ye Mexicans, Led by the Virgin's standard! And in battle you will be victorious, in

década de los cuarenta, sin embargo, cuando la recién formada Sociedad Guadalupana comenzó a recaudar fondos y a planificar, la fiesta después de la misa incluía piñatas, música mexicana, comida mexicana, como tacos y tamales, y el famoso "Club de Bailes de la Santísima Trinidad".[37]

Un cambio dramático ocurrió en 1950. Alentados por el Padre Kern, varias iglesias con parroquianos mexicanos celebraron las Fiestas Guadalupanas en conjunto, bajo el consejo organizador de la Archicofradía Guadalupana de la Santísima Trinidad.[38] Procesiones que nunca se habían visto en la historia de la colonia, se formaron en las calles invernales, mostrando una afirmación pública de fe, cultura, y nacionalismo mexicano. Las mañanitas, los matachines, un concurso de reina y bailes sociales y folklóricos — todos fueron parte de la celebración, por primera vez en algunos casos. Las Fiestas Guadalupanas de los años cincuenta eran extraordinarias por su unidad y festividad, especialmente en vista de las normas sociales y religiosas de la americanización que prevalecían. Su florescencia debe ser atribuída, en gran parte, al carisma personal del Padre Kern, a su asociación con los laicos, al respaldo de estos, y a la llegada de nuevos inmigrantes quienes revitalizaban la cultura mexicana en Detroit.

Las Fiestas Guadalupanas de los años cincuenta establecieron la forma básica que continúa hasta hoy en día. La celebración combinaba las tradiciones de México central, la tierra natal de muchos de los organizadores importantes, con cambios prácticos compatibles a los horarios de trabajo, al clima, a los recursos, y a la cultura mayoritaria de Detroit. Por ejemplo, el día festivo no era un día autorizado por el estado como día religioso, así como era el caso en México, y los organizadores planificaron para que las actividades sociales y religiosas más importantes se hicieran durante los fines de semana. Las procesiones se llevaron a cabo afuera, a pesar del frío, pero la fiesta ocurría adentro. Durante los primeros años, cuando se obtuvo el permiso para cerrar las calles, la procesión se extendía por cuadras, y literalmente, las calles le pertenecían a la comunidad

Procession circles Ste. Anne Church during the Fiestas Guadalupanas, with María Hernández Alcalá (center in black skirt), circa 1960s.

La procesión da la vuelta a la Iglesia de Santa Ana durante las Fiestas Guadalupanas, con María Hernández Alcalá (centro, falda negra), hacia los años sesenta.

defense of your Homeland and of God."]

The procession included floats, banners, and members of the *colonia* dressed as the Virgin of Guadalupe, Juan Diego, Indians, and angels. Members of the Mexican-American Post 505 of the American Legion led the procession with their banner and the Mexican and American colors, symbolizing the dual cultural identity of the *colonia*. The Post was founded in 1946 in response to incidents of discrimination experienced by Mexican-American veterans returning from World War II.[41]

The late Gerardo Alfaro introduced *la danza de los matachines* to Detroit during the 1950 procession. Alfaro was a *matachín* in Mexico and sought to continue this tradition of danced tribute to the Virgin. In Mexico the *matachín* dance was incorporated into the feast day of the Virgin of Guadalupe, reflecting the syncretism of Indian and Spanish culture.[42] Dance steps may vary from region to region. *Matachines* dedicate themselves to the Virgin for life, usually in fulfillment of a *promesa*. The Detroit *matachines*, however, were symbolic; the dancers, with the exception of Alfaro, did not dedicate their lives to the Virgin of Guadalupe.[43] The visual recreation of the tradition was as authentic as Alfaro could achieve. He trained the dancers, all youth from the community, and his wife made the first costumes. Alfaro also presumably taught the accompanying violin melodies to Ramón Cerda. During the mass

mexicana.[39] En 1951, según recuerda Consuelo Alcalá, la temperatura bajo cero no previno que la multitud llenara toda la calle Bagley, entre la iglesia de San Bonifacio y la de la Santísima Trinidad.[40]

La procesión permitió una expresión colectiva y pública de devoción y de etnicidad que había permanecido privada durante las primeras décadas de la historia de la colonia. El sonido de los himnos guadalupanos se esparcía por el aire frío de diciembre, mientras que los participantes caminaban cantando, acompañados por música grabada o de tríos, con guitarras y requintos. A pesar de las prácticas del arzobispo para "desnacionalizar a los mexicanos", la letra de los versos, como éste del "Himno Guadalupano", firmemente vinculaban la veneración de la Virgen al nacionalismo mexicano: "Mexicanos, volad presurosos al pendón de la Virgen en pos. Y en la lucha saldréis victoriosos, defendiendo la Patria y a Dios."

La procesión incluía carros alegóricos, banderas, y miembros de la colonia vestidos de la Virgen de Guadalupe y Juan Diego, y de indios y ángeles. Los miembros del *Mexican-American Post 505* de la Legión Americana iban al frente de la procesión con su estandarte y las banderas mexicana y americana, simbolizando la doble identidad de las culturas de la colonia. El Post se fundó en 1946 en respuesta a los incidentes de discriminación experimentados por veteranos méxico-americanos cuando regresaron de la Segunda Guerra Mundial.[41]

El finado Gerardo Alfaro introdujo la danza de los matachines en Detroit durante la procesión

Fiestas Guadalupanas
en Detroit

the group danced in tribute to the Virgin in front of the altar.

Folkloric dance groups, such as the Club Artístico y Feminino founded by María Hernández Alcalá, and the Corktown Dancers founded by Carmen Cortina, wore their colorful costumes in the procession and danced in the *kermesse* after the mass. Consuelo Alcalá remembers the Corktown Dancers as "the classy group" while "we were the 'poor group,' and we looked like it! We were poor neighborhood children, but we had fun." Although few could afford it, "in those days you prided yourself in trying to get your own costume, which was the *china poblana*."[44] Many mothers lovingly

de 1950. Alfaro había sido un matachín en México, y buscaba la manera de continuar esta tradición de danza en tributo a la Virgen. En México la danza de los matachines se incorporó a la fiesta católica de la Virgen de Guadalupe; así refleja el sincretismo de las culturas indigenas y españolas.[42] Los matachines se dedican a la Virgen por toda la vida, usualmente después del cumplimiento de una manda. Los matachines de Detroit, al contrario, son danzantes simbólicos, y con la excepción de Alfaro, no dedican sus vidas a la Virgen de Guadalupe.[43] La recreación visual de la tradición era lo más auténtico que Alfaro pudo lograr. Entrenó a los danzantes jóvenes, y su esposa hizo los primeros vestuarios. Probablemente Alfaro le enseñó a Ramón Cerda las

Mexican-American Post 505 of the American Legion, pictured here in 1991 at Holy Cross Church, has carried the colors in the Fiestas Guadalupanas procession since the 1950s. Pictured (front, from left) are Jacobo Salazar and Steve Simmon, and Peter Marquecho and Peter Luévanos (rear, from left).

El Mexican-American Post 505 de la Legión Americana, representado aquí en 1991 en la Iglesia de la Santa Cruz, ha portado las banderas durante las procesiones para las Fiestas Guadalupanas desde los años cincuenta. Aquí se encuentran (frente, izquierda) Jacobo Salazar y Steve Simmon, y Peter Marquecho y Peter Luévanos (fondo, izquierda).

Photo/Foto: David Perry

Club Artístico y Femenino, May 1, 1949.

Club Artístico y Femenino, 1⁰ de mayo de 1949.

sewed additional beads and sequins onto the red and green *china poblana* skirts with their pre-stamped images of the Mexican eagle or the Aztec calendar. They also improvised with whatever skirts, blouses, or rebozos could be found.

The dance groups were among many organizations which raised funds for the Fiestas Guadalupanas. By spreading costs among various groups and individuals the coordinating Comisión de Festejos in effect had created a functional, urban alternative to the village sponsorship systems which supported similar religious fiestas in Mexico.[45]

The observances inspired an outpouring of talent, hard work, and creativity. Women were the driving force behind much of the artistry and organization of the Fiestas Guadalupanas. Membership in the Comisión de Festejos, composed of Guadalupanas from various churches, was predominantly female, but women contributed

melodías de violín para el acompañamiento. Durante la misa, el grupo hizo su danza en frente del altar en tributo a la Virgen.

Grupos de baile folklórico, como el Club Artístico y Femenino, fundado por María Hernández Alcalá, y los Bailadores de Corktown, fundados por Carmen Cortina, se vistieron de trajes coloridos durante la procesión y bailaron en las kermesses después de la misa. Consuelo Alcalá recuerda a los bailadores de Corktown como un grupo "de clase" mientras que "nuestro grupo era 'el grupo pobre' y ¡así lo parecíamos! Éramos los chicos pobres de la vecindad, pero nos divertíamos. Pues muy pocos tenían los recursos monetarios en esos días. Uno se enorgullecía en tratar de conseguir su propio traje, el de la china poblana."[44] Muchas de las madres cosían cariñosamente los abalorios y lentejuelas verdes y rojas en la falda de la china poblana, la que iba estampada con las imágenes del águila mexicana o el calendario azteca. También improvisaban con cualquier falda, blusa, o rebozo que encontraban.

who were not members of any official organization. Many mothers, for example, simply came and helped with the costumes, especially if their children were appearing in the festivities. As remembered by Mary Rufino: "They wouldn't say, 'I'm doing this for the procession or for my children.' It was always for Our Lady of Guadalupe. That's why they were doing this work. They felt it was really like an obligation."[46]

Women also lavished color and beauty on the altar to the Virgin of Guadalupe. According to tradition, the Virgin's altar is covered with fresh roses. Because of expense and lack of availability, however, women sometimes fashioned flowers out of heavy colored crepe paper and created veined leaves with metal molds brought from Mexico. Red, green, and white paper cut outs occasionally decorated both the church and hall in a manner reminiscent of Mexico.

During the Fiestas Guadalupanas, the *colonia* came together to socialize, renew

Los grupos de baile eran parte de las organizaciones que recaudaban fondos para las Fiestas Guadalupanas. Los gastos se compartían entre los varios grupos e individuos de la Comisión de Festejos, creando en efecto una alternativa urbana para el sistema de patronato de los pueblos que cubrían los gastos de las fiestas religiosas en México.[45]

Las observancias inspiraron una efusión de talento, trabajo, y creatividad. Las mujeres eran la fuerza detrás de la creación y la organización de las Fiestas Guadalupanas. Los miembros en la Comisión de Festejos, compuesta de guadalupanas de varias iglesias, eran predominantemente mujeres; también contribuían mujeres que no eran miembros de ninguna organización oficial. Por ejemplo, muchas madres simplemente venían para ayudar con los vestuarios, especialmente si sus hijos aparecían en las festividades. Como recuerda Mary Rufino: "Ellas no decían: 'Lo hago para la procesión' o 'Lo hago por mis hijos.' Siempre decían: 'Lo hago por Nuestra Señora de Guadalupe.' Por eso hacían este trabajo. Sentían que de veras era como una

Guadalupanas and banner from Ste. Anne Church in the 1989 Fiestas Guadalupanas procession hosted by St. Gabriel Church.

Unas Guadalupanas con el estandarte de la Iglesia de Santa Ana, desfilan en las Fiestas Guadalupanas de 1989, patrocinadas por la Iglesia de San Gabriel.

Photo/Foto: Laurie Kay Sommers

ties, reaffirm Mexican roots, and demonstrate religious devotion. A special fiesta followed the mass with music, folkloric dance, and food. During the 1950s the Comisión de Festejos introduced a meal of chicken with *mole* sauce which is served yet today. Interestingly, *mole,* beans, rice, and tortillas are a common meal for religious fiestas in central Mexico, especially events associated with rites of passage.[47] This special association may account for the menu choice in Detroit, since many immigrants had roots in this region. The cooks adapted the recipe, however, so that the sauce was cooked apart. Those who did not care for the distinctive flavor of *mole* could have plain baked "American" chicken. The meal thus catered to both Mexican and American palates, forming a culinary bridge between old and young, Mexican and American-born.

During certain years, the *Apparitions of the Virgin of Guadalupe,* a play which reenacts the story of the Virgin's appearance to Juan Diego, was presented.[48] José Alfaro recalls sending to Mexico City for a script and taking the role of the bishop. Alfaro was active in theater inside and outside the *colonia* and with Father James Barrett helped organize the Mexican Catholic Players at Holy Redeemer during the 1940s. One year when the play took place in the Most Holy Trinity School, so many attended, including a busload from Pontiac, that the police chief threatened to close it down due to dangerous overcrowding. The performance lasted an hour and a half and was such a success that it was repeated at other locations.[49]

The *Apparations* play provided another context for the artistic contributions of the women of the *colonia.* Sonnie Casillas Pérez remembers how her mother, Mercedes Casillas, made a *tilma* for Juan Diego. "She painted the Our Lady of Guadalupe on it, and then she made paper flowers and hung them on the *tilma*" reenacting the miracle of the roses. Amelia González recalls how the Mexican nuns helped them make sets

obligación."[46]

Las mujeres decoraban lujosamente el altar de la Virgen de Guadalupe con color y belleza. Según la tradición, el altar de la Virgen se cubre con rosas frescas. Sin embargo, a veces por razones de costo o disponibilidad, las mujeres hacían flores de papel crepé de color rojo para el altar, y creaban hojas venosas con moldes de metal, traídos desde México. De vez en cuando, diseños de papel rojo, verde, y blanco decoraban la iglesia y el salón, igual como se hacía en las fiestas en México.

Durante las Fiestas Guadalupanas, la colonia se reunía para socializar, para renovar relaciones personales, para reafirmar sus raíces mexicanas, y para demostrar su devoción religiosa. Después de la misa, seguía una fiesta especial con música, bailes folklóricos, y comida. Durante los años cincuenta, la Comisión de Festejos comenzó a servir una comida de pollo con mole, que aún se sirve hoy en día. Es interesante que el mole, los frijoles, el arroz, y las tortillas son las comidas usuales de las fiestas religosas del centro de México, especialmente en eventos asociados con los rituos de los ciclos de la vida.[47] Esta asociación especial puede relacionarse con la selección del menú en Detroit, siendo que muchos inmigrantes tenían raíces en esa región. Sin embargo, las cocineras adaptaron las recetas para que el mole se cocinara aparte. Los que no preferían el sabor distintivo del mole podían tomar un pollo sencillo al "estilo americano". De esa manera, la comida podía deleitar el paladar y los gustos mexicanos y americanos, formando un puente culinario entre los ancianos, y la juventud, entre los que habían nacido en México y los que habían nacido en los Estados Unidos.

En ciertos años, se presentaba *Las Apariciones de la Virgen de Guadalupe,* un acto que trata de la historia de las apariciones de la Virgen a Juan Diego.[48] José Alfaro recuerda haber pedido el guión de la Ciudad de México, y recuerda haber tomado la parte del obispo. Alfaro fue activo en el teatro, dentro y fuera de la colonia, y con el Padre James Barrett ayudó a organizar a los Actores Católicos Mexicanos en la Iglesia del Santísimo Redentor durante los años cuarenta. Un año, cuando la obra se presentó en

Young folkloric dancer enjoys "American-style chicken" (without *mole*) at the 1988 Fiestas Guadalupanas dinner, Ste. Anne Church. Chicken with and without *mole* sauce has been served by the Comité de Festejos since the 1950s and caters to both Mexican and American palates.

Una joven bailarina folklórica saborea el "pollo al estilo americano" (sin mole) durante la cena de las Fiestas Guadalupanas en 1988, Iglesia de Santa Ana. El Comité de Festejos ha servido pollo con o sin mole desde los años cincuenta, atendiendo a ambos paladares, tanto mexicano como americano.

Dolores Olvera prepares *mole* for the 1988 Fiestas Guadalupanas dinner, Ste. Anne Church.

Dolores Olvera prepara mole para la comida de las Fiestas Guadalupanas de 1988, Iglesia de Santa Ana.

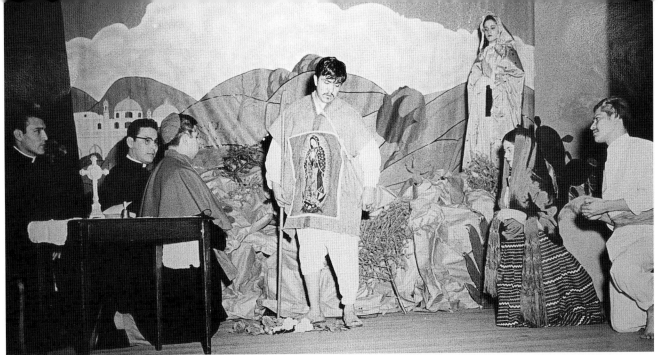

Play enacting the apparitions of the Virgin of Guadalupe, set against the backdrop of the *cerro del Tepeyac*, Most Holy Trinity Church, 1955.

Acto representando las apariciones de la Virgen de Guadalupe, realizado frente un dibujo del cerro del Tepeyac, Iglesia de la Santísima Trinidad, 1955.

with a large painted scene of the *cerro del Tepeyac*.[50]

On weekend nights leading up to the mass and fiesta, or later that day in a separate location, the Comisión de Festejos held a social dance and coronation of the Guadalupanas queen. Like the secular queen contests held by the Mexican patriotic organizations, each dance ticket gave the buyer a vote toward the candidate of their choice. The inclusion of these events made the social activities associated with the Fiestas Guadalupanas similar to the patriotic holidays. The list of organizations with Guadalupanas queen candidates in 1950 shows a level of participation and unity heretofore achieved only in the *fiestas patrias*. Participating groups included the Círculo Mutualista, Chihuahuenses Unidos, Club Latino Americano, Damas Católicas, Club Artístico Feminino, Woodmen of the World, Mexican-American Post 505, Club Tepeyac, Club Fiesta, and Club Mexico.[51]

During subsequent years the celebrations rotated among participating churches. The fiestas flourished despite the political, economic, and social pressures of the 1950s and early 1960s, during which many second-generation *mexicanos* moved from their original neighborhoods and churches and left the Guadalupanas traditions behind. Others returned to the home parishes for the Fiestas Guadalupanas or attended new churches, some of which joined the celebration. In the late 1950s, Holy Cross Church in Delray and All Saints near West Fort and Springwells had a sizable Mexican presence and Spanish-

la escuela de la Santísima Trinidad, asistió tanta gente, incluyendo un autobús lleno que vino desde Pontiac, que el jefe de policía amenazó con suspender la función con el pretexto de que la gran multitud podía ocasionar algún peligro. La función duró una hora y media y tuvo tanto éxito que se fue repitiendo en otras localidades.[49]

El acto de *Las Apariciones* proporcionó otro contexto para las contribuciones artísticas de las mujeres de la colonia. Sonnie Casillas Pérez recuerda que su madre, Mercedes Casillas, hizo una tilma para Juan Diego. "Pintó a Nuestra Señora de Guadalupe en la tilma y luego hizo flores de papel, las que colgó en la tilma", representando así el milagro de las rosas. Amelia González recuerda como las monjas mexicanas les ayudaron a hacer y pintar los escenarios con una imagen grande del cerro del Tepeyac.[50]

Durante los fines de semana que precedían la misa y la fiesta, o aún el mero día, en un local aparte, la Comisión de Festejos tenía un baile social y la coronación de la Reina de las Fiestas Guadalupanas. Tal como se hacía en los concursos sociales de reinas conducidos por organizaciones patrióticas mexicanas, cada boleto para el baile daba un voto al comprador para la candidata de su preferencia. Estos eventos le daban a las actividades asociadas con las Fiestas Guadalupanas una semejanza a las Fiestas Patrias. La lista de organizaciones con candidatas para el concurso de la Reina Guadalupana en 1950 muestra un nivel de participación y unidad que jamás se había realizado, con la excepción de las Fiestas Patrias. Entre los grupos que participaron se incluyeron el Círculo Mutualista Mexicano, los Chihuahuenses Unidos, el Club Latino Americano, las Damas Católicas, el Club Artístico Femenino, los Hacheros del Mundo, los

speaking priests. Holy Cross hosted the joint mass in the early 1960s.

Beginning in the 1960s, with its atmosphere of change and activism in both church and society, the church incorporated more Mexican customs in the celebration of the Fiestas Guadalupanas. As Sonnie Casillas Pérez observes:

> I've noticed that, maybe in the last fifteen years, they do sing a lot of these songs to Our Lady of Guadalupe — the "Mañanitas" and the "Paloma Blanca" and all these. I think it's beautiful, but when we were growing up, things weren't that open with regard to Mexican customs. You see, we're talking fifty, sixty years ago. Now it's a little more open; more things are done that are ethnic and colorful and "Mexican." But when we were growing up I think we just kept it among our own peer group.[52]

Father Robert Power, former pastor at Ste. Anne, concurs, noting that the post-Vatican II renewal "shed new interpretations and insights on the feast of Our Lady

Veteranos de Post 505, el Club Tepeyac, el Club Fiesta, y el Club México.[51]

En los años siguientes, las celebraciones se alternaron entre las iglesias que participaban. Las fiestas florecieron a pesar de las presiones políticas, económicas, y sociales de los años cincuenta y sesenta, cuando muchos mexicanos de la segunda generación se mudaron de sus vecindades e iglesias originales y dejaron las tradiciones guadalupanas. Otros regresaron a las parroquias de sus familias para las Fiestas Guadalupanas o asistieron a otras iglesias, algunas de las cuales también comenzaron a participar en la celebración. A fines de los años cincuenta, la Iglesia de Santa Cruz en Delray y la de Todos los Santos cerca de West Fort y Springwells tenían una presencia mexicana considerable con sus sacerdotes hispano-hablantes. A principios de los años sesenta la Iglesia de la Santa Cruz patrocinó y coordinó la misa.

Principiando en los años sesenta, años que testimoniaron un ambiente de cambio y activismo en la iglesia y en la sociedad, la iglesia incorporó más costumbres mexicanas en la celebración de las Fiestas Guadalupanas. Como

Juan Diego returns to the Bishop with the Virgin's roses in his *tilma*, a scene from the *Apparitions of the Virgin of Guadalupe*, performed by the youth of Ste. Anne Church, 1991 Fiestas Guadalupanas.

Juan Diego vuelve a visitar al obispo con las rosas de la Virgen en su tilma en una escena de *Las Apariciones de laVirgen de Guadalupe*, destacada por jóvenes de la Iglesia de Santa Ana, Fiestas Guadalupanas de 1991.

Photo/Foto: Eduardo Treviño

of Guadalupe and began a positive thrust toward appreciation of and discovery of the value of Popular Religiousity."[53]

The current Fiestas Guadalupanas, although more "colorful and Mexican," are simplified in other respects. Fewer churches and organizations participate. The procession is smaller without the distinctive presence of floats, angels, Indians, and *matachines* with violin accompaniment which made it similar to the processions of central Mexico. No special dance or queen contest occurs, as was the case earlier, although the Mexican queen and court chosen by the Civic and Patriotic Committee participate.

Photo/Foto: Laurie Kay Sommers

Margarita Magaña and her daughter prepare *mole* obtained ready-made from a relative in Puebla, Mexico, at the Holy Cross Church kitchen, 1991.

Margarita Magaña y su hija preparan el mole, que fue confeccionado por un pariente en Puebla, de donde fue traído a la cocina de la Iglesia de la Santa Cruz, 1991.

The program following the mass still includes music and Mexican folkloric dances performed by the current troupes active in the community. Changes have transpired, however. Like their counterparts across the country, the dance groups in Detroit have become more sophisticated with costumes and choreography. Some troupe leaders train in Mexico or bring Mexican instructors to Detroit.

Language facility has affected the periodic presentation of the *Apparitions* play. In 1991, for example, a single narrator told the story because all the participants did not speak fluent Spanish.

Meal preparation now makes more use of convenience foods. Whereas before the ladies made *mole* from scratch, now they use prepared sauce. In 1991, Margarita Magaña of the Comité de Festejos (the current name for the Comisíon de Festejos) brought bags of packaged *mole* from Puebla, Mexico, where her brother sells it.

Sonnie Casillas Pérez observa:

He notado que, durante los últimos quince años, se cantan muchas de estas canciones a Nuestra Señora de Guadalupe — "Las Mañanitas" y la "Paloma Blanca" y otras. Pienso que es bello, pero mientras íbamos creciendo, las cosas no eran tan abiertas en relación a las costumbres mexicanas. Ud. verá, estamos hablando de hace cincuenta o sesenta años. Ahora todo es un poco más abierto; se hacen más cosas étnicas y coloridas y "mexicanas". Pero cuando íbamos creciendo, pienso que se mantenía todo esto entre nuestro propio grupo.[52]

El Padre Robert Power, párroco anterior de Santa Ana, está de acuerdo y nota que la renovación después del Vaticano Segundo "indujo nuevas interpretaciones y conocimientos sobre la Fiesta de Nuestra Señora de Guadalupe y empezó un impulso positivo hacia la apreciación y el descubrimiento del valor de la religiosidad popular."[53]

Las Fiestas Guadalupanas de hoy en día, aunque son más "coloridas y mexicanas", son más simples en otros respectos. Participan menos iglesias y organizaciones. La procesión es más pequeña, sin la presencia distintiva de carros alegóricos, ángeles, toques indígenas, o matachines acompañados de violines, lo que la hacían muy similar a las procesiones de México central. No hay concursos ni baile para la reina, como era el caso anteriormente aunque sí participan la Reina Mexicana y su corte, elegida por el Comité Cívico y Patriótico Mexicano.

El programa después de la misa todavía incluye música y bailes folklóricos mexicanos interpretados por los actuales grupos activos en la comunidad. Sin embargo, han ocurrido cambios. Al igual que otras compañías de baile por todo el país, los grupos de baile en Detroit se han hecho más profesionales en cuanto a los vestuarios y a la coreografía. Algunos líderes de

Guitarist Ricardo Torres with Vicenta "Chenta" and Flora Salazar (foreground right) and other parishioners celebrate Las Mañanitas, Most Holy Trinity Church, 1991.

El guitarrista Ricardo Torres con Vicenta "Chenta" y Flora Salazar (mano derecha al frente) y otros parroquianos celebran Las Mañanitas, Iglesia de la Santísima Trinidad, 1991.

The women purchase ready-made tortillas and desserts but still make *frijoles* (beans) and Mexican rice from scratch.

While aspects of the festivities surrounding the mass are simplified, the mass itself is more elaborate. In a departure from past practice, individual churches now hold their own Mañanitas and mass on December 12, replicating much of the color, pomp, and ceremony of the joint mass. The joint mass, held on the Sunday closest to December 12, is given completely in Spanish rather than in the combination of Spanish, Latin, and English used previously. While this technically results from a church policy change, it stands as an important moral victory for those Mexican elders who persevered through periods when they were ostracized and penalized for speaking Spanish. It remains significant in a time when bilingual programs struggle for funding and when "English Only" initiatives still sweep the country.

grupos de baile han sido adiestrados en México, o en Detroit, por instructores mexicanos.

La facilidad con el idioma español ha afectado la presentación del acto de *Las Apariciones*. Por ejemplo, en 1991, solamente un narrador contó la historia porque los otros participantes tenían dificultad con el español.

Ahora la comida incluye la conveniencia moderna. Anteriormente, las señoras hacían un mole totalmente auténtico, con ingredientes básicos; ahora usan una salsa preparada. En 1991, Margarita Magaña, del Comité de Festejos (nombre actual de la Comisión de Festejos), trajo bolsas de mole empaquetadas en Puebla, México, donde las vende su hermano. Las mujeres ahora compran tortillas y postres ya hechos; sin embargo, siguen haciendo frijoles y arroz mexicano en casa.

Mientras que los aspectos de las festividades se han simplificado en relación a la misa, ésta en sí se ha vuelto más elaborada. Apartándose de las prácticas anteriores, ahora las iglesias particulares tienen sus propias "Mañanitas" el 12 de diciembre, en las que reproducen el calor, la pompa, y la ceremonia de las antiguas misas en conjunto. La misa se celebra el domingo más cercano al 12 de diciembre y se lleva a cabo totalmente en español en lugar de usar la combinación de español, latín, e inglés que previamente se solía usar. Mientras que esto es técnicamente el resultado de un cambio en la política de la iglesia, sin embargo, se considera una importante victoria moral para los mexicanos ancianos, quienes perseveraron durante períodos cuando solían ser expulsados y castigados por hablar el español. Esto, significativamente, se logra en una época en que los programas bilingües luchan por ayuda financiera, y las iniciativas del "monolingüismo anglófono" se promueven por todo el país.

Después del Segundo Concilio del Vaticano se ha permitido que los mariachis canten en la iglesia. La *Misa Panamericana*, o la *Misa de Mariachi*, compuesta por el Canadiense Juan Marcos Leclerc en 1966, se usa ahora en Detroit. Ésta, uno de los géneros de misas que se han compuesto después del Vaticano Segundo, incorpora música tradicional latinoamericana.[54] Como un símbolo internacional de la música

96

Members of the **México Lindo** folkloric group, directed by **Graciela Guardado**, perform a dance from the Mexican state of Jalisco during the 1989 Fiestas Guadalupanas, St. Gabriel Church.

Miembros del grupo folklórico, México Lindo, dirigido por Graciela Guardado, desempeñan un baile del estado de Jalisco, México, durante las Fiestas Guadalupanas de 1989, Iglesia de San Gabriel.

**Fiestas Guadalupanas, Holy Redeemer Church,
1990.**

**Fiestas Guadalupanas, Iglesia del Santísimo
Redentor, 1990.**

Mariachi Alma de México performs during the 1991
Fiestas Guadalupanas mass, Holy Cross Church.

El Mariachi Alma de México toca durante la misa
celebrada como parte de las Fiestas Guadalupanas de 1991
en la Iglesia de la Santa Cruz.

Since Vatican II mariachis have been
allowed in church. The popular Misa
Panamericana or Mariachi Mass, composed
by Canadian Juan Marcos Leclerc in 1966,
is now used in Detroit, one of a genre of
masses written after Vatican II which
incorporate traditional music of Latin
America.[54] As the international musical
symbol of *mexicanidad*, mariachis give the
Fiestas Guadalupanas a new spirit of
alegría and cultural resonance.

The appearance of the church is transformed during the Fiestas Guadalupanas.
The Guadalupana societies continue to
decorate the altar with special cloths,
carefully arranged vases of roses, and an
image of the Virgin. Since Vatican II priests
wear vestments emblazoned with the image
of the Virgin of Guadalupe and brightly
colored stoles reminiscent of a Mexican
sarape.

Matachines still dance in front of the
altar, but since the death of Gerardo Alfaro
one of the local folkloric dance groups
symbolically represents the *danza de los
matachines*. Most troupe leaders teach the

asociada con la mexicanidad, los mariachis les
dan un espíritu nuevo de alegría y de resonancia
cultural a las Fiestas Guadalupanas.

La apariencia de la iglesia se transforma
durante las Fiestas Guadalupanas. Las sociedades guadalupanas continúan decorando el
altar con telas especiales, con floreros de rosas
arreglados cuidadosamente, y con una imagen de
la Virgen. Desde el Vaticano Segundo, los
sacerdotes usan vestidura adornada brillan-
temente con la imagen de la Guadalupana y
estolas coloridas que recuerdan el sarape
mexicano.

Todavía danzan los matachines en frente del
altar; pero, desde la muerte de Gerardo Alfaro,
los grupos de baile folklórico sólo representan
simbólicamente la danza de los matachines.
Muchos de los líderes de los grupos de danza enseñan la diferencia entre la danza para la Virgen
y el baile folklórico regular, y no reproducen la
vestidura ni los pasos que los matachines usan
en México, ni bailan para cumplir con una
promesa.[55] Sus vestuarios han sido inspirados
por interpretaciones de antiguas dazas aztecas,
los que se introdujeron a los repertorios del
ballet folklórico en los Estados Unidos en los

difference between dancing for the Virgin and regular folkloric dancing, but as *matachines* they do not replicate dress and dance steps used in Mexico, and do not dance in fulfillment of a *promesa*.[55] Their costumes are influenced by interpretations of ancient Aztec dances introduced into *ballet folklórico* repertoires in the United States since the late 1960s and early 1970s, Mexican calendar imagery of Aztec dress, and pictures in books. For example, Jaime Aguirre, current director of the dance group Corazón Juvenil de Mexico de Sta. Ana, tells that costumes created for a presentation of *Los Dioses* (the Gods), performed at Hart Plaza in 1980 and inspired by Amalia Hernández's Ballet Folklórico de Mexico in Mexico City, were used as *matachín* costumes for a number of years.[56] The costumes thus evoke a symbolic Indian

últimos años de los sesenta y a principios de los setenta. También han sido influídos por la imagineria de los calendarios mexicanos, la vestidura azteca, e imágenes en libros. Por ejemplo, Jaime Aguirre, el director actual del grupo de baile Corazón Juvenil de México de Santa Ana, relata que el vestuario creado para la presentación de *Los Dioses* en la Plaza Hart en 1980 se inspiró en el Ballet Folklórico de México de Amalia Hernández de la Ciudad de México y se usó como vestuario de matachín por algunos años.[56] Estos vestuarios entonces evocan un símbolo indígena en lugar de la autenticidad de los matachines. Como Alfredo Aguirre, Jr. comentó: "Aquí todo está proporcionalmente reducido. En primer lugar, es difícil tener accesibilidad a las telas y las plumas; y probablemente, no hay un conocimiento muy profundo de

Matachín dancer Herminio Pesina wears a costume based on creative interpretations of Aztec dress, 1988 Fiestas Guadalupanas mass, Ste. Anne Church.

Herminio Pesina, danzante matachín, usa un traje basado en una interpretación creativa del vestuario azteca, misa de las Fiestas Guadalupanas, 1988, Iglesia de Santa Ana.

Photo/Foto: Laurie Kay Sommers

Matachín dancer Norma Pesina participates in the 1988 Fiestas Guadalupanas mass, Ste. Anne Church.

Norma Pesina, danzante matachina, participa en la misa de las Fiestas Guadalupanas 1988, Iglesia de Santa Ana.

Photo/Foto: Laurie Kay Sommers

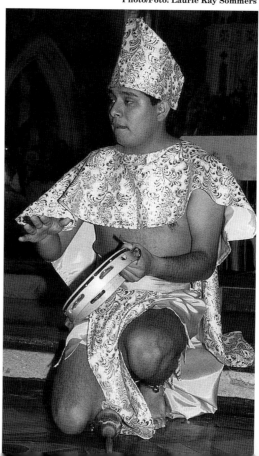

Angelina Olvera, age five, holds an image of the Virgin of Guadalupe brought from the Guadalupe shrine in Mexico City. The image was blessed after the 1991 Fiestas Guadalupanas at Most Holy Trinity Church.

Angelina Olvera, de cinco años de edad, muestra la imagen de la Virgen de Guadalupe que fue traída desde el Santuario Guadalupano de la Ciudad de México. La imagen se bendijo después de las Fiestas Guadalupanas en la Iglesia de la Santísima Trinidad en 1991.

Photo/Foto: David Perry

Photo/Foto: Laurie Kay Sommers

Pedro Castillo, co-chair of the 1991 Comité de Festejos, decorates the main altar of Holy Cross Church with an image of the Virgin of Guadalupe.

Pedro Castillo, el copresidente del Comité de Festejos de 1991, decora el altar principal en la Iglesia de la Santa Cruz con la imagen de la Virgen de Guadalupe.

Photo/Foto: Laurie Kay Sommers

Juan Diego presents roses to Archbishop Adam Maida, assisted by Father Jay Samonie, during the 1991 Fiestas Guadalupanas mass, Holy Cross Church.

Juan Diego presenta rosas al Arzobispo Adam Maida, asistido por el Padre Jay Samonie, durante la misa de las Fiestas Guadalupanas en 1991 en la Iglesia de la Santa Cruz.

101

rather than an actual *matachín*. As Alfredo Aguirre, Jr. comments: "Here, it's much more scaled down. Just take the accessibility to materials and the feathers, and probably not that good of a working knowledge of what the *matachines* actually look like. That's not to take away from it. I think the effort should be applauded."[57]

During the service, selected individuals present *los dones*, the gifts which, according to the program handed out during the mass, "symbolize Mexican culture and life." Some are standard liturgical items, such as the Bible, rosary, crucifix, bread, wine, and water. The others are distinctively Mexican symbols. The following symbolic interpretations are taken directly from the 1988 Guadalupanas mass bulletin: "**Mexican flag**: symbol of a chosen nation by the Virgin Mary of Guadalupe to incorporate us in her Son's, Jesus Christ's, Plan of Salvation; **Gabán**: symbol of Hispanic youth in search of a union with their past; **Sombrero**: Symbol of virility, cultural pride and happiness; **Rebozo**: Symbol of a revered femininity that is found in mothers and wives; **Guadalupe medal**: Symbol of the commitment of the Guadalupe member to promote awareness and devotion to the Blessed Mother and her messages of love; **Roses**: Symbol of the roses that miraculously appeared on the Tepeyac hill. These also demonstrate the beauty of the Mother of God and our love for her."[58]

The gifts thus link Guadalupana imagery, Catholicism, and Mexican-American ethnicity through retention of Mexican values, especially traditional attitudes toward male and female roles and the family. Significantly, the "Presentation of the Gifts" also emphasizes the role of youth in search of their roots as symbolized by the *gabán*. Youth, who must continue the culture, are taught key symbols and values through the Fiestas Guadalupanas.

Perhaps the most telling moment in the mass occurs when a young boy dressed as Juan Diego presents roses to the Archbishop of Detroit in a reenactment of the

como se viste un matachín. Pero esto no debe quitarle su mérito. Al contrario, pienso que este esfuerzo se debe aplaudir."[57]

Durante el servicio, los individuos escogidos presentan dones, regalos que según el programa de la misa, "simbolizan la vida y la cultura mexicana." Algunos son artículos de la liturgia como la Biblia, los rosarios, los crucifijos, el pan, el vino, y el agua. Los otros son distintamente símbolos mexicanos. Las interpretaciones a continuación se han sacado directamente del Boletín de Misas Guadalupanas de 1988. "**La bandera mexicana**: Símbolo de una nación escogida por la Virgen de Guadalupe para incorporarnos en el Plan de Salvación de su Hijo, Jesucristo; **El gabán**: Símbolo de la juventud mexicana, en búsqueda de su unión con el pasado; **El sombrero**: Símbolo de la virilidad, el orgullo cultural y la felicidad; **El rebozo**: Símbolo de la reverencia por la feminidad que se encuentra en las madres y esposas; **La medalla guadalupana**: Símbolo del compromiso que los miembros guadalupanos tienen para promover el conocimiento y la devoción a la Madre Bendita y a su mensaje de amor; **Las rosas**: Símbolo de las rosas que milagrosamente aparecieron en el Cerro del Tepeyac. Éstas también demuestran la belleza de la Madre de Dios y nuestro amor por ella."[58]

De esta manera, los dones enlazan la imaginería guadalupana, el catolicismo, y la etnicidad méxico-americana a través de los valores mexicanos, especialmente las actitudes tradicionales hacia el papel de los hombres, de las mujeres, y de la familia. Significativamente, la "Presentación de los Dones" también enfatiza el papel de la juventud en búsqueda de sus raíces, como se simboliza con el gabán. A la juventud, que será la que continúa la cultura, se instruye sobre los símbolos y valores claves a través de las Fiestas Guadalupanas.

Quizás el momento sobresaliente de la misa ocurre cuando un joven, vestido como Juan Diego, presenta las rosas al Arzobispo de Detroit, en una actuación de la aparición guadalupana. Al aceptar las rosas, el arzobispo afirma la etnicidad de la colonia, una revocación notable de las previas normas de americanización. Por eso, no es sorprendente que, cuando el arzobispo hace algunos comentarios en español, todos lo

Bishop Thomas Gumbleton and Father Robert
Duggan accept one of the *dones* during the
offertory procession, 1991 Fiestas
Guadalupanas mass, Ste. Anne Church.

El Obispo Thomas Gumbleton y el Padre
Robert Duggan aceptan uno de los dones
durante la procesión de las ofrendas en la misa
de las Fiestas Guadalupanas, Iglesia de Santa
Ana en 1991.

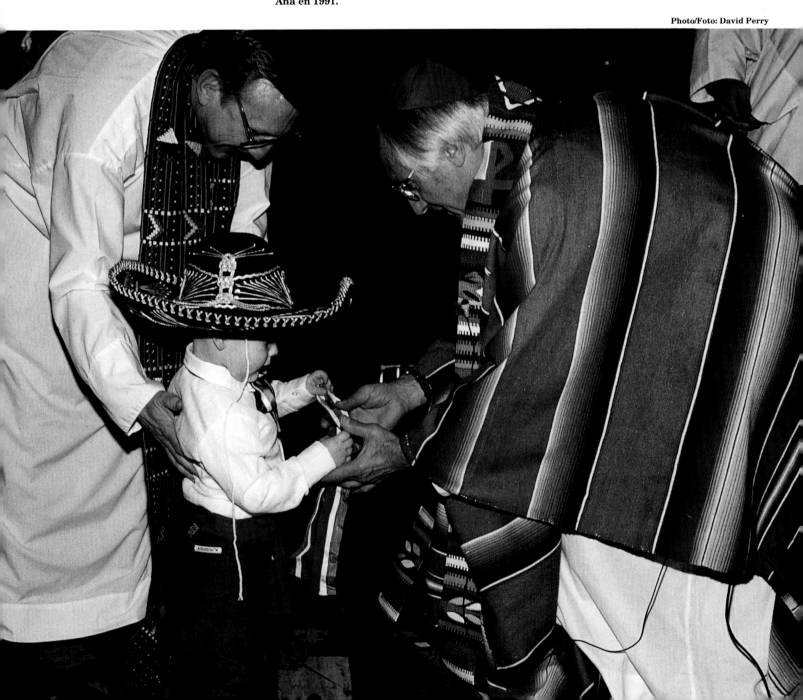

apparition of the Virgin of Guadalupe. The archbishop's acceptance of the roses affirms the ethnicity of the *colonia* in a striking reversal of previous church policies of Americanization. Not surprisingly, when the archbishop makes a few remarks in Spanish, everyone cheers. For the elders who lived through years of discrimination and struggle, the cheer is an expression of faith and survival. José Alfaro expresses it best.

> It is difficult to find persons today who were here in those days and who can explain how some things occurred. Because, as I said, in those days, they discriminated against you, against the Mexicans — most especially — in the stores. If you said or did something or even looked at the police the wrong way, they would strike you across the face. I felt a great deal of discrimination.
>
> Slowly but surely, those persons who began the *colonia*, all have disappeared. They would dazzle us with the thought that, someday soon, we would realize the golden dream which they all held: that our community — that our *colonia* would be recognized as a member of the American society. . . . For example, if I come to Detroit today and go to one of these churches, I'll find there a very elegant mass with mariachi, and I'll say to myself, "What happened here?" I believe that the new residents — those who have recently arrived here — see how things are today, and they're living in glory. But they aren't aware of how everything has been obtained: with sacrifices, in spite of scorn and discrimination, and all the rest.[59]

The "golden dream" of the Mexican pioneers is realized in the beauty of the Fiestas Guadalupanas. Yet sacrifices continue. They continue on a personal level with the individuals who devote time, energy, and money. The Guadalupanas societies hold fundraisers throughout the year. Women sew costumes, and youth

aclaman. Para los ancianos, quienes vivieron años de discriminación y de lucha, la aclamación es una expresión de fe y de sobrevivencia. José Alfaro lo expresa mejor.

> Es muy difícil encontrar ahora a personas de aquel tiempo que puedan explicar como eran las cosas. Porque en aquel tiempo, como le digo, discriminaban contra los mexicanos, más que nada, en las tiendas. Y si hacía Ud. alguna cara o si miraba mal a un policía, le daban una bofetada en la cara. Yo sentía una discriminación muy grande.
>
> Poco a poco aquellas personas que principiaron la colonia, todas han ido desapareciendo. Ellos nos vislumbraban con la idea de que algún día se iba a realizar el sueño dorado que ellos tenían de ver a nuestra comunidad, a nuestra colonia, reconocida como miembro de esta sociedad americana. . . . Ahorita, por ejemplo, si yo vengo aquí, a Detroit, y voy a una de esas iglesias y veo una misa tan elegante, con mariachi, yo digo "¿Qué pasó aquí?" Creo que los nuevos residentes, los recién llegados, miran solamente como están las cosas aquí ahora y viven en la gloria. Pero no saben como se consiguió todo eso: con sacrificios, con desprecios, con discriminaciones — ¡con todo![59]

El "sueño dorado" de los pioneros mexicanos se realiza en la belleza de las Fiestas Guadalupanas. Aún así, los sacrificios continúan. Continúan a un nivel personal, ya que los individuos dedican su tiempo, su energía, y su dinero. Las sociedades guadalupanas tienen actividades para recaudar fondos durante todo el año. Las mujeres cosen vestuarios, y la juventud ensaya sus bailes. El día antes de la misa en conjunto, los miembros del Comité de Festejos preparan y cocinan el pollo, hacen la ensalada, y detalladamente arreglan docenas de rosas en floreros para adornar el altar.

Los años de los noventa presentan desafíos no muy diferentes de los que existían en tiempos pasados. Nuevas fábricas se cierran. La Iglesia de la Santa Cruz, el sitio en 1991 de la misa en conjunto, se encuentra en la sombra de cuadras de escombros de la planta Cadillac, recientemente aplanada. Se introducen nuevas zonas, y

practice their dances. The day before the joint mass, members of the Comité de Festejos prepare chicken, make salad, and painstakingly arrange dozens of roses in vases to adorn the altar.

The 1990s present challenges not unlike those of earlier times. Factories are closed. Holy Cross, site of the 1991 joint mass, stands in the shadow of blocks of rubble from the leveled Cadillac plant. New zoning and development plans threaten the barrio. These are difficult times, yet the *colonia* has survived challenges before. Detroit Mexicans have persevered in part because they have kept their faith and culture alive. The Fiestas Guadalupanas are a testament to the resiliency of that faith and culture. In the words of Dolores "Lolita" Olvera:

> The Mexican people have maintained their faith. Regardless of standing, whether they are poor or middle class or rich, they preserve the tradition handed to them by their parents. They keep cultivating it and passing it on to their children, from generation to generation. That is the treasure the Virgin has bestowed on us all. [60]

planes de desarrollo amenazan la existencia del barrio. Los tiempos son difíciles. Sin embargo, la colonia ha sobrevivido sus desafíos anteriores. Los mexicanos de Detroit han perseverado, en parte, porque han mantenido su fe y su cultura. Las Fiestas Guadalupanas son un testimonio de la recuperación de esa fe y de esa cultura. En las palabras de Dolores "Lolita" Olvera:

> La gente mexicana ha mantenido su fe. No importa su situación económica, pues aunque sean de clase pobre, de clase media o de clase rica, han mantenido las tradiciones que recibieron de sus padres. Las siguen cultivando y pasando a sus hijos, de generación a generación. Este es el tesoro que ha concedido la Virgen a todos nosotros. [60]

1. Eric Wolf, "The Virgin of Guadalupe: A Mexican National Symbol," *Journal of American Folklore* 71 (January-March 1958): 58. Since 1945 the Virgin of Guadalupe is also known as the Empress of the Americas, by papal decree. The official status of the Virgin of Guadalupe within the church is discussed in the Spanish-language publication, *El Retrato de la Reina, La Historia de Nuestra Señora de Guadalupe* by Sister Mary Amatora, O.S.F. (Smithtown, NY: Exposition Press, 1972).

2. From a December 7, 1988 interview of Dolores "Lolita" Olvera by Guadalupe Aguirre as translated in *Tradiciones del Pueblo — Traditions of Three Mexican Feast Days in Southwest Detroit* (Detroit: Casa de Unidad Cultural Arts and Media Center, 1990), edited by Margarita Valdez, 40-41.

3. *Union*, December 2, 1950, courtesy of José Alfaro.

4. *Detroit News*, December 11, 1920.

5. *Detroit News*, December 11, 1920.

6. María Benítez, interviewed by Laurie Kay Sommers, May 4, 1991, Detroit, MI.

7. ZaragosaVargas, "Life and Community in the 'Wonderful City of the Magic Motor': Mexican Immigrants in 1920s Detroit," *Michigan Historical Review* 15 (Spring 1989): 58.

8. Leslie Woodcock Tentler, *Seasons of Grace: A History of the Catholic Archdiocese of Detroit* (Detroit: Wayne State University Press, 1990), 307; Vargas, "Life and Community," 58.

9. Louis C. Murillo, "The Detroit Mexican *Colonia* from 1920 to 1932: Implications for Social and Educational Policy" (Ph.D. diss., Michigan State University, 1981), 63.

10. *Detroit News*, March 27, 1920.

11. Vargas, "Life and Community," 58.

12. *Detroit News*, March 27, 1920.

13. Vargas, "Life and Community," 58-59. Jay P. Dolan, in *The American Catholic Experience* (Garden City, NY: Doubleday and Company, Inc., 1985), 373, discusses similar Americanization policies among Mexicans in the Los Angeles diocese, noting that "church leaders viewed religious conversion as intimately linked with conversion to the American way of life."

14. *Detroit News*, March 27, 1920.

15. Marietta Lynn Baba and Malvina Hauk Abonyi, *Mexicans of Detroit* (Detroit: Center for Urban Studies, Wayne State University, 1979), 52.

16. Vargas, "Life and Community," 60. Spaniards also were involved in organizing and attending Our

1. Eric Wolf, "The Virgen of Guadalupe: A Mexican National Symbol", *Journal of American Folklore* 71 (enero-marzo 1958): 58. Desde 1945 la Virgen de Guadalupe también se ha conocido como la Emperatriz de las Américas por decreto del Papa. La posición oficial de la Virgen de Guadalupe en la Iglesia se presenta en la publicación de habla hispana, *El Retrato de la Reina, La Historia de Nuestra Señora de Guadalupe* por la Hermana Mary Amatora, O.S.F. (Smithtown, NY: Exposition Press, 1972).

2. De una entrevista del 7 de diciembre de 1988 de Dolores "Lolita" Olvera por Guadalupe Aguirre, traducida en *Tradiciones del Pueblo — Traditions of Three Feast Days in Southwest Detroit* (Detroit: Casa de Unidad, Cultural Arts and Media Center, 1990), redactada por Margarita Valdez, 40-41.

3. *Unión*, 2 de diciembre de 1950, cortesía de José Alfaro.

4. *Detroit News*, 11 de diciembre de 1920.

5. *Detroit News*, 11 de diciembre de 1920.

6. María Benítez, entrevistada por Laurie Kay Sommers, 4 de mayo de 1991, Detroit, MI.

7. Zaragosa Vargas, "Life and Community in the 'Wonderful City of the Magic Mortor': Mexican Immigrants in 1920s Detroit", *Michigan Historical Review* 15 (Primavera 1989): 58.

8. Leslie Woodcock Tentler, *Seasons of Grace: A History of the Catholic Archdiocesis of Detroit* (Detroit: Wayne State University Press, 1990), 307; Vargas, "Life and Community", 58.

9. Louis C. Murillo, "The Detroit Mexican *Colonia,* from 1920 to 1932: Implications for Social and Educational Policy" (Tesis Doctoral, Wayne State University, 1981), 63.

10. *Detroit News*, 27 de marzo de 1920.

11. Vargas, "Life and Community", 58.

12. *Detroit News*, 27 de marzo de 1920.

13. Vargas, "Life and Communty", 58-59. Jay P. Dolan, en *The American Catholic Experience* (Garden City, NY: Doubleday and Company, Inc., 1985), 373, discute normas similares de americanización entre los mexicanos en la diócesis de Los Ángeles, notando que "los líderes de la iglesia consideran que la conversión religiosa está vinculada íntimamente a la conversión a las formas de vida americana."

14. *Detroit News*, 27 de marzo de 1920.

15. Marietta Lynn Baba y Malvina Hauk Abonyi, *Mexicans of Detroit* (Detroit: Center for Urban Studies, Wayne State University, 1979), 52.

16. Vargas, "Life and Community", 60. Algunos españoles también se involucraron en la organización y en la asistencia a la Iglesia de Nuestra Señora de Guadalupe.

Lady of Guadalupe Church.

17. Eduard Adam Skendzel, *Detroit's Pioneering Mexicans, A Historical Study of the Mexican Colonia in Detroit* (Grand Rapids: Littleshield Press, 1980), 30. Dolan, in *The American Catholic Experience*, 372, discusses similar discriminatory practices elsewhere in the United States.

18. Vargas, "Life and Community," 60. The Mexican Catholic Society ceased to exist after completion of Our Lady of Guadalupe Church.

19. Quoted in Skendzel, *Detroit's Pioneering Mexicans*, 28-29.

20. Sonnie Casillas Pérez, interviewed by Laurie Kay Sommers, February 26, 1990, Livonia, MI.

21. Argelio Pérez, Sr., interviewed by Laurie Kay Sommers, February 26, 1990.

22. Sonnie Casillas Pérez, interviewed by Laurie Kay Sommers, February 26, 1990, Livonia, MI.

23. Argelio Peréz, Sr., interviewed by Laurie Kay Sommers, February 26, 1990, Livonia, MI; these views are corroborated by Norman D. Humphrey, "The Mexican Peasant in Detroit" (Ph.D. diss., University of Michigan, 1943), 164.

24. Pablo Escamilla, interviewed by Connie Rodríguez Meade, April 24, 1989, Allen Park, MI.

25. Murillo, "The Detroit Mexican *Colonia*," 68.

26. José Alfaro, interviewed by Laurie Kay Sommers, November 30, 1991, Troy, MI.

27. Quoted in Skendzel, *Detroit's Pioneering Mexicans*, 33.

28. Zaragosa Vargas, *Proletarians of the North: A History of Mexican Industrial Workers in the Midwest, 1917-33* (Berkley: University of California Press, 1993), 177, 189.

29. Quoted in Humphrey, "The Mexican Peasant in Detroit," 146.

30. *Detroit News Pictorial*, December 31, 1939, courtesy of the Mexican Civic and Patriotic Committee.

31. Baba and Abonyi, *Mexicans of Detroit*, 63.

32. Humphrey, "The Mexican Peasant in Detroit," 155.

33. Father James Barrett, interviewed by Laurie Kay Sommers, April 12, 1991, Detroit, MI.

34. Humphrey, "The Mexican Peasant in Detroit," 160-61.

35. As reported in *The Story of Ste. Anne de Detroit Church 1701-1976* (Hackensack, NJ: Custombook, Inc., 1976, 37), Reyes Padilla headed the group

17. Eduard Adam Skendzel, *Detroit's Pioneering Mexicans, A Historical Study of the Mexican Colonia in Detroit* (Grand Rapids: Littleshield Press, 1980), 30. Dolan, en *The American Catholic Experience,* 372, discute otras prácticas similares de discriminación en otras partes de los Estados Unidos.

18. Vargas, "Life and Community", 60. La Sociedad Católica Mexicana dejó de existir después de que se completó el establecimiento de la Iglesia de Nuestra Señora de Guadalupe.

19. Citada en Skendzel, *Detroit's Pioneering Mexicans,* 28-29.

20. Sonnie Casillas Pérez, entrevistada por Laurie Kay Sommers, 26 de febrero de 1990, Livonia, MI.

21. Sr. Argelio Pérez, entrevistado por Laurie Kay Sommers, 26 de febrero de 1990, Livonia, MI.

22. Sonnie Casillas Pérez, entrevistada por Laurie Kay Sommers, 26 de febrero de 1990, Livonia, MI.

23. Sr. Argelio Pérez, entrevistado por Laurie Kay Sommers, 26 de febrero 1990, Livonia, MI; estas entrevistas son corroboradas por Norman D. Humphery, "The Mexican Peasant in Detroit" (Tesis Doctoral, University of Michigan, 1943), 164.

24. Pablo Escamilla, entrevistado por Connie Rodríguez Meade, 24 de abril de 1989, Allen Park, MI.

25. Murillo, "The Detroit Mexican *Colonia*", 68.

26. José Alfaro, entrevistado por Laurie Kay Sommers, 30 de noviembre de 1991, Troy, MI.

27. Citada en Skendzel, *Detroit's Pioneering Mexicans,* 33.

28. Zaragosa Vargas, *Proletarians of the North: A History of Mexican Industrial Workers in the Midwest, 1917-33* (Berkley: University of California Press, 1993), 177, 189.

29. Citada en Humphrey, "The Mexican Peasant in Detroit", 146.

30. *Detroit News Pictorial*, 31 diciembre de 1939, cortesía del Comité Cívico y Patriótico Mexicano.

31. Baba y Abonyi, *Mexicans of Detroit,* 63.

32. Humphrey, "The Mexican Peasant in Detroit", 155.

33. El Padre James Barrett, entrevistado por Laurie Kay Sommers, 12 de abril de 1991, Detroit, MI.

34. Humphrey, "The Mexican Peasant in Detroit", 160-61.

35. Tal como se informa en *The Story of Ste. Anne de Detroit Church 1701-1976* (Hackensack, NJ: Custombook, Inc., 1976, 37), Reyes Padilla encabezó el grupo que dedicó numerosas horas reacondicionando la capilla para la primera misa. Las Damas Católicas, establecidas primeramente en Nuestra Señora de Guadalupe en 1933 bajo Castillo, formaron una sucursal en Santa Ana en 1947.

36. Amelia González, entrevistada por Marta E. Lagos, 20

which spent countless hours reconditioning the chapel for the first mass. The Damas Católicas, first established at Our Lady of Guadalupe in 1933 under Castillo, formed a chapter at Ste. Anne in 1947.

36. Amelia González, interviewed by Marta E. Lagos, November 20, 1991, Detroit, MI; The Sociedad Guadalupana received its official organizing papers from Mexico in early 1948, although it had been active previously.

37. Most Holy Trinity Archives scrapbook, Detroit, MI.

38. The word *cofradía* refers to a voluntary sodality organized around a patron saint.

39. Under Archbishop Edward Mooney, the Catholic church changed its policy on religious processions. His predecessor, Bishop Michael Gallagher, confined all processions to church property, fearing that the public would misunderstand the relics and madonnas (Detroit, MI: Archdiocese of Detroit Archive, correspondence 1944, Holy Redeemer).

40. Consuelo Alcalá, interviewed by Marta E. Lagos, June 15, 1991, Detroit, MI.

41. According to co-founder, Argelio Pérez, Sr., "Through the Post we made a lot of people aware that Mexican-Americans had served in the armed forces. And then we opened many doors. The hotels wouldn't rent to Mexicans. Well, by us going there and demanding to rent that hall, it was open to everyone from there on" (interviewed by Laurie Kay Sommers, February 26, 1990, Livonia, MI).

42. For information on the *matachines*, see J.D. Robb, "The Matachines Dance—A Ritual Folk Dance," *Western Folklore* 20 (1961): 87-101; Flavia Waters Champe, *The Matachines Dance of the Upper Rio Grande, History, Music, and Choreography* (Lincoln and London: Univeristy of Nebraska Press, 1983); and Norma Cantú, "Costume as Cultural Resistance and Affirmation: The Case of a South Texas Community," in *Hecho en Tejas, Texas Mexican Folk Arts and Crafts*, edited by Joe S. Graham (Denton: University of North Texas Press, Publication of the Texas Folklore Society, Vol. 50, 1991), 117-30.

43. Gerardo Alfaro died before this project began, and his family refused to be interviewed. The degree of involvement of the Detroit *matachines* in customs of dedication and *promesas* to the Virgin is inferred from informal conversations with several who danced as youngsters.

44. Consuelo Alcalá, interviewed by Marta E. Lagos, June 15, 1991, Detroit, MI.

45. An extensive anthropological literature discusses the changing nature of religious fiesta sponsor-

de noviembre de 1991, Detroit, MI. La Sociedad Guadalupana recibió sus documentos oficiales de organización desde México a principios de 1948, aunque ya previamente había estado activa.

37. Álbum de recortes en los archivos de la Santísima Trinidad, Detroit, MI.

38. La palabra *cofradía* se refiere a una asociación de voluntarios organizada al rededor de un santo o patrón.

39. Bajo el Arzobispo Edward Mooney, la iglesia católica cambió su norma sobre procesiones religiosas. Su predecesor, el Obispo Michael Gallagher, limitó todas las procesiones a las propiedades de la iglesia, temiendo que el público pudiera malinterpretar las reliquias y las madonas (Detroit, MI: Archivo del Archidiócesis de Detroit, correspondencia,1944, el Santísimo Redentor).

40. Consuelo Alcalá entrevistada por Marta E. Lagos, 15 de junio de 1991, Detroit, MI.

41. Según el cofundador, Argelio Pérez, "A través del *Post* hicimos que mucha gente se diera cuenta de que los méxico-americanos habían servido en las fuerzas armadas. Entonces se abrieron muchas puertas. Los hoteles no le rentaban a los mexicanos. Bueno, cuando nosotros fuimos a donde ellos y exigimos que se nos rentara el salón, por primera vez se abrió para todo el mundo y sigue abierto desde entonces" (entrevistado por Laurie Kay Sommers, 26 de febrero 1990, Livonia, MI).

42. Para información sobre los matachines, vea a J.D. Robb, "The Matachines Dance—A Ritual Folk Dance", *Western Folklore* 20 (1961): 87-101; Flavia Waters Champe, *The Matachines Dance of the Upper Rio Grande, History, Music, and Choreography* (Lincoln and London: University of Nebraska Press, 1983); y Norma Cantú, "Costume as Cultural Resistance and Affirmation: The Case of a South Texas Community", en *Hecho en Tejas, Texas Mexican Folk Arts and Crafts,* redactado por Joe S. Graham (Denton: University of North Texas Press, Publication of Texas Folklore Society, Vol. 50, 1991), 117-30.

43. Gerardo Alfaro murió antes de que este proyecto comenzara, y su familia rehusó ser entrevistada. El grado de participación de los matachines de Detroit, en cuanto a las costumbres de dedicación a la Virgen y a las promesas se puede deducir en las charlas informales que se sostuvieron con las personas que fueron danzantes cuando eran jóvenes.

44. Consuelo Alcalá, entrevistada por Marta E. Lagos, 15 de junio de 1991, Detroit, MI.

45. Una extensiva literatura antropológica discute la naturaleza cambiante del sistema de patrocinio de las fiestas religiosas en México, conocida como sistema de cargos religiosos. El sistema de cargos (la palabra *cargo* significa literalmente responsabilidad o carga pesada) es una especie de jerarquía compuesta de oficinas civiles y religiosas entrelazadas, a través de las cuales ya sean individuos o parejas de hombres y mujeres ascienden socialmente en las comunidades tradicionalmente

ship systems in Mexico, known as religious cargo systems. *Cargo* (literally burden or responsibility) systems are either an intertwining hierarchy of civil and religious offices through which individuals or a male-female couple ascend in traditional peasant communities, or a fiesta system in which prestige is attained through ceremonial sponsorship in the absence of any fixed hierarchy of positions. Interpretations differ as to the function of cargo systems, which have changed in response to changing social, political, and economic conditions in Mexico; in general, they were a means to finance religious fiestas while maintaining the village social order and bestowing prestige on the individual sponsors. For a useful overview of the current literature, see *Class, Politics, and Popular Religion in Mexico and Central America*, edited by Lynn Stephen and James Dow (Washington, DC: Society for Latin American Anthropology Publications Series, Vol. 10, 1990). This definition was drawn from page 10 of Stephen's and Dow's introduction.

46. Mary Rufino, interviewed by Laurie Kay Sommers, October 27, 1991, Dearborn, MI.

47. John M. Ingham, *Mary, Michael, and Lucifer, Folk Catholicism in Central Mexico* (Austin: University of Texas Press, 1986), 91.

48. Various elders remember the play but differ on dates. Archival records at Most Holy Trinity confirm one such presentation in 1954. Earlier presentations probably occurred.

49. José Alfaro, interviewed by Laurie Kay Sommers, November 30, 1991, Troy, MI; Amelia González, interviewed by Marta E. Lagos, November 20, 1991, Detroit, MI.

50. Sonnie Casillas Pérez, interviewed by Laurie Kay Sommers, February 26, 1990, Livonia, MI; Amelia González, interviewed by Marta E. Lagos, November 20, 1991, Detroit, MI.

51. *Union*, December 2, 1950, courtesy of José Alfaro.

52. Sonnie Casillas Pérez, interviewed by Laurie Kay Sommers, February 26, 1990, Livonia, MI.

53. Father Robert Power, Comments on *Fiesta, Fe, y Cultura*, correspondence with Casa de Unidad, March 4, 1993.

54. "Los Mariachis Sing the Mass," *La Luz* 1 no. 2 (May 1972): 34.

55. Father Robert Power, in his Comments on *Fiestas de la Fe* of March 4, 1993, observed that three dance group leaders of his acquaintance "taught the difference between folkoric dancing and dancing for the Virgin."

56. Based on Laurie Kay Sommers' informal conversations with dance directors Pedro Castillo

campesinas; o puede ser un sistema de fiestas en las cuales se obtiene prestigio a través del patrocinio ceremonial en ausencia de otra jerarquía fija. Las interpretaciones difieren en cuanto la función de los sistemas de cargo, los cuales van cambiando según las condiciones sociales, políticas, y económicas en México; en general, los cargos servían para financiar los gastos de las fiestas religiosas, mientras que se mantenía el orden social del pueblo, a la vez que se otorgaba prestigio a los patrocinadores. Para una visión panorámica y útil de la literatura actual, vea *Class, Politics, and Popular Religion in Mexico and Central America,* redactado por Lynn Stephen y James Dow (Washington, DC: Society for Latin American Anthropology Publications Series, Vol. 10, 1990). Esta definición se ha basado en la página 10 de la introducción por Stephen y Dow.

46. Mary Rufino, entrevistada por Laurie Kay Sommers, 27 de octubre de 1991, Dearborn, MI.

47. John M. Ingham, *Mary, Michael, and Lucifer, Folk Catholicism in Central Mexico* (Austin: University of Texas Press, 1986), 91.

48. Varios ancianos recuerdan el acto, pero difieren acerca de la fecha. Los archivos de la Santísima Trinidad confirman una presentación en 1954. Probablemente hubo presentaciones anteriormente.

49. José Alfaro, entrevistado por Laurie Kay Sommers, 30 de noviembre de 1991, Troy, MI; Amelia González, entrevistada por Marta E. Lagos, 20 de noviembre 1991, Detroit, MI.

50. Sonnie Casillas Pérez, entrevistada por Laurie Kay Sommers, 26 de febrero de 1990, Livonia, MI; Amelia González, entrevistada por Marta E. Lagos, 20 de noviembre de 1991, Detroit, MI.

51. *Unión*, 2 de diciembre de 1950, cortesía de José Alfaro.

52. Sonnie Casillas Pérez, entrevistada por Laurie Kay Sommers, 26 de febrero de 1990, Livonia, MI.

53. El Padre Robert Power, Comentarios sobre *Fiesta, Fe, y Cultura*, correspondencia con la Casa de Unidad, 4 de marzo de 1993.

54. "Los Mariachis Sing the Mass", *La Luz* 1 no. 2 (mayo 1972): 34.

55. El Padre Robert Power, en sus comentarios sobre *Fiestas de la Fe,* correspondencia con la Casa de Unidad, 4 de marzo de 1993, observó que hay tres líderes entre los grupos de bailes que él mismo conoce, quienes "enseñan la diferencia entre el baile folklórico y la danza para la Virgen."

56. Basado en las conversaciones informales de Laurie Kay Sommers con los directores de baile, Pedro Castillo y Jaime Aguirre.

57. Alfredo Aguirre, Jr., entrevistado por Marta E. Lagos, 15 de noviembre de 1991, Dearborn, MI.

58. Programa de las Fiestas Guadalupanas, Iglesia de Santa

and Jaime Aguirre.

57. Alfredo Aguirre, Jr., interviewed by Marta E. Lagos, November 15, 1991, Dearborn, MI.

58. Fiestas Guadalupanas program, Ste. Anne Church, Detroit, 1988, 11.

59. José Alfaro, interviewed by Laurie Kay Sommers, November 30, 1991, Troy, MI.

60. Dolores "Lolita" Olvera, interviewed by Guadalupe Aguirre, December 7, 1988, Detroit, MI.

Ana, Detroit, 1988, 11.

59. José Alfaro, entrevistado por Laurie Kay Sommers, 30 de noviembre de 1991, Troy, MI.

60. Dolores "Lolita" Olvera, entrevistada por Guadalupe Aguirre, 7 de diciembre de 1988, Detroit, MI.

Las Posadas
en Detroit

Procession enters the living room at Vicenta
"Chenta" Salazar's home Posada, 1991.

La procesión entra a la sala de Vicenta "Chenta"
Salazar, donde se llevó a cabo la posada en 1991.

Las Posadas
en Detroit

Ste. Anne's Posada Viva, with Douglas Rodríguez and Cecilia Meade as Joseph and Mary, processes through the neighborhood near the church, 1990.

Posada Viva, con Douglas Rodríguez y Cecilia Meade como José y María, en una procesión alrededor de la vecindad de la Iglesia de Santa Ana en 1990.

The week before Christmas, a couple dressed as Mary and Joseph, accompanied by a procession of friends, family, and community members, wind their way through the chill twilight of Ste. Anne Street toward the twin spires of historic Ste. Anne Catholic Church. *Aguinaldos* and carols, sung in the languages of their dual heritage, float through the evening air as they pass through streets of modest frame houses, boarded up buildings, and Christmas lights. *"Posada te pide, amado casero, por sola una noche, La Reina del Cielo"* [The Queen of Heaven asks you for shelter, dear home dweller, for only one evening]. In the heart of southwest Detroit, and in the shadow of the Ambassador Bridge to Canada, a new generation of Mexican-Americans celebrates an old Mexican Christmas custom.

The Ste. Anne Posada is part of a revival of Posada traditions among Detroit *mexicanos* which dates to the 1960s. Oral interviews suggest that while this tradition has been celebrated sporadically since the period of initial immigration, it remained a private, family custom which was not widely or openly observed. With a renewed church

La semana antes de la Navidad, una pareja, vestida de María y José, acompañada por sus familias, sus amistades y algunos miembros de la comunidad, se encaminan en el sereno fresco del anochecer por la calle de Santa Ana hacia las dos torres dobles de la histórica Iglesia Católica de Santa Ana. Aguinaldos y cantos navideños se entonan en los idiomas del doble legado de los celebrantes. Estas voces flotan en el aire nocturno por una cuadra de edificios vacantes y condenados, cuyas ventanas están tapadas con tablas. Esta música flota también por casas modestas con puertas y ventanas adornadas de luces navideñas. "Posada te pide, amado casero, por sola una noche, la Reina del Cielo." En esta manera, en el corazón del suroeste de Detroit, bajo la sombra del Puente Embajador que va al Canadá, una generación nueva de méxico-americanos celebra una antigua costumbre mexicana de la Navidad.

La posada de Santa Ana es parte de un renacimiento de las observancias de las Posadas que empezó en los años sesenta entre los mexicanos de Detroit. Las entrevistas orales sugieren que aunque esta tradición se había celebrado en privado esporádicamente desde el período inicial de inmigración, era una costumbre familiar que

interest in ethnic customs and a social climate more tolerant of diversity, the current celebrations are the most public and vital in the history of the *colonia*. Posadas now occur in the major Latino churches, private homes, and community halls as expressions of Catholic faith, personal devotion, and ethnic identity.

The Detroit Mexican population is composed of first, second, third, and fourth-generation Mexican-Americans with roots in different regions of Mexico. Despite this diversity, the history of the Detroit observances reveals the creative response of an immigrant community and their descendents to a new context. Over time, Las Posadas have become Mexican-American celebrations reflective of the bicultural heritage of the Detroit *colonia mexicana*.

The term *posada* means both lodging and the entire pre-Christmas novena which reenacts the Biblical story of Mary's and Joseph's search for lodging on their journey to Bethlehem. Las Posadas are believed to be derived from the *pastorelas* (shepherd's plays) introduced to Mexico by Catholic clergy after the Conquest as a means to instruct and Christianize the Indian populations.[1] They are celebrated differently throughout Mexico, and some regions only observe the *pastorela*. In recent decades, the entire observance of the Christmas season, of which Las Posadas are a part, has incorporated American elements with the introduction of Santa Claus and Christmas trees. This was not the case, however, during the initial period of Mexican emigration to Detroit.

Posadas occur in Mexico in both church and community contexts. The celebration of Las Posadas outside the church usually takes the form of a neighborhood fiesta rather than an individual family observance. Festivities take place in home patios, town plazas, and neighborhood streets. José Alfaro recalls from his boyhood in Sahuayo, Michoacán that "naturally, everyone in the neighborhood where I lived came to know each other during the month of December, because

no se celebraba generalmente en público. Con el nuevo interés por parte de la iglesia en las costumbres étnicas y con un nuevo clima social que es más tolerante a la diversidad, las celebraciones actuales se han hecho las más públicas y las más vitales en la historia de la comunidad. Ahora las Posadas toman lugar en la mayoría de las iglesias latinas, en casas privadas, y en salones de la comunidad, como expresiones de la fe católica, la devoción, y la identidad étnica.

La población mexicana de Detroit se compone, principalmente, de la primera, segunda, tercera, y cuarta generaciones de méxico-americanos cuyas raíces están en diferentes regiones de México. A pesar de esta diversidad, la historia de las observancias en Detroit demuestra una respuesta creativa de una comunidad inmigrante y sus descendientes a un contexto nuevo. Con el paso del tiempo, las Posadas se han convertido en celebraciones méxico-americanas, que reflejan la herencia bicultural de la colonia mexicana de Detroit.

El término *posada* implica ambos un alojamiento y toda la novena prenavideña que revive la historia bíblica de María y José en su búsqueda de alojamiento en rumbo hacia Belén. Se cree que las Posadas se derivaron de las pastorelas que fueron introducidas por los clérigos católicos en México después de la conquista como una manera para instruir y cristianizar a las poblaciones indígenas.[1] Se celebran por todo México en diferentes maneras, aunque algunas regiones únicamente celebran las pastorelas. En décadas recientes, la observancia de la temporada navideña, a la que pertenecen las Posadas, ha incorporado unos elementos estadounidenses con la introducción del árbol navideño y de Santa Claus. Sin embargo, tal no era la situación durante el período inicial de inmigración a Detroit.

En México, las Posadas ocurren tanto en el contexto de la iglesia como en el contexto de la comunidad. Cuando la celebración de las Posadas toma lugar fuera de la iglesia, éstas usualmente parecen fiestas de vecindad en lugar de observancias meramente familiares. Las festividades toman lugar en los patios de casa privadas, en las plazas de los pueblos, y en las calles de la vecindad. José Alfaro recuerda que, en su juventud en Sahuayo, Michoacán, "todo el

that's when we would get together and the women would meet to plan and carry out the Posadas. They'd say, 'there are going to be nine days of the novena'."[2]

On each of the nine days before Christmas, candlelight processions travel from house to house, or to various stations within the church, carrying the figures of Mary and Joseph. Individuals may also dress to represent the Holy Couple. The pilgrims or *peregrinos* sing songs and make the traditional request for lodging at each stop. Micaela Pérez, originally from Jalisco, describes the structure of the procession.

> The participants are divided in two groups; one stays outside to ask for lodging and the other inside, to respond. The verses of the songs are sung alternatively. The final verse is sung by both groups, then the doors are opened for the pilgrims. This is followed with a celebration which includes breaking the piñata and sharing certain traditional foods, such as *atole*, tamales, *pozole*. We pray the rosary, and the Posada is offered for the intention of all those present or for the organizers.[3]

Typically, the celebrants say the rosary in front of the *nacimiento* or nativity scene. The *misterio* (figurines of the Holy Family) are kept for the night, and then are carried to the next *posada* (lodging). On December 24, or Nochebuena, the Niño Dios (Baby Jesus) is born and placed in the manger. The Niño figurine is a prized family heirloom, usually almost life-size, much larger than Mary and Joseph. The owner of the Baby Jesus and

barrio allí, donde yo vivía, llegaba a conocerse, naturalmente, cuando empezaba a llegar el mes de diciembre. Las señoras empezaban a reunirse para planear y hacer las Posadas. Decían 'Habrá nueve días de novena'."[2]

Antes de la Navidad, durante cada día del novenario, hay procesiones a luz de vela, donde se cargan las figuras de María y José de casa en casa o entre varias estaciones de la iglesia; algunos individuos, también, pueden vestirse en representación de la Pareja Santa. Según la tradición, los peregrinos cantan himnos y piden posada en cada parada. Micaela Pérez, originalmente de Jalisco, describe la estructura de la procesión.

> Los participantes se dividen en dos grupos; uno se queda afuera para pedir posada, y el otro adentro, para responder. Los versos de los cantos se cantan alternativamente. El verso final lo cantan los dos grupos y las puertas se abren a los peregrinos. Luego sigue la celebración, la que incluye romper una piñata y compartir algunas comidas típicas, como atole, tamales, pozole. Rezan el rosario y la posada se ofrece en honor de todos los presentes o en honor de los organizadores.[3]

Típicamente, los participantes rezan el rosario en frente del nacimiento. Se mantiene el misterio (las figuras de la Sagrada Familia) durante la noche; después, se lleva a la casa donde va a ocurrir la siguiente posada. El día 24 de diciembre, el día de la Nochebuena, nace el Niño Dios, y se coloca en el pesebre. La figurilla del Niño Dios es una posesión valorada por la familia; usualmente es del tamaño normal de un niño y a veces más grande que las figurillas de María y José. Los dueños, juntos con una madrina especialmente escogida, bañan la figurilla del Niño Dios y le

The Niño Dios figure is often almost life-size, as shown here in Idalia Zamarrón's *nacimiento*, Allen Park, 1992.

La figurilla del Niño Dios con frecuencia es de un tamaño normal de bebé, como se muestra aquí, en el nacimiento de Idalia Zamarrón, Allen Park, 1992. Photo/Foto: David Perry

often a specially chosen *madrina* or god-mother bathe the figurine and dress it in swaddling clothes made for the celebration to "*acostar al Niño*" [put the Baby to bed].[4]

Although Las Posadas end on Christmas Eve, the Mexican Christmas season extends through Día de los Reyes Magos on January 6 (Day of the Three Kings), when Mexican families traditionally exchange gifts, and concludes with Día de la Candelária (Candlemas) on February 2, when the celebration of the Levantamiento occurs.[5] In the final activity before the *nacimiento* is taken down for the year, the *madrina* again bathes the Niño Dios, removes his diapers, and dresses him in new clothes signalling that he is no longer an infant. He is placed sitting upright in a chair. Prayers, food, dancing, and music may all be part of the Levantamiento. Las Posadas in Mexico are thus part of a larger cycle of Christmastime activities which expresses reverence, faith, and creativity in a way which is both personal and public.[6] The matriarch of the family, for example, lovingly installs and places her *nacimiento* in a window or other prominent space within the home. Las Posadas, however, are the most public of the Christmas traditions. Often the entire neighborhood celebrates and shares the cost and planning for the Posada, which takes over the streets as well as the host's home or patio.

Perhaps this very quality of community display made the continuity of Posada traditions in Michigan problematic for Detroit's pioneering Mexicans. Far from

Photo/Foto: Laurie Kay Sommers

María Luisa Pérez holds the Niño Dios dressed for the Levantamiento, 1992.

María Luisa Pérez muestra al Niño Dios, vestido para el Levantamiento, 1992.

ponen pañales y vestidura hecha para la celebración, lo cual es parte de un acto que se conoce como "el acostar al Niño."[4]

Aunque las Posadas terminan en la Nochebuena, la temporada navideña mexicana se extiende hasta el 6 de enero — el Día de los Reyes Magos, cuando las familias mexicanas tradicionalmente intercambian sus regalos — y concluyen el 2 de febrero, cuando se celebra el Día de la Candelaria y el Levantamiento.[5] Como parte de la última actividad, antes de que se quite el nacimiento para guardarlo hasta el próximo año, la madrina baña nuevamente al Niño Dios; le quita los pañales y le pone un traje nuevo, señalando que ya no es un infante, y lo sienta derechito en una silla. Las oraciones, la comida, el baile, y la música — todo puede ser parte del Levantamiento. En esta manera, las Posadas en México son parte de un ciclo más amplio de actividades que expresan una reverencia, una fe, y una creatividad tanto personal como pública.[6] Por ejemplo, la madre de la familia cariñosamente instala y pone su nacimiento en la ventana o en otro espacio prominente dentro de su hogar. Las Posadas, sin embargo, son las actividades más públicas de las tradiciones navideñas. Con frecuencia, toda la vecindad comparte las celebraciones y ayuda en hacer los planes. Comparte también los gastos para la celebración de la posada; hay mucha gente por las calles, y en los hogares o en los patios de los patrocinadores.

Es posible que esta cualidad pública de las celebraciones comunitarias haya resultado ser problemática para los mexicanos pioneros de Detroit y para la continuidad de la tradición de las Posadas en Michigan. Al estar lejos de su tierra natal, en una cultura extraña y en un clima diferente,

home in a foreign culture and climate, geographically isolated from one another, and struggling to make ends meet, many were either unable or unwilling to organize neighborhood Posada parties like those they had known in Mexico. Those elders who arrived in the 1920s remember few Posadas. José Alfaro, for example, recalls several private Posadas but nothing as open and elegant as the current celebrations.

> Regarding the question about whether Posadas were celebrated here (in Detroit): they were not, at least not according to what was traditional (in Mexico). As you said, they did have Posadas here and there, privately. Many of the Mexican people were not even familiar with the Posada songs. I taught these to them.[7]

The celebration of Las Posadas did not require specialized crafts skills but it did require knowledge of the *posada* songs. José Alfaro, who assisted the priests as a boy in Michoacán, knew the lyrics by heart, but without the chapbooks and song books available in Mexico, many families could not continue the tradition. Sonnie Casillas Pérez's mother, Mercedes Cornejo Casillas, also knew the songs and along with her children helped perpetuate many Mexican traditions in the *colonia*. Sonnie Casillas Pérez recalls several Posadas organized by the San José Society during the 1930s.

> I was already a grown up young lady. We had never had a Posada before. But some of the people, you know, started bringing it up. "We should start having Posadas, we should have Posadas." And so we did it. I knew that my mother knew the words and the songs, and she used to offer her services all the time. We finally had them for a couple of years. But I don't remember us as a family making it a big tradition when we were growing up.[8]

Frank Lozano and María Hernández Alcalá also remember these same Posadas. Yet neither Nicolás Mares, Sr. nor María Magaña Alvizu, who first arrived in the

geográficamente aislados uno del otro a la vez que luchaban para ganarse la vida, muchos ni podían ni estaban dispuestos a organizar tal como las habían conocido en México las fiestas para las Posadas de la vecindad. Aquellos ancianos que llegaron en los años veinte recuerdan que había pocas posadas. Por ejemplo, José Alfaro recuerda varias posadas particulares, pero ninguna tan abierta ni tan elegante como las celebraciones actuales.

> Como le digo, sobre esa cuestión de las Posadas llevadas a cabo aquí: no se acostumbraban como las de allá. Como Ud. dice, sí las tenían aquí, privadamente, en una parte u otra. Mucha gente que venía de allá no sabía ni los cánticos de las Posadas. Yo se los enseñé.[7]

La celebración de las Posadas no requería ninguna especialidad en las artes manuales, pero sí requería el conocimiento de los cantos que acompañaban las Posadas. José Alfaro, quien servía a los sacerdotes durante su juventud en Michoacán, sí conocía la letra de memoria; pero muchas familias no continuaron con la tradición por falta de los libros de coplas o de cantos que en México se habían encontrado fácilmente. La madre de Sonnie Casillas Pérez, Mercedes Cornejo Casillas, también conocía los cantos. Junto con sus hijos, ayudó a perpetuar muchas tradiciones mexicanas en la colonia. Sonnie Casillas Pérez recuerda varias posadas organizadas por la Sociedad de San José durante los años treinta.

> Yo ya era una señorita. Nunca habíamos tenido una posada antes. Pero, Ud. sabe, algunas personas empezaron a hablar de esto. "Debemos empezar a tener posadas; debemos hacer posadas." Por eso las tuvimos. Yo sabía que mi madre sabía las palabras de los cantos, y ella ofrecía su servicio todo el tiempo. Finalmente, sí las presentamos por dos años. Pero no recuerdo que nosotros, como familia, las hayamos tratado como una gran tradición mientras íbamos creciendo.[8]

Frank Lozano y María Hernández Alcalá también recuerdan estas mismas posadas. Sin embargo, ni Nicolás Mares, ni María Magaña Alvizu, quienes llegaron primero, en los años

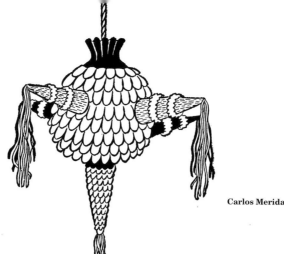

1920s, nor Joe Rodríguez, who was born in 1930, remember any Posadas among their own families or friends. According to María Magaña Alvizu: "When we came to the United States, we sorely missed this tradition. Because we always celebrated it in Mexico, year after year, during the period from the 16th to the 24th of December."[9]

The immigrant generation did not uniformly continue Las Posadas in Detroit for various reasons. Many *mexicanos* simply did not know the songs by heart; Detroit *mexicanos* also lacked cohesive Mexican neighborhoods. For a tradition customarily celebrated by *barriadas* or neighborhoods, the diffuse settlement patterns of the early *colonia* meant that many *mexicanos* lived isolated from their *paisanos*. As mentioned previously, this also was a transient population, moving seasonally between field and factory, changing residences frequently, and, especially during the early years, composed of many single working men who would not have had the time or inclination to carry on a tradition such as this.

In Mexico, neighbors, relatives, or ritual godparents usually shared fiesta expenses. Without the stable neighborhood or village social organization of Mexico, many of Detroit's pioneering *mexicanos* were simply too poor to engage in festivities which required the extra expense of food, drink, and piñatas. Many could scarcely afford gifts on Day of the Three Kings, when Mexican families of the period traditionally exchanged presents. Argelio Pérez, Sr. remembers only rich people had piñatas in their homes. Luz Escamilla recalls, "We did not have money for those frills."[10] Other elders noted that families were too busy working and caring for children to devote their energies to Las Posadas.

Surely the wintery Michigan climate dampened enthusiasm for outdoor processions. Sonnie Casillas Pérez recalls: "I can only remember two that I was a part of. I didn't go too much because it was cold. These were done at Christmas, and I used to freeze." Her husband, Argelio, agrees. "The

veinte, ni Joe Rodríguez, quien nació en 1930, recuerdan ninguna posada entre su propia familia o entre sus amistades. Según María Magaña Alvizu: "Cuando venimos a los Estados Unidos, extrañamos mucho esta tradición porque siempre la habíamos celebrado en México, año tras año, durante la temporada del 16 al 24 de diciembre."[9]

La generación de los inmigrantes no continuó las Posadas uniformemente en Detroit por varias razones. Muchos mexicanos, como ya se ha dicho, simplemente no sabían los cantos de memoria. Los mexicanos de Detroit también carecían de vecindades mexicanas unidas. Ésta era una tradición que de costumbre se celebraba en toda una vecindad; pero a causa de que los poblados estaban dispersos, muchos mexicanos vivían aislados de sus paisanos. Como se mencionó previamente, ésta también era una población transitoria, que andaba trasladándose entre el campo y la fábrica, que frecuentemente cambiaba de residencia y, que especialmente durante los primeros años, era una comunidad de trabajadores solteros, quienes no hubieran tenido ni el tiempo ni la inclinación para mantener una tradición como ésta.

En México, los vecinos, los familiares, o los compadres usualmente compartían los gastos de las fiestas. Careciendo de una vecindad estable, y sin la organización social de la vida del pueblo mexicano, muchos de los pioneros mexicanos de Detroit simplemente eran demasiado pobres para involucrarse en festividades que requerían gastos para la comida, los refrescos, y las piñatas. Muchos apenas podían permitirse regalos para el Día de los Reyes Magos, el día en que las familias mexicanas del período tradicionalmente intercambiaban regalos. Argelio Pérez recuerda que solamente la gente rica tenía piñatas en sus casas. Luz Escamilla recuerda: "No teníamos dinero para esas frivolidades."[10] Otros ancianos indicaron que las familias estaban muy ocupadas, trabajando y cuidando a los hijos, para dedicar sus energías a las Posadas.

Seguramente el clima invernal de Michigan sofocaba cualquier entusiasmo que hubiera habido para procesiones al aire libre. Sonnie Casillas Pérez recuerda: "Sólo recuerdo dos en las que tomé parte. No asistía mucho porque

weather wasn't conducive for it. You see, over here [in Michigan], it's winter time. Who's going to go around in the snow?"[11]

Several elders recall home architecture in Mexico with patios which were the site of fiestas and piñata-breaking during Las Posadas. Housing situations in Detroit, typically basement flats, single rooms, upstairs rentals, and working class houses had nothing similar, even if the weather had been more cooperative. Many landlords expressed open prejudice and hostility toward Mexicans, attitudes which discouraged open display of ethnic customs.

Based on their experiences in Mexico, not all members of the *colonia* would have expected to have a Posada in church. In certain communities, as mentioned previously, Posadas only occurred in homes and neighborhoods. Regardless of location, religious activities such as public masses and fiestas were severely disrupted by the Mexican Revolution and Cristero Rebellion. At the time of initial emigration to Detroit, many *mexicanos* could not openly practice their religion in Mexico. As remembered by Guadalupe Tafoya Lozano:

> My mother didn't have a Posada in our house, but my grandmother did, and she would have a big *nacimiento* and she would always give us something. I loved to go to her house because we would pray the rosary, we would sing, and have a procession to the patio. We would carry little candles. I was very young then, and I loved the Posadas. Afterwards, the Revolution came, and we were forbidden to have religious celebrations. If the government found out that there was a priest in the area they would come for him, and he would be arrested. It was an ugly period for Mexico about 1910. Later on things got a little better, but we still had to leave Aguascalientes.[12]

In the more politically secure U.S. environment, Detroit Mexicans established their national church, Our Lady of Guadalupe, with support from the diocese. In keeping

hacía frío. Las hacían para la Navidad, y yo me congelaba." Su esposo, Argelio, está de acuerdo. "El clima no era propicio para eso. Ud. verá, aquí [en Michigan] el invierno es severo. ¿Quién iba a andar por allí en la nieve?"[11]

Algunos de los ancianos recuerdan que en la arquitectura mexicana, las casas tienen patios, los sitios en donde se hacían las fiestas y donde se rompían las piñatas durante las Posadas. La situación de las viviendas en Detroit — típicamente apartamentos en el sótano, cuartos individuales, alquileres de segundo piso, y casas de la clase obrera — carecía de lo que se acostumbraba en la tierra natal. Así es que aún si el clima hubiera sido mejor, la situación no habría sido diferente. A demás muchos propietarios expresaban sus prejuicios y hostilidades hacia los mexicanos abiertamente, y estas actitudes desanimaban la demostración pública de costumbres étnicas.

Basándose en sus propias experiencias en México, la mayoría de los miembros de la colonia no hubiera esperado celebrar una posada en una iglesia. En muchas comunidades, como se ha mencionado anteriormente, las Posadas ocurrían solamente en las casas de las vecindades. Además, por todo México las actividades religiosas, como la misa y las fiestas públicas, habían sido severamente interrumpidas por la Revolución Mexicana y la Rebelión Cristera. Por esto, cuando primero empezó la inmigración inicial a Detroit, muchos mexicanos no habían podido practicar su religión abiertamente en México. Según recuerda Guadalupe Tafoya Lozano:

> Mi mamá nunca tuvo una posada en nuestro hogar, pero mi abuelita sí la tuvo, y ella tenía un nacimiento grande y siempre nos daba algo. Me encantaba ir a su casa porque rezábamos el rosario, cantábamos, y teníamos una procesión hasta el patio. Cargábamos velitas. Yo era muy joven entonces, y me encantaban las Posadas. Después, vino la Revolución, y se nos prohibía tener celebraciones religiosas. Si el gobierno se daba cuenta de que había algún sacerdote en el área, ellos venían por él, y lo arrestaban. Fue un período muy desagradable en México, alrededor de 1910. Después, las cosas se mejoraron, pero de todas maneras, nosotros tuvimos

with current liturgical and Americanization policies, however, the church did not encourage any special Christmas traditions. Midnight mass on Christmas Eve was "just a mass" without any distinctive Mexican touches. As Argelio Pérez, Sr. reflects:

> There are more Mexican-Americans now. And not only that, but they've made them aware that they want to practice their religion the "Mexican way." Up to a few years ago, (up to the '40s), we were just involved in somebody else's religion, or in the interpretation of the Catholic religion. Of course, we got used to it. But now, even seeing the mariachis and all this singing, everything is foreign to me because I wasn't brought up that way.[13]

As the Detroit *colonia* emerged from the depression and the devastating effects of the repatriation campaign of 1932, Posadas remained dormant or hidden. Father James Barrett, active among the *colonia* from 1941-46, did organize caroling in Spanish, driving around a group of a half dozen people, but recalls no Posadas during this period.[14]

The first significant neighborhood Posada occurred during the late 1940s, organized by families who lived in the vicinity of 18th and Bagley Streets. By this time Detroit was experiencing a second wave of post-depression and wartime migration. The *colonia* was larger and more organized, and distinct Mexican neighborhoods emerged around Most Holy Trinity in Corktown, and in southwest Detroit along Bagley, as yet undivided by the freeways. Consuelo Alcalá, whose family lived at 21st and Bagley during the period, remembers the wonderful feel of the neighborhood.

> The neighborhood was very, very Mexican. You'd walk down Bagley going east or west and there was Spanish all over there. . . . You didn't need to know English to live in the neighborhood. I remember at the time I was really proud of being what I was and it probably was due to all the leaders in our community that were

que salir de Aguascalientes.[12]

En el ambiente políticamente más seguro de los Estados Unidos, los mexicanos de Detroit establecieron su iglesia nacional, Nuestra Señora de Guadalupe, con el apoyo de la diócesis. Sin embargo, de acuerdo con las normas litúrgicas vigentes y las de la política de americanización, la iglesia no alentaba ningunas de las tradiciones navideñas. La Misa de la Nochebuena, a medianoche, era "simplemente una misa" sin ningún toque distintivamente mexicano. Como reflexiona Argelio Pérez:

> Ahora hay más méxico-americanos. Y no sólo eso, sino también que ellos se han dado cuenta de que quieren practicar su religión a la "manera mexicana". Hasta hace algunos años, alrededor de los años cuarenta, nosotros participábamos en la religión de otros o en la interpretación de la religión católica. Ciertamente, nos acostumbramos a ello. Pero ahora, aún viendo a los mariachis y escuchando todos esos cantos, todo me parece tan extraño. Tal vez porque no fui criado de esa manera.[13]

Durante la época en que la colonia de Detroit salía de la depresión y de los efectos devastadores de la campaña de repatriación de 1932, las Posadas permanecían latentes u ocultas. El Padre James Barrett, quien fue activo en la colonia durante 1941-46, organizó un programa de villancicos en español, y condujo a un grupo de media docena de personas de sitio en sitio, pero no recuerda ninguna posada durante esa época.[14]

La primera posada significativa en la vecindad ocurrió durante los últimos años de los cuarenta, y fue organizada por familias que vivían en la vecindad de la Calle 18 y la Calle Bagley. Para entonces, Detroit estaba experimentando una segunda ola de migración después de la depresión y de la guerra. También la colonia era más grande y estaba mucho mejor organizada; distintas vecindades mexicanas surgieron cerca de la Santísima Trinidad en Corktown, en el suroeste de Detroit alrededor de Bagley, un área que aún no estaba dividida por las autopistas. Consuelo Alcalá, cuya familia vivía entre la Calle 21 y la Calle Bagley durante este período, recuerda el sentido maravilloso que

beginning to organize us.[15]

For Alcalá, born in 1934, the Bagley of her youth was a friendly, comfortable place where people would stop and chat in front of each other's homes. This more open atmosphere *de familia*, combined with the nostalgia of recent immigrants for their religious traditions, must have inspired Amalia Yáñez and other women from Holy Trinity Church, such as María Alfaro, María Ríos, Luz de la Garza, and Julia Martínez, to organize the Bagley neighborhood Posada.

The Yáñez family had emigrated from Monterrey, Mexico to Detroit in 1948 when son Raymundo Yáñez was twelve years old. In 1949 they held their first Posada. As Raymundo Yáñez remembers:

> Well, my mother, along with a group of women from the neighborhood, would get together. I remember very well that they would have a raffle to see who would host the Posadas because, in that era, it was a great honor to be selected as a Posada sponsor. A great number of persons attended the meeting to hold the raffle and decide who would be responsible for the Posadas. Nine persons would be selected for the nine days of the novena.[16]

The families who hosted Las Posadas all lived within a one or two block area. Beginning on December 16, they would gather at the appointed home, chatting among themselves until seven or eight o'clock when the Posada was scheduled to begin. Someone carried the *misterio*. Rather than process through the neighborhood in the cold weather, they adapted the tradition to include just one stop at the host home. Otherwise, the festivities were much like they had been in Mexico.

> Once the entire group in the procession entered, the rosary was recited. After the rosary, some songs were sung, followed by the veneration of the Niño Dios by those present. After this, people carried on conversations, and almost always, the lady of the house would provide some hot

había en la vecindad.

> La vecindad era muy, muy mexicana. Caminaba uno por la Bagley hacia el este o el oeste, y se oía español por dondequiera. . . . Uno no necesitaba saber inglés para vivir en la vecindad. Recuerdo que en ese tiempo yo me sentía muy orgullosa de lo que era—mexicana—y eso se debiá, probablemente, a que todos los líderes de nuestra comunidad habían empezado a organizarnos.[15]

Para Alcalá, quién nació en 1934, la Calle Bagley de su juventud era un lugar amigable y cómodo, donde la gente se paraba a platicar en frente de las casas de la vecindad. Este ambiente más abierto de familia, junto con la nostalgia de los recién inmigrados por sus antiguas tradiciones religiosas, han de haber inspirado a Amalia Yáñez y a otras mujeres de la Iglesia de la Santísima Trinidad, como María Alfaro, María Ríos, Luz de la Garza, y Julia Martínez a organizar la posada para la vecindad de Bagley.

La familia Yáñez había emigrado de Monterrey, a Detroit en 1948 cuando su hijo, Raymundo Yáñez, tenía doce años de edad. En 1949 llevaron a cabo su primera posada. Según recuerda Raymundo Yáñez:

> Pues, mi mamá, con otro grupo de señoras de allí (del barrio) se juntaron; y recuerdo muy bien que entonces hicieron una rifa para hacer una posada porque en aquellos tiempos era como un honor tener una posada. Y mucha gente asistía a esa junta para decidir, rifar, y ver a quién le iba a tocar la posada. Se dividían en nueve personas por los nueve días, lo que constituye una novena.[16]

Todas las familias que servían como anfitriones de las Posadas vivían en un área de dos cuadras. Ya para el 16 de diciembre, se juntaban en la casa designada, donde platicaban entre sí hasta las siete u ocho, la hora en que la posada debía empezar. Alguien cargaba el misterio. En vez de hacer la procesión por la vecindad en el frío del invierno, adaptaron la costumbre de incluir solamente una parada en la casa designada. Por lo demás, las festividades eran tal y como se hacían en México.

> Cuando ya entraba toda la procesión,

chocolate, or coffee with Mexican bread. They might offer other refreshments, such as tamales or enchiladas — whatever the hosts could provide.[17]

Unlike Posada remembrances from the 1920s and 1930s, when piñatas were considered a frill, Raymundo Yáñez recalls that he and other youth often made piñatas for the fiesta. "We would also make paper piñatas with an earthen jar inside. We used a jar, covered with newspaper strips, decorated with colorful crepe paper. Later, we would fill it with candy and coins."[18]

On the final night, Christmas Eve, the families shared a potluck supper and held a party with dancing and food. Consuelo Alcalá recalls that afterward "you stopped the party and went to church for midnight mass with the Acostamiento del Niño Jesus. And then you came back and continued. And that was nice, because it was very 'familyish.' "[19]

Additional immigrants of the same period, unaware or uninvolved with the Yáñez Posada, continued the tradition on their own. For example, Rafaela Barroso arrived in Detroit in 1956 and continued Posada traditions learned from her grandmother in Irapuato, Guanajuanto.

> It was in 1957 when I, along with my husband and two children began to sing the Posadas in my home. There were only the four of us then. As the years passed, I began to meet my neighbors; I began to meet the children; and I would invite them to come, and they would come. One year, I gathered twenty-five youth who came together every night for the Posada; and they did not mind the time we spent praying the rosary along with the litany, because after that, we would spend some time singing, playing and, above all, they really enjoyed whatever I gave them to eat.[20]

Sra. Barroso would make *atole*, hot chocolate, empanadas, and purchase *pan dulce* (sweet bread) from a *panadería*. Many of the children were unfamiliar with Las Posadas. She would explain the significance

entonces se rezaba un rosario. Después del rosario, había unos cantos, y luego seguía la veneración del Niño Jesús. Después de esto, la gente se ponía a platicar. Luego, en la mayoría de los casos, la señora de la casa les ofrecía un chocolate o café con pan mexicano. Se ofrecía una bebida, tamales, enchiladas—según lo que podían ofrecer los dueños de la casa.[17]

A pesar de que en los años veinte y treinta se consideraban las piñatas como algo frívolo, Raymundo Yáñez recuerda que él y otros jóvenes de vez en cuando hacían piñatas para la fiesta. "Nosotros también hacíamos piñatas de papel con un jarro por dentro. Se usaba un jarro forrado de papel de periódico; luego se decoraba con papel de china. Después lo llenábamos de dulces y monedas."[18]

En la última noche, la Nochebuena, las familias gozaban de una cena y tenían una fiesta con baile y comida. Consuelo Alcalá recuerda que después, "uno paraba la fiesta para ir a la iglesia a la Misa de Medianoche. También celebrábamos el Acostamiento del Niño Jesús. Entonces volvíamos y continuábamos. Eso era agradable porque era muy familiar."[19]

Otros inmigrantes de la misma época, sin darse cuenta y sin involucrarse con la posada de los Yáñez, continuaron la tradición por sí mismo. Por ejemplo, Rafaela Barroso llegó a Detroit en 1956 y continuó las tradiciones de las Posadas que había aprendido de su abuela en Irapuato, Guanajuato.

> Fue en 1957 cuando yo sola, nada más con mis dos hijos y mi esposo, empezaba a cantar las posaditas en casa. Éramos nosotros cuatro nada más. Después siguieron los años. Empecé a ver a las vecinas; empecé a ver a los niños, y los invitaba a que vinieran y desde luego venían. Un año junté a veinticinco niños que venían todas las noches a la Posada, y no les importaba que rezamos todo el rosario y la letanía porque después del rosario, nos la pasábamos cantando, jugando. Sobre todo, les gustaba mucho lo que les servía de comer.[20]

La Sra. Barroso hacía atole, chocolate, empanadas, y compraba pan dulce de la panadería. Muchos jóvenes no estaban

Idalia Zamarrón's *nacimiento*, inherited from paternal grandmother Amalia Yáñez, under the family Christmas tree, 1992. *Nacimientos* such as this, with a nearly life-size Niño Dios, are one of the most prevalent Mexican Christmas customs found in Detroit. Placement under or near a Christmas tree has become increasingly common.

El nacimiento de Idalia Zamarrón, heredado de su abuela paterna, Amalia Yáñez, bajo el árbol de Navidad familiar en 1992. Los nacimientos como éste, con un Niño Dios de tamaño natural, son una de las costumbres mexicanas navideñas más comunes que se encuentran en Detroit. Su lugar bajo el árbol o cerca del árbol se ha ido haciendo más común.

and teach them the songs and the rosary. For some years after her own children were grown, the Barroso home was full of youngsters for the Christmas Posadas.[21]

Despite the notable exceptions just described, Las Posadas until recently played a relatively minor role in the cultural life of most Detroit *mexicanos*. From the beginning, however, many elders recall the Mexican-style *nacimiento* which was the spiritual and physical centerpiece for the entire cycle of family Christmas celebrations. The Mexican *nacimiento* differs from other nativities in both use and appearance. Typically large and elaborate, *nacimientos* illustrate multiple scenes in the nativity story, not just the birth of Jesus. "The prominent placement of the *nacimiento*, its size in proportion to the room, and the inclusion of numerous family treasures and articles of personal meaning all attest to this importance. The love and care with which it is assembled, sometimes over weeks, and the devotion dedicated to it while displayed indicate a deep spiritual significance and important personal meaning that the *nacimiento* holds for many Mexican-American families."[22]

Even families who did not continue any other Mexican Christmas traditions usually had a *nacimiento*. For those who did perpetuate other Christmas customs, the *nacimiento* was the context for activities associated with the Niño Dios and the Day of the Three Kings. Sonnie Casillas Pérez recalls the Christmas Eve customs of her girlhood in the 1920s and 1930s which took place around her mother's *nacimiento*.

> And then, just before midnight mass, her friend or whoever was chosen to make the dress for the Christ Child—it would be a very dear friend of the family—would come over and dress the Christ Child and put him in the crib, in his little manger. Then they would have the *abrazo* with the *comadres*. They would go to midnight mass and then come back from mass. Then they would eat whatever there was. You know, if there was a lot of money, there would

familiarizados con las Posadas. Ella les explicaba su significado y les enseñaba los cantos y el rosario. Por algunos años, después de que sus propios hijos habían crecido, el hogar de los Barroso estaba lleno de jóvenes durante las Posadas navideñas.[21]

A pesar de las excepciones notables que se acaban de describir, las Posadas hasta reciente han tenido un papel relativamente insignificante en la vida cultural de la mayoría de los mexicanos de Detroit. Sin embargo, muchos de los ancianos recuerdan el nacimiento, que era hecho al estilo mexicano. Éste servía como el centro físico y espiritual para todo el ciclo de las celebraciones navideñas de la familia. El nacimiento mexicano es diferente de otros nacimientos en su uso y apariencia. Típicamente elaborados y grandes, los nacimientos ilustran escenas múltiples de la historia de la Navidad, y no solamente el nacimiento de Jesús. "La colocación prominente del nacimiento, su hechura en proporción a la del cuarto, y la inclusión de numerosos tesoros familiares y artículos de significado personal sirven para atestiguar su importancia. El amor y cuidado con que se monta, lo cual a veces requiere un período de semanas, y la devoción que se le dedica mientras se exhibe, indican tanto su profundo significado espiritual como su significado personal para muchas familias méxico-americanas."[22]

Usualmente, aún las familias que no seguían ninguna otra tradición navideña acostumbraban a tener un nacimiento. Para los que sí perpetuaban otras costumbres navideñas, el nacimiento servía como el contexto para las actividades asociadas con el Niño Dios y el Día de los Tres Reyes. Sonnie Casillas Pérez recuerda las costumbres de Nochebuena de su juventud que se llevaron a cabo en los años veinte y treinta y que estaban relacionadas al nacimiento preparado por su madre.

> Entonces, antes de la misa de medianoche, su amiga (sería alguna amiga querida de la familia) o la persona que había sido seleccionada para hacer el vestido del Niño Dios, venía a vestir al Niño Dios y a ponerlo en su cuna, en su pesebrito. Luego, tenían el abrazo de las comadres. Iban a misa de medianoche y

Rafaela Barroso and her son, Joey, with the family *nacimiento* and Christmas tree, 1990.

Rafaela Barroso y su hijo, Joey, junto al nacimiento y al árbol navideño, 1990.

be a big spread. If there wasn't, then you made do with coffee and *buñuelos* or *pan mexicano*, or whatever.[23]

Unlike Las Posadas, which immigrants customarily observed outside and in public, *nacimientos* and other family observances could be continued in the comfort and privacy of home. As Heisley observes, "The roles of *nacimientos* in Mexican-American communities reflect the importance of the family and its traditions as a means of adapting to a new set of social relations and of dealing with the cultural conflicts that accompany migration and immigration."[24]

Women played the central role in maintaining the family and its traditions. For women of the Detroit *colonia*, the assembly of whole villages of carefully collected and homemade objects and figurines provided a creative and spiritual outlet from the continuous work of maintaining a household and raising a family. Although some Detroit *mexicanas* found more freedom from rigid Mexican sex roles, many women seldom left the world of home and family except to attend church. Rosa Solano, who arrived in Detroit in 1943, recalled that "for a long time I didn't go to church because I was too busy at home with my little ones and sending my husband off to work. That's all I ever did. I'd go to church maybe for the holidays, but that was all, run to the church and run back. I

volvían. Entonces comían lo que había. Ud. sabrá, si había mucho dinero, teníamos mucha comida. Si no, pues hacíamos lo que podíamos con café, buñuelos, pan mexicano o cualquier otra cosa.[23]

En contraste con las Posadas, las que los inmigrantes estaban acostumbrados a celebrar al aire libre y en público, los nacimientos y otras observancias familiares se podían continuar en la comodidad y privacidad del hogar. Como Heisley observa, "El papel de los nacimientos en las comunidades méxico-americanas refleja la importancia de la familia y sus tradiciones como un medio de adaptación a un conjunto de nuevas relaciones sociales; la familia tambien servía para enfrentarse a los conflictos culturales que suelen acompañar a la migración y a la inmigración".[24]

Las mujeres jugaban un papel central en el mantenimiento de la familia y sus tradiciones. Para las mujeres de la colonia en Detroit, el montaje de pueblitos enteros, hechos con objetos y figurillas cuidadosamente coleccionados o hechos a mano, representaba un desahogo espiritual y creativo que las alejaba del trabajo continuo asociado con el mantenimiento del hogar y de la crianza de la familia. Aunque algunas mexicanas en Detroit sí encontraban más libertad del papel que la cultura mexicana relegaba a los sexos, la mayoría de las mujeres raramente dejaba el mundo de sus hogares y familias excepto para asistir a la iglesia. Rosa

didn't know what was going on. There were very few Latinos in church at the time at Ste. Anne's."[25]

Many husbands did not allow wives or daughters to go out of the house alone. In addition, without the incentive of jobs or school which forced their husbands and children to learn English, many first-generation women also were isolated by language. As Rafaela Barroso recalls:

> The year I arrived here, during the later part of August, I was a bit confused because, in the first place, I did not know the local traditions or

Solano, quien llegó a Detroit en 1943, recuerda que: "Por mucho tiempo no iba a la iglesia porque estaba muy ocupada en la casa con mis hijitos y con las preparaciones para mandar a mi esposo al trabajo. Eso era todo lo que hacía. Iba a la iglesia quizás en los días de fiesta pero eso era todo. Iba y venía de la iglesia. No me daba cuenta de lo que estaba pasando. Habían muy pocos latinos en la Iglesia de Santa Ana durante ese tiempo."[25]

Muchos esposos no permitían que sus esposas y sus hijas salieran de la casa solas. Además, puesto que no tenían la motivación que los trabajos y la escuela imponían en los esposos y

Photo/Foto: David Perry

Detail from Rafaela Barroso's *nacimiento*, 1990.   **Detalle del nacimiento de Rafaela Barroso, 1990.**

Isabel Oropeza's *nacimiento* contains figurines of Mary, Joseph, and the donkey, all bequeathed to her by her aunt, María Magaña Alvizu.

El nacimiento del Isabel Oropeza contiene las figurillas de María, José, y el burro, todos legados por su tía, María Magaña Alvizu.

the language. I didn't have any friends, I didn't know anyone. It was a real difficult time for me and my efforts for personal development and for making my way in life because I only spoke Spanish, and that was with my husband and two sons and with my daughter whom I brought from Mexico when she was eight months old.[26]

In this context, the creation of a *nacimiento* was an act of personal satisfaction and expression in which *mexicanas* could link family, tradition, artistry, and spiritual devotion.

Nacimientos usually are composed of purchased figurines. Some people made individual objects, but none would have equalled Mercedes Cornejo Casillas,

en los hijos para aprender el inglés, muchas mujeres de la primera generación también estaban aisladas a causa del idioma. Como Rafaela Barroso recuerda:

El primer año, cuando vine aquí durante los últimos días de agosto, estaba un poco perturbada. Esto era porque, en primer lugar, yo no sabía las costumbres de aquí, ni el idioma. No tenía amistades; no conocía a nadie. Fue muy duro desenvolverme y hacerme mi mundo porque yo hablaba el español solamente, y esto era sólo con mi esposo y mis dos hijos y con mi primera hija de ocho meses, la que traje de México.[26]

En este contexto, la creación del nacimiento era un acto de satisfacción personal y una expresión en la cual las mexicanas podían entrelazar a la familia, la tradición, el arte, y la devoción

Las Posadas
en Detroit

originally from Jalostotitlán, Jalisco, who handcrafted a series of villages which took up the entire length of the dining room: pastoral scenes with shepherds, the Three Kings, the manger, forests with wild animals, towns with plazas full of musicians. She fashioned six-to-eight-inch figures out of cloth or rags, each face painstakingly embroidered with tiny eyebrows, eyelashes, and lips. She and her daughter, Sonnie Casillas Pérez, purchased used clothing for the satin, lace, and ribbons used to dress the figures, and fleeced jackets to make flocks of sheep. Mercedes Casillas created buildings from painted cardboard and matchsticks. Her churches had gleaming domes made from crushed and glued false pearls. The entire *nacimiento* glittered with tiny lights. Neighbors frequently came to admire her artistry, and when a piece was admired, Sra. Casillas frequently gave it away. Sonnie Casillas Pérez today laments that nothing remains of her mother's extraordinary handiwork.[27]

For immigrant families with little money, handmade or reused objects must have been common. Few women had the luxury to bring entire *nacimientos* with them on the long journey north by train, truck, bus, or car, and new figurines were costly. During the 1930s and 1940s, for example, Belén Blancarte made resourceful and creative use of cotton, lumps of coal for mountains, mirrors for lakes, and rivers of melted glass. "She would melt blue bottles and green bottles and make green rivers and

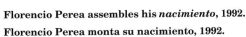

Florencio Perea assembles his *nacimiento*, 1992.

Florencio Perea monta su nacimiento, 1992.

Photo/Foto: Laurie Kay Sommers

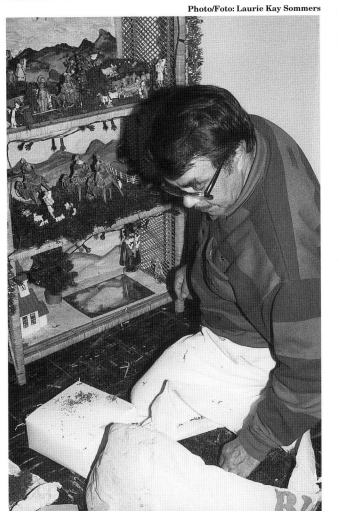

espiritual.

Normalmente, los nacimientos se hacían con figurillas compradas. Ciertas personas hacían objetos individuales, pero ninguno se podía comparar a los de Mercedes Cornejo Casillas, orginalmente de Jalostotitlán, Jalisco, quien hizo a mano una serie de pueblitos que ocuparon todo el comedor: escenas pastorales con pastores, los Tres Reyes, el pesebre, un bosque con animales silvestres, pueblitos con plazas llenas de músicos. Ella configuró figurillas de seis a ocho pulgadas de tela o de garras; cada cara tenía bordada cuidadosamente sus cejas, sus pestañas, y sus labios. Ella y su hija, Sonnie Casillas Pérez, compraban ropa usada de raso encaje y listones y con estos materiales vestían las figuras. Compraban chaquetas de lana para hacer rebaños de ovejas. Mercedes Casillas hizo sus edificios de cartón pintado y con palillos de cerillos. Sus iglesias tenían cúpulas brillantes, hechas de perlas falsas, que se pegaban con goma. El nacimiento entero relucía con pequeñas luces. Los vecinos venían para admirar su arte, y frecuentemente, cuando alguna pieza era admirada, la Señora Casillas la regalaba. Hoy día, Sonnie Casillas Pérez lamenta que nada haya quedado de la artesanía extraordinaria de su madre.[27]

Para las familias inmigrantes con pocos recursos, los objetos hechos a mano o reusados tenían que haber sido comunes. Pocas mujeres podían darse el gusto de traer nacimientos enteros en el viaje largo hacia el norte, el que se hacía por tren, por camión, por autobús, o por automóvil, y el comprar figurillas nuevas era muy costoso. Por ejemplo, durante los años treinta y cuarenta,

Photo/Foto: David Perry

blue rivers. And she'd be hiding them in boxes, and my dad would find them, and he'd go and throw them out. Everybody, all her *comadres* [would say] 'Oh, how beautiful.' And we'd say, 'Oh, God, Mom's gonna start with that junk all over again'."[28] In a period when pressures to Americanize remained strong, the second generation did not always appreciate customs that were different from those of their friends.

The Blancarte *nacimiento* was typical of many of the period in its placement under or next to a Christmas tree. Christmas trees are a northern European custom not found in Mexico until relatively recently.[29] Certainly, Mexican immigrants to Detroit did not have them prior to the 1950s, and oral histories gathered for this publication suggest that change came gradually.

Many of the pioneering generation preserved their transplanted Mexican traditions in spite of overwhelming societal pressures to Americanize. Sonnie Casillas Pérez, whose family came to Detroit in 1922, never had a Christmas tree at home while she was growing up. "All the Mexicans that I knew of, when they came they didn't believe in Santa Claus or the Christmas tree or anything. We just had the *nacimientos*, the crib. And then, the Tres Reyes [the Three Kings]." By the time she had a family of her own, "you were pressured into it really, because everybody around us had a Christmas tree."[30] During the 1930s, Nicolás Mares, Sr. and his family celebrated with both a tree and a *nacimiento*. "In the time my children were small, yes, that was part of the custom here and we didn't see anything wrong with it."[31]

For some families, however, the differing

Belén Blancarte ingeniosa y creativamente usó algodón, pedazos de carbón para montañas, y espejos hechos de vidrios derretidos para lagos y ríos. "Derretía botellas verdes y azules para hacer sus ríos. Ella los escondía en cajas y mi papá se los encontraba, y se los tiraba a la basura. Todo el mundo — todas sus comadres decían, '¡Oh, qué bello!' Y nosotros decíamos, 'Dios mío, mamá va a empezar de nuevo con sus tonterías'."[28] En una época en que había presiones fuertes para que las personas de la segunda generación se asimilaran a lo americano, éstas de vez en cuando no estaban dispuestas a aceptar costumbres distintas a las de sus otras amistades.

El nacimiento de los Blancarte era típico de los de ese período por su colocación debajo del árbol navideño. Los árboles de Navidad tienen su origen en una costumbre del norte de Europa, la que no se conocía en México hasta recién.[29] Ciertamente, los inmigrantes mexicanos que llegaron a Detroit no usaron nacimientos antes de los años cincuenta, y las historias orales que se utilizaron para esta publicacíon sugieren que el cambio fue lento.

Muchos de la generación pionera preservaron sus tradiciones mexicanas a pesar de las presiones abrumadoras a favor de la americanización. Sonnie Casillas Pérez, cuya familia llegó a Detroit en 1922, nunca tuvo un árbol navideño en su casa mientras crecía. "Todos los mexicanos que yo conocía no creían en Santa Claus ni en el árbol navideño, ni en nada de esto cuando primero llegaron. Nosotros solamente teníamos el nacimiento y el pesebre, y luego los Tres Reyes." Para cuando ella tuvo su propia familia las costumbres habían cambiado. "Uno se sentía obligada a utilizar el arbolito de Navidad porque todo mundo a nuestro alrededor solía tenerlo."[30] En los años treinta, Nicolás Mares y su familia

styles of observing Christmas created conflict. This was especially the case with the observance of the Day of the Three Kings. In Mexico, the Day of the Three Kings, or January 6, with its processions and exchange of gifts, is a bigger day than December 25. In Detroit, some families continued the custom of gift-giving on January 6. Especially for school-age children, however, customs different than American Christmas often became problematic. Argelio Pérez, Sr. recalls:

> We never believed in presents on Christmas day, you know. My buddies and all my friends would say, "What'd you get for Christmas?" I'd say, "I didn't get anything." Then, about this Christmas tree, we didn't get a Christmas tree until I was already in my late teens.[32]

For Pérez, different customs helped to hide the fact that his family could afford few gifts.

Frank Lozano, who grew up in the 1930s, also recalls that January 6 was more significant than Christmas. Although they lacked money for presents, his mother would make sweet Mexican-style breads. Some families prepared the traditional *rosca de reyes* (ring bread in honor of the Three Kings) with a tiny figure of the Christ Child inside. Whoever got the figure was supposed to host the Levantamiento party. Lozano reflected, "In those days, there was food on the table, and everybody was celebrating this. Then my

celebraban con ambos: el árbol y el nacimiento. "Cuando mis hijos estaban pequeños ya era parte de las costumbres de aquí, y nosotros no veíamos nada malo en eso."[31]

Sin embargo, para algunas familias, los diferentes estilos de celebrar la Navidad crearon conflictos. Esto ocurrió, especialmente, con la observancia del Día de los Tres Reyes. En México, el Día de los Tres Reyes o el 6 de enero, con sus procesiones e intercambio de regalos, es un día más festivo que el 25 de diciembre. En Detroit, algunas familias siguieron intercambiando regalos el 6 de enero. Sin embargo, especialmente para los niños que asistían a la escuela, la diferencia de costumbres navideñas mexicanas y americanas solían traer problemas. Argelio Pérez recuerda,

> Ud. sabe, nunca creímos en (intercambiar) regalos el día de Navidad. Mis cuates y todos mis amigos decían, "¿Qué recibiste para la Navidad?" Yo respondía, "No recibí nada." Entonces,

Photo/Foto: David Perry

Mexican scene from Florencio Perea's *nacimiento*, 1991.

Escena mexicana del nacimiento de Florencio Perea, 1991.

dad or mother would talk about the Three Kings and the reasons [for celebrating it]."[33]

By the 1950s, established Detroit Mexican-American families, like that of Roberto Muñoz, had created a Mexican-American Christmas. "We had a tree, but it wasn't taken down 'til el Día de los Reyes [Day of the Three Kings]. I remember a lot of things being a combination of the two, a blending of both cultures."[34] In some families, for example, both Santa Claus and the Niño Dios arrived on Christmas Eve or Christmas Day. Over time, the *nacimientos* also began to reflect both cultures with Michigan Christmas scenes of snow-covered towns, ice skating, Santa, Christmas trees, and carollers, along with those of Mexico and the Holy Land.

Also beginning in the 1950s, changes began to take place in the local Catholic church. With the arrival of Father Clement Kern at Most Holy Trinity in 1943, devout members of the *colonia* at last found a sympathetic and influential ally. Their joint efforts led to the introduction of Mexican customs, including Christmas customs, into the liturgy. Not until the 1960s, however, did various Latino churches take active roles in organizing Posadas in the church and in private homes. Father James Barrett recalls: "About a year after my return in 1967, I began having Posadas in private homes during the novena at Christmas. At that time Posadas were being carried on at Ste. Anne, mainly in the church."[35]

As with the Fiestas Guadalupanas and Día de los Muertos, Las Posadas flourished with the changes of the 1960s. Although individual families today continue home Posadas as they always have, the church takes the leading role. Church organizations such as Damas Católicas, Franciscanas, Caballeros de Cristo, and Cursillistas, and individual parish families host Posadas in the church or in private homes. In 1992, for example, Holy Redeemer, Most Holy Trinity, Ste. Anne, St. Gabriel, and María Madre de la Iglesia all held Posadas.

sobre lo de tener un árbol navideño y lo demás, nosotros no tuvimos un árbol de Navidad hasta que yo estaba en los años finales de mi adolescencia.[32]

Para Pérez, la diferencia de costumbres le sirvió a cubrir el hecho de que su familia en realidad no podía darse el lujo de regalos.

Frank Lozano, quién creció en los años treinta, también recuerda que el 6 de enero era más significativo que la Navidad. Aunque carecían de dinero para regalos, su madre hacía panecitos mexicanos. Algunas familias preparaban la rosca de reyes tradicional la que llevaba por dentro una figurilla pequeña del Niño Dios. La persona a quién le tocaba la figurilla tenía que organizar la fiesta del "Levantamiento." Lozano recuerda, "En esos días, había comida en la mesa, y todo el mundo celebraba esto. Entonces, mi madre o mi padre hablaban de los Tres Reyes y de las razones por las cuales se celebraba ese día."[33]

Para fines de los años cincuenta, las familias méxico-americanas establecidas en Detroit, como la de Roberto Muñoz, habían creado una Navidad méxico-americana. "Teníamos un árbol, pero no lo quitábamos hasta el Día de los Reyes. Recuerdo que muchas actividades eran una combinación o un enlace de dos culturas."[34] En algunas familias, por ejemplo, tanto Santa Claus como el Niño Dios llegaban en la Nochebuena o el Día de Navidad. Al pasar el tiempo, los nacimientos también empezaron a reflejar las dos culturas en sus escenas de la Navidad en Michigan. Tenían pueblos cubiertos de nieve, figuras que patinaban sobre el hielo, Santa Claus, el árbol navideño, y personas que cantaban villancicos, al lado de escenas de México y de la Tierra Santa.

También en los años cincuenta, empezaron a ocurrir cambios en la iglesia católica local. Con la llegada del Padre Clement Kern a la Iglesia de la Santísima Trinidad en 1943, los feligreses de la colonia por fin encontraron a un aliado compasivo e influyente. Los esfuerzos de las familias y del padre resultaron en la introducción de costumbres mexicanas a la liturgia, incluyendo las de la Navidad. Sin embargo, no fue hasta los años sesenta que varias iglesias latinas tomaron un papel activo, organizando posadas en la

María Benítez (foreground) and Father James
Barrett (background) lead the rosary at the
Benitez home Posada, 1988.

María Benítez (al frente) y el Padre James
Barrett (al fondo) rezan el rosario durante la
posada en el hogar de la Sra. Benítez en 1988.

Since the mid-1980s, the Mexican Civic and Patriotic Committee also has sponsored a public Posada in their own Azteca Hall.[36]

Detroit's most recent Latino Catholic parish, and the only one with a Mexican-American priest, is María Madre de la Iglesia Mission. Father Juan González was raised in Detroit, but his family attended an Anglo parish where Posadas never were celebrated.

Posada procession at the home of Vicenta "Chenta" Salazar, 1991. Many Mexican-American families observe both U.S. and Mexican Christmas customs, as illustrated by the Santa Claus and reindeer decorations.

iglesia y en casas privadas. El Padre James Barrett recuerda: "Como un año después de mi regreso, en 1967, empecé a tener posadas en casas privadas durante la novena de Navidad. A la vez se empezaron a llevar a cabo posadas en Santa Ana, mayormente en la iglesia."[35]

Así como pasó con las Fiestas Guadalupanas y con el Día de los Muertos, las Posadas florecieron a causa de los cambios de los años sesenta. Hoy en día, aunque algunas familias particulares

Procesión y posada en casa de Vicenta "Chenta" Salazar, 1991. Muchas familias méxico-americanas observan costumbres navideñas tanto estadounidenses como mexicanas, como se muestra aquí a través de las decoraciones de Santa Claus y los venados.

Photo/Foto: David Perry

Antonio and Conchita Ramírez Castro, as Joseph and Mary, lead the Posada Viva procession, Most Holy Trinity Church, 1990.

Antonio y Conchita Ramírez Castro, como José y María, encabezan la procesión de la Posada Viva, Iglesia de la Santísima Trinidad, 1990.

◄ Food at St. Gabriel Church Posada party, 1990.

Comida servida en la fiesta de la posada, Iglesia de San Gabriel, 1990.

Organizer Joe Rodríguez (left) with
Douglas Rodríguez and Cecilia Meade
as Joseph and Mary, Ste. Anne Posada
Viva, 1990.

Posada Viva de Santa Ana: Joe
Rodríguez (izquierda), organizador,
con Douglas Rodríguez y Cecilia
Meade como José y María, 1990.

I see that the Mission is really
responding to a tremendous need of
Hispanic Catholics because the
Mission is trying to preserve all of
these traditions and celebrating them.
So we do have Posadas here at the
Mission. We don't have the customary
nine, because there's a lot of other
things happening right before
Christmas here. There is a lot of work
preparing for Christmas. So we
usually do four, every other day.
What we do here is that there's a
group of families, whether it's three,
four, five, or six families, who get
together and they sponsor the Posada.
We've been doing that for the past two
or three years.[37]

Despite their increased acceptance and
numbers, most Posadas still occur in the
relative privacy of a church hall or family
living room. The notable exception, and the
Posada most reflective of the changed
cultural climate, is the Ste. Anne Posada
Viva organized by Joe Rodríguez in 1988.
Rodríguez, the eldest of seven children, grew
up in a Detroit Mexican home in which
Posadas were not observed. The family
attended Our Lady of Guadalupe Church and
later the Spanish mass at Ste. Anne's side
chapel. Rodríguez moved out of the barrio
after his marriage. In recent years he returned to Ste. Anne, motivated by a desire to
become more involved with his Mexican
heritage. This prompted him to sponsor one
night of the church's Posada celebrations.
The name Posada Viva, or living Posada,
comes from the tableau created by the live
burro and participants dressed as angels,

continúan celebrando posadas en casa así como
siempre lo han hecho, es la iglesia la que tiene el
papel de liderazgo en estas observancias. Organizaciones asociadas con la iglesia, como las
Damas Católicas, las Franciscanas, los Caballeros de Colón, y los Cursillistas, tanto como
algunas familias particulares se hacen cargo de
las Posadas en la iglesia o en casas privadas. En
1992, por ejemplo, las iglesias Santísimo
Redentor, la Santísima Trinidad, Santa Ana,
San Gabriel, y María, Madre de la Iglesia, todas
tuvieron posadas. Desde mediados de los años
ochenta, el Comité Cívico y Patriótico Mexicano
ha patrocinado una posada pública en su propio
Salón Azteca.[36]

La iglesia católica más nueva en Detroit y la
única con un sacerdote méxico-americano es la
Misión María, Madre de la Iglesia. El Padre
Juan González se crió en Detroit, pero su familia
asistía a una parroquia de habla inglés donde
nunca se celebraban las Posadas.

Veo que la Misión está respondiendo
verdaderamente a una necesidad tre-
menda de los católicos hispanos, porque la
Misión trata de preservar y celebrar estas
tradiciones. Sí, tenemos posadas aquí en la
Misión. No tenemos nueve (posadas) como
se acostumbra porque están pasando
muchas otras cosas en los días antes de la
Navidad, incluyendo las preparaciones
para la Navidad. Usualmente hacemos
cuatro, una cada otro día. Lo que hacemos
aquí es que un grupo de tres, cuatro, cinco,
o seis familias se reunen para patrocinar
las Posadas. Hemos hecho esto por los
últimos dos o tres años.[37]

Aunque las Posadas fueron creciendo en
cuanto su aceptación y su número, la mayoría de
ellas todavía se llevan a cabo en la privacidad de

Mary, and Joseph.

Unlike other barrio Posadas, the Posada Viva is highly public. It takes place outside on the streets surrounding Ste. Anne. Rodríguez encourages publicity, and both the *Detroit News* and *Free Press* regularly feature a story or photo. He also openly encourages the participation of non-Mexicans, including his students and families from University of Detroit High School, where he was head of the Modern Languages Department until his retirement in 1991. Accordingly the songsheets used during the procession include traditional Posada songs and Christmas carols printed in Spanish and English. In 1991, the Posada Viva passed through nearby Mexicantown at the invitation of the Southwest Detroit Business Association.

The Posada Viva reflects the ethnic revitalization and changed stature of the *colonia*. Rodríguez himself, like many of the generation raised in the 1930s and 1940s was made to feel ashamed of his Mexican background.[38] In 1990, he told the *Detroit News*, "We're all very proud of being Hispanic here, and we want to remember our roots."[39]

Las Posadas continue to inspire creativity among the people of the *colonia*. The figures of the *misterio*, for example, are sometimes specially prepared for use in the

Photo/Foto: Eduardo Treviño

Piñata party at the Ste. Anne Posada Viva, 1991.

Fiesta con piñata, Posada Viva de Santa Ana, 1991.

un salón de la iglesia o en una sala familiar. La excepción notable y la posada que refleja más el cambio del clima cultural es la Posada Viva, organizada por Joe Rodríguez en 1988 en Santa Ana. Rodríguez, el mayor de siete hijos, se crió en un hogar mexicano en Detroit donde no se celebraban las Posadas. Su familia asistía a la Iglesia de Nuestra Señora de Guadalupe, y después, asistía a la misa hispana en la capillita de Santa Ana. Rodríguez se mudó del barrio después de su boda. En años recientes, él volvió a Santa Ana, motivado por un deseo de identificarse más con su herencia mexicana. Esto lo impulsó a patrocinar una de las celebraciones de las Posadas en la iglesia. El nombre Posada Viva viene de un cuadro, en el que participan un burro vivo y personas vestidas de ángeles y de María y José.

En contraste a otras posadas en el barrio, la Posada Viva es bastante pública. Se lleva a cabo afuera, en las calles alrededor de Santa Ana. Rodríguez promueve la publicidad, y ambos periódicos locales, el *Detroit News* y el *Detroit Free Press*, publican artículos acerca del evento e incluyen una fotografía. También promueve la participación de gente no-mexicana, incluyendo los estudiantes y sus familias de la Escuela Secundaria de la Universidad de Detroit donde Rodríguez era el Jefe del Departamento de Idiomas Modernos hasta su jubilación en 1991. Por esa razón, los cantos escritos que se usan durante la procesión incluyen cantos tradicionales de las Posadas y villancicos en español e inglés. En 1991, la Asociación de Negocios del

Posadas. The late Rita Gutiérrez, who along with Father James Barrett is credited with starting Las Posadas at Holy Redeemer, decorated a *camilla* (litter) with silk flowers, lace, cloth, and colored lights, and then lovingly sewed special clothing for the figures of Mary and Joseph. The parish currently uses the *camilla* at all of its Posadas. Many women also sew special clothing for the Niño Dios.

The piñata in Mexico historically was associated only with Las Posadas, although it is now widely used for various fiestas.[40] In the Detroit *colonia*, stores have sold Mexican-made piñatas for years, but home piñata-making also persists. Piñata makers create brightly colored, fanciful shapes of fruits, vegetables, burros, and cartoon characters for children to smash with glee. The family of Gloria and Germán Rosas specializes in the most traditional shape, the star, which they make and sell in the family's Mexicantown business,

Sonnie Casillas Pérez creating a piñata of a *charro*, 1989.

Sonnie Casillas Pérez crea una piñata de un charro, 1989. Photo/Foto: Al Kamuda

Suroeste de Detroit invitó a la Posada Viva a pasar por Mexicantown.

La Posada Viva refleja la revitalización étnica y el cambio en la imagen de la colonia. Como pasó con muchos de su generación, quienes se criaron durante los años treinta y cuarenta, Rodríguez se sentía avergonzado de su procedencia mexicana a causa del prejuicio social.[38] En 1990, le dijo al *Detroit News*, "Todos aquí estamos muy orgullosos de ser hispanos y queremos recordar nuestras raíces."[39]

Las Posadas continúan inspirando la creatividad entre la gente de la colonia. Las estatuillas del misterio, por ejemplo, a veces son preparadas especialmente para las Posadas. La difunta Rita Gutiérrez, quien junto con el Padre James Barrett, se reconoce por el haber empezado las Posadas en el Santísimo Redentor, decoraba el pesebre con flores de seda, listones, tela, y luces de color, y cosía cariñosamente el vestuario para las estatuillas de María y José. Hoy en día, la parroquia usa el pesebre para todas sus posadas. Muchas mujeres también cosen ropa especial para el Niño Dios.

En México, históricamente, la piñata se asociaba solamente con las Posadas, aunque

Xochi's Mexican Gifts. Piñata maker Sonnie Casillas Pérez has received a Michigan Heritage Award in recognition of her artistry, which includes special Christmastime Santas with her trademark curly eyelashes. Florencio Perea, who made piñatas in his native Querétaro, Mexico, before emigrating to Detroit in 1953, formerly used the traditional *olla* or clay pot, but changed to paper since coming to Michigan. He experimented with different forms, including a humorous attempt at a king-size pizza piñata made out of flour and water.[41]

In addition to the contents of the piñata, children also receive packages of sweets, fruit, or nuts known variously as *aguinaldos* or *bolos*. Micaela Pérez remembers that in her native Jamay, Jalisco, everyone made little baskets or containers for the gifts of fruits, nuts, and special candies given out during the Posada party. Since

ahora frecuentemente se usa para varias fiestas.[40] Aunque piñatas hechas en México se han vendido por años en tiendas de la colonia de Detroit, también se acostumbra tener piñatas caseras. Las personas que hacen las piñatas crean figuras de fantasía y otras formas en colores brillantes, como frutas, verduras, burros, y personajes de caricaturas para que los niños las rompan con alegría. La familia de Gloria y Germán Rosas se especializa en piñatas en forma de estrella, la forma más tradicional, que hacen para vender en su negocio familiar, Xochi's Mexican Gifts en Mexicantown. Otra artesana de piñatas, Sonnie Casillas Pérez, ha recibido el premio Michigan Heritage Award en reconocimiento de su arte, que incluye unos Santa Clauses navideños especiales con una marca distintiva — pestañas rizadas. Florencio Perea, quien hacía piñatas en su nativo Querétaro antes de inmigrarse a Detroit en 1953 usaba la olla tradicional, pero cambió a papel desde su

Vicenta "Chenta" Salazar (left) and Julia Moncevaís of Most Holy Trinity hand out *bolos* to the Gutiérrez family during a church Posada party, 1990.

Vicenta "Chenta" Salazar (izquierda) y Julia Moncevaís, Iglesia de la Santísima Trinidad, reparten los bolos a la familia Gutiérrez durante la fiesta de posada, 1990. Photo/Foto: David Perry

Las Posadas
en Detroit

coming to Michigan in 1969, she has continued the custom, but with purchased crocheted baskets from Toledo, Ohio.[42] The faster pace of life in the U.S. has simplified this and other customs. Especially for church Posadas, the treats often simply are wrapped in a festive napkin tied with ribbon.

Likewise, the foods served at church Posadas, where crowds are bigger, usually are less elaborate than those made at home. The choice and preparation of Posada foods now combine Mexican and American influences and the use of convenience foods. Various church groups or the host family provide the food, which in its simplest form consists of coffee, *atole champurrado* (the traditional Mexican Christmastime corn-based drink, typically flavored with chocolate), and *pan dulce*, cookies, and donuts purchased at local bakeries or *panaderías*. More elaborate preparations often include *buñuelos* (the deep fried pastry associated with the season), *tostadas*, tacos, tamales, eggnog, and hot tropical fruit punch sweetened with sugar cane.

Since food is one of the most conservative aspects of culture, the dishes associated with Christmas reflect regional differences in Mexico. Many women, however, still make tamales at Christmastime. Even in homes which do not have Posadas, the meal after midnight mass on Christmas Eve often includes tamales. Now with the availability of packaged *masa* mix and two *tamalerías* in the barrio, the entire process is simpler. For traditionalists, however, nothing compares with the taste and texture of a good homemade *tamal*. In many families, the matriarch orchestrates the tamale-making, and married children return for the Christmas meal. Daughters may not continue the laborious process after their mother's passing by choice or simply because they may never have learned it.[43]

From the beginning, Las Posadas in Detroit differed from celebrations in Mexico. As the most public aspect of

llegada a Michigan. El experimentó con diferentes formas y materiales; inclusive su sentido de humor lo llevó a fabricar una piñata en forma de una pizza, tamaño gigante, utilizando harina y agua.[41]

Además de los materiales que van dentro de la piñata, los niños también reciben paquetes de dulces, fruta, o nueces, los que se conocen como *aguinaldos* o *bolos*. Micaela Pérez recuerda que en su nativo Jamay, en Jalisco todos hacían canastitas o recipientes para las frutas, las nueces, y los dulces especiales que se repartían durante la fiesta de la posada. Desde su llegada a Michigan en 1969, ella ha continuado la costumbre, pero con canastas tejidas que compra en Toledo, en Ohio.[42] El ritmo acelerado de vida en los Estados Unidos ha hecho que ésta y otras costumbres se simplifiquen. Los regalitos que se distribuyen en las Posadas en las iglesias, se envuelven sencillamente en servilletas festivas, atadas con un listón.

Igualmente, la comida que se sirve en las Posadas de las iglesias, donde hay grupos grandes, usualmente es sencilla en comparación con la que se comparte en casa. La selección y la

Photo/Foto: David Perry

Ramón Hernández serves *atole champurrado* at the Ste. Anne Posada Viva, 1990.

Ramón Hernández sirve el atole champurrado durante la Posada Viva de Santa Ana, 1990.

Mexican Christmastime celebrations, typically observed in the neighborhood streets, Posadas were the Mexican Christmas custom which the pioneering immigrants of the 1920s felt least comfortable continuing. They celebrated Posadas only sporadically, or in the privacy of their home and family, and, until recent decades, never in church.

Photo/Foto: David Perry

From left, Beatriz Molina, Lupita Reyna, Victorita Saldaña, and Julia Moncevaís, Guadalupanas from Most Holy Trinity Church, make *tostadas* for a Posada party, 1990.

De izquierda a derecha: Beatriz Molina, Lupita Reyna, Victorita Saldaña, y Julia Moncevaís, Guadalupanas de la Iglesia de la Santísima Trinidad, preparan tostadas para la fiesta de posada, 1990.

The more private Christmas traditions of the *nacimiento* and Niño Dios were always more prevalent than Las Posadas.

Only since the 1960s, as ethnic diversity in both church and society has become more accepted, have Detroit *mexicanos* become more open with their culture. This openness is expressed in the revitalized Posada tradition now celebrated in the barrio. Detroit Posadas, like the larger cycle of Christmas customs of which they are a part, have become Mexican-American, reflective of the dual heritage of the current generation. The tradition has become shortened to less than nine days, and at times the pressures of work and the pace of life threaten its very existence. Alfredo Aguirre, Jr. comments: "Sometimes I see it as being more powerful here because there's that intense desire not to lose the customs."

preparación de la comida para las Posadas ahora incluye influencias mexicanas y americanas y el uso de comida "de conveniencia." Varios grupos de la iglesia o la familia anfitriona proveen la comida, que en su forma más sencilla, consiste de café, atole champurrado (atole de sabor de chocolate servido durante la Navidad), y pan dulce, galletas, y "donuts" comprados en las panaderías locales. Entre las preparaciones más elaboradas a veces se incluyen buñuelos (postre asociado con la temporada), tostadas, tacos, tamales, rompope, y el ponche caliente tropical hecho con caña.

Puesto que la comida es uno de los aspectos más conservadores de la cultura, los platillos asociados con la Navidad mantienen las diferencias regionales que se encuentran en México. Muchas mujeres, sin embargo, aún hacen tamales para la temporada navideña. Aún en los hogares donde no hay posadas, la comida después de la Misa de Nochebuena tiende a incluir tamales. Ahora, con la disponibilidad de la masaharina empaquetada y con dos tamalerías en el barrio, el proceso se ha simplificado. Sin embargo, para los tradicionalistas, nada se compara con el sabor y la textura de los buenos tamales hechos en casa. En muchas familias, la madre de la familia organiza "la tamalada," y se hacen los tamales. Los hijos casados vuelven a celebrar la comida navideña. Después de la muerte de la madre, las hijas frecuentemente no

At times we do more to keep the custom alive. Then, somebody will take it for granted and will not even go to a Posada because they're 'too busy working'. "[44]

Some interviewees lament that the Detroit Posadas lack authenticity, and that the youth are not being trained in the full richness and meaning of the tradition by either clergy or laity. But the continuity of Las Posadas is nonetheless a source of pride. Paulina Aguirre, who emigrated to Detroit in 1984, perhaps expresses it best. "I believe the community has accomplished a lot; it is wonderful to encounter something so positive here."[45]

Victorita Saldaña holds a tray of tamales for the Most Holy Trinity Church Posada, 1990.

Victorita Saldaña demuestra una bandeja con tamales para la Posada de la Iglesia de la Santísima Trinidad, 1990. Photo/Foto: David Perry

continúan con este proceso trabajoso, quizás simplemente porque nunca lo hayan aprendido.[43]

Desde el principio, las Posadas en Detroit eran diferentes de las de México. Por su aspecto público típicamente celebrado en las calles del barrio, las Posadas han sido una de las costumbres mexicanas navideñas que los pioneros inmigrantes de la colonia de los años veinte se sentían menos cómodos en continuar. Las Posadas se celebraban esporádicamente nada más, o en la privacidad de sus hogares y en familia. Hasta décadas recientes, no se celebraban en la iglesia. Las tradiciones navideñas privadas del nacimiento y del Niño Dios siempre eran más populares que las Posadas.

Desde los años sesenta, cuando se empezó a aceptar la diversidad étnica, tanto en la iglesia como en la sociedad, los mexicanos de Detroit han sido mucho más abiertos en relación a su cultura. Esta apertura se expresa en la festividad revitalizada que se celebra en el barrio. Las Posadas de Detroit, como parte de un ciclo más grande de costumbres navideñas se han transformado y ahora son méxico-americanas; así reflejan la doble herencia de la generación actual. La celebración se ha reducido a menos de nueve días y las exigencias del trabajo y el acelerado ritmo de la vida amenaza su existencia. Alfredo Aguirre, Jr. comenta: "A veces veo que es más potente aquí, porque hay un deseo intenso de no perder las costumbres. A veces hacemos más para que las costumbres se mantengan vivas. Sin embargo, algunas personas lo toman por hecho, y ni siquiera asisten a la posada porque están 'muy ocupados trabajando'."[44]

Algunas de las personas entrevistadas se lamentan de que las Posadas de Detroit carecen de autenticidad y que a la juventud no la está adiestrando ni los clérigos ni los laicos en la riqueza extraordinaria y el significado de la tradición. No obstante, la continuidad de las Posadas sirve como una fuente de orgullo. Paulina Aguirre, quien inmigró a Detroit en 1984, quizás lo expresa mejor. "La comunidad ha trabajado mucho; creo que fue muy bonito encontrarme con algo tan positivo aquí."[45]

Las Posadas

Endnotes / Notas

1. According to thc individuals interviewed for this publication, the *pastorela* never was practiced in Detroit. The complexity of the plot and the Spanish language skills required evidently deterred its continuation in the *colonia*. During the 1980s, the Mexican Civic and Patriotic Committee began a symbolic *pastorela* at Christmastime; children process around Azteca Hall, but none of the characters or text of the traditional *pastorela* are used.

2. José Alfaro, interviewed by Laurie Kay Sommers, November 30, 1991, Troy, MI.

3. Micaela Pérez, interviewed by Trinidad Sánchez, Jr., December 31, 1988, Detroit, MI.

4. The Levantamiento may take place at other times, especially January 6. The research for this book focused primarily on the Posadas tradition.

5. Mary McGregor-Villareal, "*Nacimientos*, the Heart of Christmas," in *More Than a Tradition: Mexican American Nacimientos in Los Angeles* by Michael Heisley and Mary MacGregor-Villareal (Los Angeles: Southwest Museum, 1991), 26.

6. Michael Heisley, "Mexican American *Nacimientos*: History and Contemporary Meanings," in *More Than a Tradition* by Heisley and MacGregor-Villareal, 21.

7. José Alfaro, interviewed by Laurie Kay Sommers, December 14, 1991, Troy, MI.

8. Sonnie Casillas Pérez, interviewed by Laurie Kay Sommers, February 26, 1990, Livonia, MI.

9. Frank Lozano, interviewed by Laurie Kay Sommers, December 13, 1991, Livonia, MI; María Hernández Alcalá, interviewed by Laurie Kay Sommers, February 8, 1992; Joe Rodríguez, interviewed by Laurie Kay Sommers, June 21, 1991, Detroit, MI.; Nicolás Mares, Sr., interviewed by Laurie Kay Sommers, May 29, 1991, Detroit, MI; María Magaña Alvizu, interviewed by Joe Rodríguez, June 28, 1989, Detroit, MI.

10. Argelio Pérez, Sr., interviewed by Laurie Kay Sommers, February 26, 1990; Luz Escamilla, interviewed by Connie Rodríguez Meade, April 24, 1989, Allen Park, MI.

11. Sonnie Casillas Pérez and Argelio Pérez, Sr., interviewed by Laurie Kay Sommers, February 26, 1990, Livonia, MI.

12. Guadalupe Tafoya Lozano, interviewed by Connie Rodríguez Meade, March 15, 1989, Detroit, MI.

13. Sonnie Casillas Pérez and Argelio Pérez, Sr., interviewed by Laurie Kay Sommers, February 26, 1990, Livonia, MI.

14. Father James Barrett, interviewed by Laurie Kay Sommers, April 12, 1991. Barrett would have

---

1. Según las personas entrevistadas para esta publicación, nunca se practicó la pastorela en Detroit. Evidentemente, la complejidad del trama y la necesidad de una facilidad con el idioma español disuadió su continuación en la colonia. Durante los años ochenta, el Comité Cívico y Patriótico Mexicano comenzó una pastorela simbólica durante la temporada navideña; los niños desfilaron dentro del Salón Azteca, pero no usaron ninguno de los personajes ni el texto de la pastorela tradicional.

2. José Alfaro, entrevistado por Laurie Kay Sommers, 30 de noviembre de 1991, Troy, MI.

3. Micaela Pérez, entrevistada por Trinidad Sánchez, Jr., 31 de diciembre de 1988, Detroit, MI.

4. El Levantamiento se puede llevar a cabo en otras ocasiones, especialmente el 6 de enero. El enfoque de la investigación para este libro fue principalmente la tradición de las Posadas.

5. Mary MacGregor-Villareal, "*Nacimientos*, the Heart of Christmas", en *More Than a Tradition: Mexican American Nacimientos in Los Angeles* por Michael Heisley y Mary MacGregor-Villareal (Los Angeles: Southwest Museum, 1991), 26.

6. Michael Heisley, "Mexican American *Nacimientos*: History and Contemporary Meanings", en *More Than a Tradition* by Heisley and MacGregor-Villareal, 21.

7. José Alfaro, entrevistado por Laurie Kay Sommers, 14 de diciembre de 1991, Troy, MI.

8. Sonnie Casillas Pérez, entrevistada por Laurie Kay Sommers, 26 de febrero de 1990, Livonia, MI.

9. Frank Lozano, entrevistado por Laurie Kay Sommers, 13 de diciembre de 1991, Livonia, MI; María Hernández Alcalá, entrevistada por Laurie Kay Sommers, 8 de febrero de 1992; Joe Rodríguez, entrevistado por Laurie Kay Sommers, 21 de junio de 1991, Detroit, MI.; Nicolás Mares, entrevistado por Laurie Kay Sommers, 29 de mayo de 1991, Detroit, MI; María Magaña Alvizu, entrevistada por Joe Rodríguez, 28 de junio 1989, Detroit, MI.

10. Argelio Pérez entrevistado por Laurie Kay Sommers, 26 de febrero de 1990; Luz Escamilla, entrevistada por Connie Rodríguez Meade, 24 de abril de 1989, Allen Park, MI.

11. Sonnie Casillas Pérez y Argelio Pérez, entrevistados por Laurie Kay Sommers, 26 de febrero de 1990, Livonia, MI.

12. Guadalupe Tafoya Lozano, entrevistada por Connie Rodríguez Meade, 15 de marzo de 1989, Detroit, MI.

13. Sonnie Casillas Pérez y Argelio Pérez entrevistados por Laurie Kay Sommers, 26 de febrero de 1990, Livonia, MI.

14. El Padre James Barrett, entrevistado por Laurie Kay Sommers, 12 de abril de 1991. El Padre Barrett, por su trabajo previo entre los tejanos-mexicanos, habría estado familiarizado con esta tradición.

been familiar with the tradition from his previous work among Texas-Mexicans.

15. Consuelo Alcalá, interviewed by Marta E. Lagos, June 15, 1991, Detroit, MI.

16. Raymundo Yáñez, interviewed by Mario Montaño, August 12, 1991, Detroit, MI.

17. Raymundo Yáñez, interviewed by Mario Montaño, August 12, 1991, Detroit, MI.

18. Raymundo Yáñez, interviewed by Mario Montaño, August 12, 1991, Detroit, MI.

19. Consuelo Alcalá, interviewed by Marta E. Lagos, June 15, 1991, Detroit, MI.

20. Rafaela Barroso, interviewed by Marta E. Lagos, February 28, 1992, Detroit, MI.

21. One of her fondest memories is of a young man who came back some years later and asked, " 'Mrs. Barroso, don't you have Las Posadas?' I said to him, 'Definitely, at home, just with my family. But you're welcome to join us when you like.' Then he said, 'I'm very grateful to you, because if it hadn't been for you, I wouldn't have learned how to pray' " (reported in interview with Marta E. Lagos, February 28, 1992).

22. McGregor-Villareal, "*Nacimientos*, the Heart of Christmas," 12.

23. Sonnie Casillas Pérez, interviewed by Laurie Kay Sommers, February 26, 1990, Livonia, MI.

24. Heisley, "Mexican American *Nacimientos*: History and Contemporary Meanings," 38.

25. Rosa Solano, interviewed by Marta E. Lagos, November 21, 1991, Detroit, MI.

26. Rafaela Barroso, interviewed by Marta E. Lagos, February 28, 1992, Detroit, MI.

27. Sonnie Casillas Pérez, phone interview with Laurie Kay Sommers, December 12, 1992, Livonia, MI.

28. Sally Blancarte Ramón, interviewed by Laurie Kay Sommers, November 18, 1991, Detroit, MI.

29. There is, however, a Mexican custom of cutting tree branches at Christmastime.

30. Sonnie Casillas Pérez, interviewed by Laurie Kay Sommers, February 26, 1990, Livonia, MI.

31. Nicolás Mares, Sr., interviewed by Laurie Kay Sommers, May 29, 1991, Detroit, MI.

32. Argelio Pérez, Sr., interviewed by Laurie Kay Sommers, February 26, 1990, Livonia, MI.

33. Frank Lozano, interviewed by Laurie Kay Sommers, December 13, 1991, Livonia, MI.

15. Consuelo Alcalá, entrevistada por Marta E. Lagos, 15 de junio de 1991, Detroit, MI.

16. Raymundo Yáñez, entrevistado por Mario Montaño, 12 de agosto de 1991, Detroit, MI.

17. Raymundo Yáñez, entrevistado por Mario Montaño, 12 de agosto de 1991, Detroit, MI.

18. Raymundo Yáñez, entrevistado por Mario Montaño, 12 de agosto de 1991, Detroit, MI.

19. Consuelo Alcalá, entrevistada por Marta E. Lagos, 15 de junio de 1991, Detroit, MI.

20. Rafaela Barroso, entrevistada por Marta E. Lagos, 28 de febrero de 1992, Detroit, MI.

21. Uno de sus recuerdos más simpaticos es de un joven que regresó años después y le preguntó, " '¿Sra. Barroso, ya no hace las Posadas?' Yo le dije, 'Fíjate que ahora la hago solamente con la familia en la casa. Pero estás bienvenido cuando gustes.' Entonces, me dijo él, 'Yo tengo mucho que agradecerle a ud., porque si no hubiera sido por ud., no habría aprendido a rezar' " (comunicado en su entrevista con Marta E. Lagos, 28 de febrero de 1992).

22. MacGregor-Villareal, "*Nacimientos*, the Heart of Christmas", 12.

23. Sonnie Casillas Pérez, entrevistada por Laurie Kay Sommers, 26 de febrero de 1990, Livonia, MI.

24. Heisley, "Mexican American *Nacimientos*: History and Contemporary Meanings", 38.

25. Rosa Solano, entrevistada por Marta E. Lagos, 21 de noviembre de 1991, Detroit, MI.

26. Rafaela Barroso, entrevistada por Marta E. Lagos, 28 de febrero de 1992, Detroit, MI.

27. Sonnie Casillas Pérez, entrevista telefónica con Laurie Kay Sommers, 12 de diciembre de 1992, Livonia, MI.

28. Sally Blancarte Ramón, entrevistada por Laurie Kay Sommers, 18 de noviembre de 1991, Detroit, MI.

29. Sin embargo, hay una costumbre mexicana de cortar ramas de los árboles durante la Navidad.

30. Sonnie Casillas Pérez, entrevistada por Laurie Kay Sommers, 26 de febrero de 1990, Livonia, MI.

31. Nicolás Mares, entrevistado por Laurie Kay Sommers, 29 de mayo de 1991, Detroit, MI.

32. Argelio Pérez, Sr. entrevistado por Laurie Kay Sommers, 26 de febrero de 1990, Livonia, MI.

33. Frank Lozano, entrevistado por Laurie Kay Sommers, 13 de diciembre de 1991, Livonia, MI.

34. Roberto Muñoz, entrevistado por Esther P. Magaña, 28 de septiembre de 1991, Detroit, MI.

35. El Padre James Barrett, entrevistado por el Padre Leo Reilly, 27 de mayo y 3 de junio de 1989, Detroit, MI.

34. Roberto Muñoz, interviewed by Esther P. Magaña, September 28, 1991, Detroit, MI.

35. Father James Barrett, interviewed by Father Leo Reilly, May 27 and June 3, 1989, Detroit, MI.

36. For a comparative discussion of public Posada celebrations in another urban Mexican-American setting, see Mary MacGregor-Villareal, "Celebrating *Las Posadas* in Los Angeles," *Western Folklore* 32 no. 2 (1980): 71-105.

37. Father Juan González, interviewed by Margarita Jiménez, March 31, 1989, Detroit, MI.

38. Joe Rodríguez, interviewed by Laurie Kay Sommers, June 21, 1991, Detroit, MI.

39. *Detroit News*, December 12, 1990.

40. Susan N. Masuoka, "The Mexican Piñata," *Studies in Latin American Popular Culture* 8 (1989): 141-156.

41. Florencio Perea, interviewed by Laurie Kay Sommers, February 2, 1992, Allen Park, MI.

42. Micaela Pérez, interviewed by Trinidad Sánchez, Jr., December 31, 1988, Detroit, MI.

43. The tamale-making tradition was not the focus of our research. For a more detailed treatment, see M. H. de la Peña Brown, "*Una Tamalada*: The Special Event," *Western Folklore* 40 no. 1 (January 1978): 64-71.

44. Alfredo Aguirre, Jr., interviewed by Marta E. Lagos, November 15, 1991, Dearborn, MI.

45. Paulina Aguirre, interviewed by Marta E. Lagos, November 26, 1991, Dearborn, MI.

36. Para una discusión comparativa sobre las celebraciones públicas de las Posadas en otra situación méxico-americana urbana, vea a Mary MacGregor-Villareal, "Celebrating *Las Posadas* in Los Angeles", *Western Folklore* 32 no. 2 (1980): 71-105

37. El Padre Juan González, entrevistado por Margarita Jiménez, 3l de marzo de 1989, Detroit, MI.

38. Joe Rodríguez, entrevistado por Laurie Kay Sommers, 21 de junio de 1991, Detroit, MI.

39. *Detroit News*, 12 de diciembre de 1990.

40. Susan N. Masuoka, "The Mexican Piñata", *Studies in Latin American Popular Culture* 8 (1989): 141-156.

41. Florencio Perea, entrevistado por Laurie Kay Sommers, 2 de febrero de 1992, Allen Park, MI.

42. Micaela Pérez, entrevistada por Trinidad Sánchez, Jr., 31 de diciembre de 1988, Detroit, MI.

43. La tradición de la tamalada no fue el enfoque de nuestra investigación. Para un tratamiento más detallado de esto, vea a M. H. de la Peña Brown, "*Una Tamalada*: The Special Event", *Western Folklore* 40 no. 1 (enero 1978): 64-71.

44. Alfredo Aguirre, Jr., entrevistado por Marta E. Lagos, 15 de noviembre de 1991, Dearborn, MI.

45. Paulina Aguirre, entrevistada por Marta E. Lagos, 26 de noviembre de 1991, Dearborn, MI.

Afterword
Palabras Finales

The pioneering Mexican immigrants brought few tangible possessions to Detroit, but they were rich with the knowledge and memory of their Mexican heritage. This legacy endures in the physical and cultural landscape of southwest Detroit, but those traditions endure in ways different from Mexico. The Detroit *colonia mexicana* has become part of the ethnic, working class culture of Detroit and Michigan. Grandchildren of the pioneering generation, born and raised in Detroit, have varying knowledge of Mexican culture. Many continue new, Mexican-American variations of traditions first brought by their elders early in this century.

The religious fiestas presented in *Fiesta, Fe, y Cultura* are not the only traditions, religious or secular, perpetuated in the *colonia*. Yet for a population still overwhelmingly Catholic, they provide a context for the examination of cultural continuity and change as the *colonia* transformed from an immigrant to an ethnic community. The kinds of changes which occurred are similar to those found among other immigrant groups, but these specific examples reflect the Mexican-American experience. For example, traditions such as the *nacimiento* were expanded to include new content: Christmas trees, Santas, and carollers now combine with traditional scenes of the Holy Land and Mexico. Other traditions, such as the processions for the Fiestas Guadalupanas and Posadas, became expressions of ethnic identity. The *danza de los matachines* provides an excellent example of a ritual custom which has been maintained in Detroit by youth who are not *matachines* in the traditional sense. The *matachines* combine modern cultural forms, such as contemporary *ballet folklórico* interpretations of Aztec dance and Aztec calendar imagery, with traditional forms of behavior such as dancing tribute to the Virgin of Guadalupe. The result is a tradition different than its Mexican counterpart which expresses the Mexican-American culture of

Los primeros inmigrantes mexicanos trajeron muy pocas cosas materiales, pero vinieron con una riqueza de conocimientos y memorias de su legado mexicano. Este legado perdura física y culturalmente en el suroeste de la ciudad de Detroit, aunque sus tradiciones difieren en cierta forma de las tradiciones originales de México. La cultura de la colonia mexicana de Detroit ha llegado a ser parte de la cultura de la clase obrera y étnica de la ciudad de Detroit y de todo el estado de Michigan. Los nietos de la generación pionera, quienes nacieron y fueron criados en Detroit, tienen su propio conocimiento de la cultura mexicana. Muchos practican nuevas variaciones méxico-americanas de las tradiciones que fueron traídas por sus antepasados al principio de este siglo.

Las fiestas religiosas presentadas en *Fiesta, Fe, y Cultura* no son las únicas tradiciones religiosas o seculares perpetuadas en la colonia. Sin embargo, para una población, en su mayoría predominantemente católica, éstas proveen un contexto para examinar la continuidad cultural y el cambio subsecuente que ocurrió cuando la colonia se transformó de una comunidad inmigrante a una comunidad étnica. Los cambios que ocurrieron son similares a los que se encuentran entre otros grupos inmigrantes, pero los ejemplos específicos reflejan la experiencia méxico-americana. Por ejemplo, ciertas tradiciones como la de los nacimientos navideños se fueron amplificando para incluir un nuevo contenido — los árboles de Navidad, el Santa Claus, y los cantantes de villancicos. Estas nuevas innovaciones se han combinado con escenas tradicionales de la Tierra Santa y de México. Otras tradiciones, como las de las Fiestas Guadalupanas y las Posadas, han llegado a verse como representaciones de la identidad étnica. La danza de los matachines provee un ejemplo excelente de una costumbre ritual que ha sido mantenida en Detroit por jóvenes que en la actualidad no son matachines. Los matachines han ido tomando préstamos culturales como las interpretaciones de las danzas aztecas de los grupos contemporáneos del ballet folklórico y la imaginería del calendario azteca, y han ido combinando estos préstamos con su comportamiento tradicional, o

Detroit. Contemporary Día de los Muertos *altar* and *ofrenda* installations also combine disparate elements to create new expressive forms.

In the immigrant context, religious traditions often are more private than secular counterparts such as patriotic holidays. In Mexico, however, religious and cultural fiestas are both public and private, observed in church, in outdoor fiestas and processions, and in individual homes. Many traditions which were public and communal in Mexico became private and familial in Detroit. Far from home in a foreign culture and climate, often living in isolation from their countrymen, and faced with the daily "sacrifices, scorn, and discrimination" described by José Alfaro, the pioneering generation chose to continue their most important religious customs in the privacy of home.[1] On a continuum from public to private, the Fiestas Guadalupanas was the most public, followed by Las Posadas, and then Día de los Muertos.

As the feast day of Mexico's Patroness, the public celebration of the Fiestas Guadalupanas in Detroit was hardly surprising. The Virgin of Guadalupe symbolized both faith and nationalism and served as a unifying force for *mexicanos* from diverse villages and regions, each with their own patron saints. In a city with so many Catholic immigrants, a public mass was an accepted cultural practice, and one which the Catholic church used as a vehicle for carrying out its policy of Americanization. As a Christmastime custom, Las Posadas both blended and competed with mainstream American Christmas customs. Further, Las Posadas in Mexico took place outdoors in neighborhood contexts; cold climate and scattered settlement patterns in Detroit inhibited the widespread continuation of Posadas traditions. Comparatively few *mexicanos* felt comfortable with public displays of *mexicanidad* during periods when society pressured immigrants to assimilate. The distinctive Día de los Muertos customs of Mexico never took root

sea la danza en tributo a la Virgen de Guadalupe. El resultado difiere de la tradición original mexicana y, por consecuencia, ahora es una expresión cultural méxico-americana de la ciudad de Detroit. Las presentaciones de altares y ofrendas contemporáneas para el Día de los Muertos también combinan elementos dispersos que resultan en nuevas formas expresivas.

Para los inmigrantes, las tradiciones religiosas frecuentemente son más privadas que las tradiciones seculares, como las fiestas patrióticas. Lo opuesto ocurre en México dónde, las fiestas religiosas son tanto públicas como privadas y se celebran en iglesias, en procesiones y en fiestas al aire libre igual que en hogares particulares. Muchas tradiciones que en México eran públicas y comunales en Detroit se han hecho privadas y de familia. Lejos de su casa, en una cultura extranjera y en un clima frío, los inmigrantes vivían frecuentemente aislados de sus compatriotas y sufrían "sacrificios, desprecios, y discriminación" diariamente. Por eso, tal como lo ha descrito José Alfaro, la generación pionera eligió continuar sus costumbres más importantes en la privacidad de sus hogares.[1] En una expresión continua, de lo más público a lo más privado, las Fiestas Guadalupanas fueron las más públicas, seguidas por las Posadas y luego, por las celebraciones del Día de los Muertos.

Que la celebración de las Fiestas Guadalupanas en Detroit sea la más pública no es tan sorprendente ya que se trata de la fiesta de la Patrona de México. La Virgen de Guadalupe simboliza la fe y el nacionalismo y sirve como una fuerza unificadora para los mexicanos de diversos pueblos y regiones, donde cada uno tiene su propio santo patrón. En una ciudad con muchos inmigrantes católicos, una misa pública resultaba ser una práctica cultural aceptable; también era una práctica que la iglesia católica usaba como un vehículo para llevar a cabo sus normas de americanización. Como costumbre navideña, las Posadas enlazaban y competían con las actuales costumbres navideñas americanas. Sin embargo, en México las posadas se llevaban a cabo al aire libre en las vecindades mientras que el clima frío y los poblados esparcidos en Detroit no permitían que las tradiciones

in Detroit, in part because they could be mistaken for witchcraft, and also because the remains of the deceased were interred in Mexican cemeteries. Some Detroit Mexicans continued to remember their dead through graveside visits, rosaries, and, in scattered instances, through the creation of traditional *altares* and *ofrendas*, but for the most part Mexican folk customs disappeared or were replaced by orthodox Catholic masses for the dead and cemetery behavior which conformed to U.S. customs. Over time, traditions from both the U.S. and Mexico merged into new Mexican-American forms.

Within the church, the reforms of the Second Vatican Council, begun in the 1960s, allowed greater incorporation of folk traditions long suppressed or ignored by the church hierarchy. Practices maintained in home and neighborhood settings increasingly are organized by the church. The impact of Vatican II is particularly evident in the culturally enriched liturgy of the Fiestas Guadalupanas and by the increased church role in Las Posadas.

All three fiestas became more public after the civil rights and Chicano movements of the late 1960s and early 1970s when cultural pluralism replaced the previous social models of assimilation and acculturation to American values. In their wake, Fiestas Guadalupanas and Las Posadas were revitalized and a new-style Día de los Muertos was created by Chicano artists and cultural workers. The current celebrations are the most openly ethnic in the history of the *colonia*.

The story of *Fiesta, Fe, y Cultura* is one of courage and creativity as men, women, and children shaped a new culture in Detroit. Challenges remain, but as the stories of the *ancianos* reveal, the *colonia* has overcome obstacles before. Mexican-American culture in Detroit has persisted, grown, and changed over seven decades. Today, José Alfaro observes with satisfaction that the "golden dream" of respect and recognition for the *colonia* is

de las Posadas siguieran iguales. Además, pocos mexicanos se sentían a gusto con las exhibiciones públicas de su mexicanidad durante los períodos en que la sociedad les estaba presionando a asimilarse. Finalmente, las observancias tan distintivamente mexicanas que se asociaban con el Día de los Muertos nunca tomaron raíz en Detroit por dos razones: porque se podían confundir con brujería y porque los familiares de los inmigrantes estaban enterrados en cementerios en México. Sin embargo, unos mexicanos en Detroit siguieron recordando a sus difuntos a través de visitas a las sepulturas y a través de rosarios. En algunos instantes, se observaba la creación de altares y ofrendas tradicionales, pero para la mayoría de la gente la costumbre desapareció o fue reemplazada por misas católicas para los muertos; las visitas a los cementerios se conformaron a las costumbres de los Estados Unidos. Con el tiempo las tradiciones se transformaron en observancias nuevas méxico-americanas.

En la iglesia misma, las reformas que surgieron a causa del Concilio Vaticano Segundo en los años sesenta permitieron una mayor incorporación de tradiciones populares, las que por mucho tiempo habían sido suprimidas o ignoradas por la jerarquía de la iglesia. Las prácticas que previamente se observaban en los hogares y en las vecindades ahora son patrocinadas por las iglesias. El impacto del Vaticano Segundo es evidente particularmente en la liturgia que se ha enriquecido culturalmente. Esto se nota en las Fiestas Guadalupanas y en el papel que la iglesia toma en las Posadas.

Estas tres fiestas culturales, que a la vez son religiosas, se hicieron más públicas después de los movimientos sociales de los años sesenta y setenta — ya sea, después del Movimiento Chicano y del Movimiento de Derechos Civiles — los que ayudaron a que un pluralismo cultural reemplazara los antiguos modelos de asimilación y aculturación a los valores americanos. Debido a estos hechos, las Fiestas Guadalupanas y las Posadas se revitalizaron, y un estilo nuevo para el Día de los Muertos fue creado por artistas chicanos y trabajadores culturales. Las celebraciones que se observan actualmente son las más abiertas, étnicamente, que jamás se han celebrado en la historia de la colonia.

achieved through the beauty and power of its religious and cultural fiestas.[2] Future generations must now safeguard the legacy of the *ancianos* and tell the stories to their children and grandchildren.

La historia de *Fiesta, Fe, y Cultura* es una historia de valentía y creatividad, puesto que hombres, mujeres, y niños han venido moldeando una nueva cultura en Detroit. Los desafíos permanecen; pero como se ha revelado en las historias de los ancianos, la colonia ha sobrevivido todos los obstáculos que ha sufrido anteriormente. La cultura méxico-americana ha persistido, aunque también se ha ampliado y ha cambiado a través de las últimas siete décadas en Detroit. Ahora, José Alfaro observa con satisfacción que el "sueño dorado" de que la colonia fuera vista algún día con respeto y reconocimiento se ha realizado a través de la belleza y la potencia de sus fiestas religiosas y culturales.[2] Las generaciones del futuro tendrán el deber de preservar el patrimonio de sus antepasados y, a la vez, tendrán que relatar y transmitir esas historias a sus hijos y nietos.

Afterword
Palabras Finales
Endnotes / Notas

1. José Alfaro, interviewed by Laurie Kay Sommers, November 30, 1991, Troy, MI.

2. José Alfaro, interviewed by Laurie Kay Sommers, November 30, 1991, Troy, MI.

1. José Alfaro, entrevistado por Laurie Kay Sommers, 30 de noviembre de 1991, Troy, MI.

2. José Alfaro, entrevistado por Laurie Kay Sommers, 30 de noviembre de 1991, Troy, MI.

Glossary

Annotated Glossary of Events, Organizations, and Spanish Terms as used in the text of *Fiesta, Fe, y Cultura*.

abrazo—embrace, hug

acostar al Niño—literally, to put Baby Jesus to bed; the Christmastime ceremony or ritual of placing the Baby Jesus figurine in the manger

actos cívicos—ceremonies or activities carried out in relation to patriotic holidays

aguinaldo—Christmas carol; also small gifts of fruit, sweets, or toys given during Las Posadas

alegría—gaiety, happiness, rejoicing

altar—raised structure on which rituals or acts of worship are carried out

ancianos—elders, aged persons

angelitos—diminutive of angel, little angels

antepasados—ancestors

Archicofradía Guadalupana—original voluntary sodality dedicated to the Virgin of Guadalupe in the Archdiocese of Detroit, located at Most Holy Trinity Church

atole—flavored drink of porridge-like consistency made of corn flour or cornmeal and milk or water

ballet folklórico—literally, folkloric ballet; dance group or company which features choreographed versions of regional dance traditions of México

barriada—residential quarter or district

barrio—section or district within a city, often used to identify an urban area with a concentration of Spanish-speaking people, sometimes distinguished from the general population due to socio-economic conditions such as lack of educational opportunity and educational attainment

bolo—small gift of coins, candy, fruit, nuts, or other treats distributed to children at celebrations such as Las Posadas, Levantamientos, or outside of churches at weddings

buñuelo—deep fried pastry sprinkled with cinnamon, sugar, honey, or syrup, customary for the Christmas holidays

calavera—literally, skull; representation of a skull associated with the observation of Day of the Dead

camilla—litter or stretcher used to carry the figures of Mary, Joseph, and the donkey during Christmas Posadas

casas de asistencia—boarding houses providing rooms, meals, laundry, or other services

cempasúchil—a variety of marigold; the ancient Aztec flower of the dead, traditionally used during Day of the Dead

cerro del Tepeyac—the hill of Tepeyac; site near present-day México City of the Apparition of the Virgin of Guadalupe to the Indian Juan Diego

champurrado or *atole champurrado*—a chocolate-flavored drink made with cornmeal or corn flour

Charro—Mexican horseman

Chihuahuenses Unidos—literally, the United Chihuahuans Club; club consisting of individuals who emigrated from the state of Chihuahua, México, in existence in Detroit as early as 1930 but particularly active in the 1940s as a social club which held occasional dances

153

china poblana—traditional women's clothing from the Mexican state of Jalisco which has become the national costume of México; features a full skirt (often in red, white, and green, the national colors of México, decorated with a cactus and the Mexican eagle devouring a serpent), blouse, and rebozo

Cinco de Mayo—May 5, a Mexican patriotic holiday which commemorates the May 5, 1862 Battle of Puebla, where Mexicans were victorious over the French, a moral victory which encouraged their liberation efforts; this is now a bigger holiday among Mexican-Americans in the United States than it is in México

Círculo Mutualista Mexicano—the Mexican Mutual Aid Circle, founded in Detroit in 1924, which served as a social, cultural, and self-help relief organization

Club Artístico y Femenino—literally, Artistic and Feminine Club; active in Detroit during the 1940s under the leadership of María Hernández Alcalá, this club performed folkloric dances

colonia—literally, colony; a term often used to describe a group of persons with the same ethnic or national background, living in an urban center, but not necessarily in contiguous geographic areas, who have some shared organization, traditions, and language

comadre—godmother or sponsor for a social or religious event, such as baptism, confirmation, *quinceañera*, Levantamiento, or Posada

Comisión de Festejos—the festivities committee, comprised of Guadalupanas from the different participating churches, which organized and raised funds for the yearly joint Fiestas Guada-lupanas in Detroit; name

changed in recent years to Comité de Festejos

Comité Cívico y Patriótico Mexicano / Mexican Civic and Patriotic Committee—founded in the 1930s, one of various civic and patriotic groups in the history of the Detroit *colonia* which organized the celebration of the *Fiestas Patrias*

Concilio Segundo Vaticano / Second Vatican Council / Vatican II—worldwide gathering of cardinals and archbishops convened by Pope John XXII from 1962-65 for the purpose of renewing and updating policies of the Catholic church. Vatican II resulted in broad-reaching and comprehensive changes, among them use of the vernacular in liturgies and incorporation of local cultural traditions in celebrations of the mass

copal—incense made from the wood of the copal tree

corrido—traditional Mexican ballad or song that tells a story

Cruz Azul—literally, Blue Cross; a Mexican order similar to the Red Cross, founded in Texas; active in Detroit during the 1920s as a ladies auxiliary to the Círculo Mutualista and as a charitable organization

Damas Católicas—literally, Catholic Women; an association established by Father Luis Castillo at Our Lady of Guadalupe Church in 1933, it succeeded the Cruz Azul in charitable work and care for the sick

danza—sacred or ritual dance as distinguished from *baile* or secular dance

de familia—literally, of family, family-like

Día de los Muertos—Day of the Dead, November 1-2; a Mexican tradition which combines elements of pre-Columbian and Spanish Catholic custom in remembrance of deceased loved ones

Día de los Reyes Magos—Catholic feast of the Three Kings (Epiphany, January 6) which in México and Latin America is the traditional day of gift-giving during the Christmas season; also known as Día de los Tres Reyes

Día de los Tres Reyes—Day of the Three Kings, see Día de los Reyes Magos

dones—offertory gifts taken in procession to the altar during a mass

estampita—diminutive of *estampa*, or holy cards with pictures of saints, sometimes inscribed with prayers or information in commemoration of events such as baptisms, weddings, or funerals

fiesta—religious festival or feast; any gala celebration, party, or festival

Fiestas Guadalupanas—observance of the feast day of the Virgin of Guadalupe, December 12; the celebrations usually include a procession, mass, meal, and a program of entertainment and folkloric dancing. Often organized by the Comité de Festejos (festivities committee) of the Archicofradía Guadalupana with the participation of other religious, social, and patriotic clubs and the general participation of the entire community.

fiestas patrias—patriotic holidays commemorating an event in Mexican history, such as Cinco de Mayo or 15 y 16 de Septiembre

gabán—colorful rectangular garment, adapted from a blanket, which normally has a head opening at the center; currently part of the typical *charro* (Mexican horseman) costume

galería—gallery

Hacheros del Mundo—literally, Woodmen of the World; an insurance society with a Spanish-Speaking chapter founded in Detroit by G.C. López in 1939. It also held dances and other social functions for members.

homenaje—homage

indio—literally, Indian, but often used in a derogatory sense by the elite class

kermesse—kermis, fair, or bazaar

Latino(a)—generic male/female term, used in this text to designate persons from Latin America, México, and the Spanish-speaking Caribbean, or persons with cultural roots in these regions

Levantamiento—Christmas season custom of dressing the Baby Jesus figurine and seating it in a chair, signaling that Jesus is no longer an infant

Liga Filarmónica Mexicana—Mexican Philharmonic League, an organization founded in 1932 to promote Mexican music in Detroit

madrina—godmother

Mañanitas—traditional early morning religious service that is sung as a greeting to the Virgin of Guadalupe on her feast day; also used secularly to greet someone on his/her birthday or Saint's day.

mariachi—strolling musicians characteristic of the state of Jalisco, México, whose instrumentation now includes trumpet, violin, guitar, and members of the guitar family such as the *vihuela* and *guitarrón*; *mariachis* usually wear characteristic *charro* dress

masa—corn or flour dough used to make such items as tamales, tortillas, or *buñuelos*

matachín(es)—ritual dancers, also known as Soldiers of the Virgin, who dance in tribute to the Virgin of Guadalupe. Traditionally, *matachines* dedicated themselves to the Virgin for life, often in response to a *manda*.

mestizo, mestizaje—literally, mixed blood; a person of mixed European (in this context usually Spanish) and American Indian heritage; the great majority of Latin Americans.

mexicanidad—Mexicanness

mexicano(a)—male and female form of Mexican which refers to both citizens of México and persons of Mexican origin living in Detroit.

misterio—the three figures of the Holy Family (Jesus, Mary, and Joseph), who symbolize the mystery of the Nativity; the three figures used in a *nacimento*.

mole—a thick sauce used for fowl, meat, or rice, distinguished by its use of chocolate and various types of chiles and spices, traditional to the Mexican state of Puebla

Movimiento Chicano/Chicano movement—multi-faceted movement for self-determination, justice, and a cultural component of the civil rights movement of the 1960s

nacimiento—nativity scene

Niño Dios—the Baby Jesus or Christ Child

Nochebuena—Christmas Eve

novena—Roman Catholic nine-day devotion, often related to a saint, with specified prayers and hymns

ofrenda—offering in memory of the deceased, often placed on an *altar* during the observance of the Day of the Dead

olla—clay pot used for making piñatas

paisano—countryman, compatriot

pan de muerto—traditional bread for the dead specifically made for the Day of the Dead

pan dulce—Mexican-style sweet bread

pan mexicano—Mexican-style bread

panadería—bakery

panadero—baker

panteón—cemetery or mausoleum

papel picado—traditional festive paper cut outs

pastorela—traditional shepherd's play

peregrinos—literally, pilgrims; during Las Posadas the term refers to Mary and Joseph on their journey to Bethlehem

piñata—ornamented, colorful container, usually decorated with crêpe paper and papier mâché, filled with candy, nuts, or fruit and broken with a stick by blindfolded children during Posada parties, birthdays, or other celebrations

Posadas—a pre-Christmas novena which reenacts Mary's and Joseph's search for lodging (*posada*) on their journey to Bethlehem, traditionally observed December 16-24; includes traditional songs, prayers, and rituals, and often concludes with participants sharing some refreshments or a light meal and piñata breaking by the children. Posadas may be observed by families at home, in the neighborhood, or in a church.

promesa—a religious vow or promise

pueblo—town, village, hometown; also refers to a people or a community

15 y 16 de Septiembre/September 15 and 16—the celebration of Mexican independence, commemorating these dates in 1810 when Father Miguel Hidalgo y Costilla rang the bells of his village church in Dolores, Guanajuato, and gave the famous *grito de Dolores* or cry of independence which began México's struggle independence from Spain; the reenactment of the *grito* traditionally is observed on the evening of the 15th; actual independence is on the 16th. México officially became independent from Spain on September 27, 1821.

quinceañera—fifteenth birthday ceremony and celebration of a Mexican or Mexican-American girl, often both a coming out party and a religious observance

Rebelión Cristera/Cristero Rebellion—a rebellion by zealous Catholic Mexicans opposed to anti-Catholic, anti-clerical policies enforced by Mexican President Plutarco Elías Calles; under the 1917 Mexican Constitution, Catholic bishops protested these policies. This resulted in rebellion during 1926-29, primarily among peasants, who demanded that churches be reopened, religious services celebrated, and persecution of the priests and religious be stopped.

rebozo—traditional rectangular shawl worn by women in México

requinto—higher pitched member of the guitar family

Revolución de 1910/Revolution of 1910—based on the Plan of San Luís Potosí, Mexican citizens, many of them peasants, began a civil revolution to overthrow the dictatorship of Porfirio Díaz. After the defeat of federalist forces at Ciudad Juárez, near the U.S. border, Díaz was overthrown, and on November 2, 1911 Francisco I. Madero, a leader in the revolutionary movement, was elected president. The revolution ended with the presidency of Venustancio Carranza and the institution of the 1917 Constitution, which mandated free and secular public elementary education, agrarian reform, and labor benefits.

rosca de reyes—specially prepared sweet bread or cake baked with a small figurine of the Christ Child and used in the observance of the Day of the Three Kings

sarape—a rectangular Mexican cape, usually worn by males, often made of very colorful wool or other cloth

Sociedad Católica de San José/San José Society—Simon Muñoz founded this Detroit Mexican society, active from at least 1929 through the 1930s and originally associated closely with the Catholic church. It sought to provide religious instruction for Mexican children attending public schools and also held social functions for members.

Sociedad Católica Mexicana/Mexican Catholic Society—Detroit's first Mexican society, founded in 1920 by Father Juan Pablo Alanís to promote social contacts within his congregation, assist in fundraising for a new church building, and develop the cultural life of the emerging *colonia*; it ceased to exist after completion of Our Lady of Guadalupe Church

sombrero—hat

tamal—seasoned meat or fruit enclosed in cornmeal *masa*, wrapped in a corn husk and steamed; traditionally served on Christmas Eve, among other occasions

tamalería—business which sells tamales

tejano—Texas-Mexican; also Mexicans or Mexican-Americans from Texas who reside in other parts of the United States

tilma—blanket-like cloak; used by Juan Diego to carry roses to the bishop and on which the Virgin of Guadalupe's image was portrayed. The original *tilma* is displayed in the national shrine of Our Lady of Guadalupe in México City.

Tonantzín—Aztec goddess of Earth and Corn

tradición—tradition or customary practice

tradiciones del pueblo—literally, traditions of the people; the book, *Tradiciones del Pueblo — Traditions of Three Mexican Feast Days in Southwest Detroit* deals with Las Posadas, the Fiestas Guadalupanas, and Día de los Muertos and was published by Casa de Unidad Cultural Arts and Media Center in 1990

villancico—Christmas carol

Virgen de Guadalupe / Virgin of Guadalupe—Our Lady of Guadalupe, Patroness of México, whose feast is celebrated on December 12 and who appeared to the Indian Juan Diego on the hill of Tepeyac, near present-day México City, in 1531; often called the Mother of the Americas or Empress of the Americas

Selected Bibliography

Mexicans in Detroit and Michigan — A Selected Bibliography

Alcalá, Adelita. "Mexican Fiestas as told by Mrs. A. Alcalá." Manuscript. Folklore Archives, Wayne State University, 1979.

Baba, Marietta Lynn, and Malvina Hauk Abonyi. *Mexicans of Detroit.* Detroit: Wayne State University Center for Urban Studies, 1979.

García, Juan R. "The People of Mexican Descent in Michigan: A Historical Overview." *Blacks and Chicanos in Urban Michigan*, edited by Homer C. Hawkins and Richard W. Thomas, 44-55. Lansing: Michigan History Division, Michigan Department of State, 1979.

Harris, Pauline B. "Spanish and Mexican Folklore as Represented by Two Families in the Detroit Area." Master's thesis, Wayne State University, 1949.

Houtman, Loren H. "Response of Detroit Public Schools to Immigrant Groups." Ph.D. diss., Michigan State University, 1965.

Humphrey, Norman Daymond. "Ethnic Images and Stereotypes of Mexicans and Americans." *American Journal of Economics and Sociology* 14 (1954-55): 305-13.

—. "The Housing and Household Practices of Detroit Mexicans." *Social Forces* 24, no. 4 (1946): 433-37.

—. "Employment Patterns of Mexicans in Detroit." *Monthly Labor Review* 61 (1945): 913-23.

—. "The Stereotype and the Social Types of Mexican-American Youths." *Journal of Social Psychology* 22 (1945): 69-78.

—. "Some Dietary and Health Practices of Detroit Mexicans." *Journal of American Folklore* 58 (1945): 255-58.

—. "The Changing Structure of the Detroit Mexican Family: An Index of Acculturation." *American Sociological Review* 9, no. 6 (1944): 622-26.

—. "The Detroit Mexican Immigrant and Naturalization." *Social Forces* 22, no. 3 (1944): 332-35.

—. "The Education and Language of Detroit Mexicans." *Journal of Educational Sociology* 7 (1944): 534-42.

—. "The Integration of the Detroit Mexican Colony." *American Journal of Economics and Sociology* 3 (1944): 155-66.

—. "The Migration and Settlement of Detroit Mexicans." *Economic Geography* 19 (1943): 358-61.

—. "On Assimilation and Acculturation." *Psychiatry* 6, no. 4 (1943): 343-45.

—. "Some Marriage Problems of Detroit Mexicans." *Applied Anthropology* 3 (1943): 13-15.

—. "The Mexican Peasant in Detroit." Ph.D. diss., University of Michigan, 1943.

—. "Mexican Repatriation from Michigan: Public Assistance in Historical Perspective." *Social Service Review* 15, no. 3 (1941): 497-513.

—. "Patterns of Cultural Adjustment of the Mexican Peon Family." Master's thesis, University of Michigan, 1940.

Lebeaux, Charles N. and Gumecindo Salas. *Latino Life and Social Needs: A Detroit Survey.* Detroit: Latin American Secretariat of the Archdiocese of Detroit and New Detroit, Inc., 1973.

Levendoski, Raymond. "Mexican-Americans in Southwest Detroit: A Study of Migration, 1900-1976." Master's thesis, Wayne State University, 1989.

MacDonald, Dennis. "The Piñata Endeavor." Manuscript. Folklore Archives, Wayne State University, n.d.

McWilliams, Carey. "Mexicans to Michigan." In *A Documented History of the Mexican Americans*, edited by Wayne Moquin with Charles Van Doren, 310-14. New York: Praeger Publishers, 1971.

Murillo, Louis C. "The Detroit Mexican *Colonia* from 1920 to 1932: Implications for Social and Educational Policy." Ph.D. diss., Michigan State University, 1981.

Ortiz de Montellano, Bernard, and Isabel Salas. *Spanish Origin Population in Detroit*. Metro Detroit in the 1980s, Census Discussion Papers no. 4. Detroit: Wayne State University, July, 1984.

Rivera, Diego. "Dynamic Detroit—an Interpretation." *Creative Art* 12 (1933): 289-95.

Salas, Gumecindo, and Isabel Salas. "The Mexican Community of Detroit." In *La Causa Chicana*, edited by Margaret M. Mangold, 161-77. New York: Family Service Association of America, 1972.

Saldaña, Nancy. *Mexican-Americans in the Midwest: An Annotated Bibliography*. Special Paper no. 10. East Lansing: Michigan State University Rural Manpower Center, July, 1969.

Skendzel, Eduard Adam. *Detroit's Pioneer Mexicans, A Historical Study of the Mexican Colony in Detroit*. Grand Rapids: Littleshield Press, 1980.

Thaden, John F. *Migratory Beet Workers in Michigan*. Special Bulletin 319. East Lansing: Michigan State University Agricultural Experiment Station, September, 1942.

Valdés, Dennis Nodín. *Al Norte, Agricultural Workers in the Great Lakes Region, 1917-1970*. Austin: University of Texas Press, 1991.

—. "*Betabeleros*: The Formation of an Agricultural Proletariat in the Midwest, 1897-1930." *Labor History* 30 (1989): 36-562.

—. *El Pueblo Mexicano en Detroit y Michigan: A Social History*. Detroit: Wayne State University College of Education, 1982.

—. *Materials on the History of Latinos in Michigan and the Midwest: An Annotated Bibliography*. Detroit: Wayne State University College of Education, 1982.

Valdez, Margarita, ed. *Tradiciones del Pueblo — Traditions of Three Mexican Feast Days in Southwest Detroit*. Detroit: Casa de Unidad Cultural Arts and Media Center, 1990.

Vargas, Zaragosa. *Proletarians of the North: A History of Mexican Industrial Workers in the Midwest, 1917-33*. Berkeley, Los Angeles, and Oxford: University of California Press, 1993.

—. "Life and Community in the 'Wonderful City of the Magic Motor': Mexican Immigrants in 1920s Detroit." *Michigan Historical Review* 15 (Spring 1989): 45-68.

—. "Mexican Auto Workers at Ford Motor Company, 1918-1933." Ph.D. diss., University of Michigan, 1984.

Welsh, Theresa. "The Barrio Gets Ready." *The Detroiter* 65, no. 10 (1975): 26-32.

Studies of the Three Fiestas —
A Selected Bibliography

Brandes, Stanley. *Power and Persuasion, Fiestas and Social Control in Rural Mexico*. Philadelphia: University of Pennsylvania Press, 1988.

Cadaval, Olivia. " 'The Taking of the Renwick': The Celebration of the Day of the Dead and the Latino Community in Washington, D.C." *Journal of Folklore Research* 22, no. 2-3 (1985): 179-93.

Cantú, Norma. "Costume as Cultural Resistance and Affirmation: The Case of a South Texas Community." In *Hecho en Tejas, Texas-Mexican Folk Arts and Crafts*, edited by Joe S. Graham. Publication of the Texas Folklore Society, Vol. 50. Denton: University of North Texas Press, 1991.

Carmichael, Elizabeth, and Chlöe Sayer. *The Skeleton at the Feast, The Day of the Dead in Mexico*. Austin: University of Texas Press in cooperation with British Museum Press, 1991.

Champe, Flavia Waters. *The Matachines Dance of the Upper Rio Grande, History, Music and Choreography*. Lincoln and London: University of Nebraska Press, 1983.

Childs, Robert V., and Patricia B. Altman. *Vive tu Recuerdo, Living Traditions in the Mexican Days of the Dead*. Monograph Series no. 17. Los Angeles: UCLA Museum of Cultural History, 1982.

Gallegos, Esperanza. "The Piñata-Making Tradition in Laredo." In *Hecho en Tejas, Texas-Mexican Folk Arts and Crafts*, edited by Joe S. Graham. Publication of the Texas Folklore Society, Vol. 50. Denton: University of North Texas Press, 1991.

Green, Judith Strupp. *Día de los Muertos: An Illustrated Essay and Bibliography*. Santa Barbara: Center for Chicano Studies and Colección Tloque Nahuaque, Library of University of California, Santa Barbara, 1983.

—. *Laughing Souls: The Days of the Dead in Oaxaca, Mexico*. Popular Series no. 1. San Diego: San Diego Museum of Man, May, 1969.

Greenleigh, John, and Rosalind Rosoff Beimler. *The Days of the Dead*. San Francisco: Collins Publishers, 1991.

Guerrero, Andrés G. "The Religious Symbol of Guadalupe." In *A Chicano Theology*. Maryknoll, NY: Orbis Books, 1987.

Heisley, Michael, and Mary MacGregor-Villareal. *More Than a Tradition: Mexican American Nacimientos in Los Angeles*. Los Angeles: Southwest Museum, 1991.

Ingham, John M. *Mary, Michael, and Lucifer, Folk Catholicism in Central Mexico*. Austin: University of Texas Press, 1986.

Jordan, Terry G. *Texas Graveyards: A Cultural Legacy*. Elma Dill Russell Spencer Foundation Series, no. 13. Austin: University of Texas Press, 1982.

MacGregor-Villareal, Mary. "Celebrating *Las Posadas* in Los Angeles." *Western Folklore* 39, no. 2 (1980): 71-105.

Masuoka, Susan N. "The Mexican Piñata." *Studies in Latin American Popular Culture* 8 (1989): 141-156.

Mexican Fine Arts Center Museum. *Día de los Muertos (the Day of the Dead)*. Chicago: Mexican Fine Arts Center Museum, 1991.

Paz, Octavio. *The Labyrinth of Solitude*. New York: Grove Press; London: Evergreen Books, 1961.

Pomar, María Teresa. *El Día de los Muertos: the Life of the Dead in Mexican Folk Art*. Fort Worth: Fort Worth Art Museum, 1987.

Pimeria Alta Historical Society and the Southwest Folklore Center. *Respect and Continuity, The Arts of Death in a Border Community*. Nogales: The Pimeria Alta Historical Society; Tucson: The Southwest Folklore Center, University of Arizona, 1985.

Robb, J.D. "The Matachines Dance—A Ritual Folk Dance." *Western Folklore* 20 (1961): 87-101.

Rodríguez, Sylvia. "The Taos Pueblo Matachines: Ritual Symbolism and Interethnic Relations." *American Ethnologist* 18, no. 2 (May, 1991): 234-256.

Salinas-Norman, Bobbi. *Indo-Hispanic Folk Art Traditions I*, 2d ed. Albuquerque: Piñata Publications, 1990.

—. *Indo-Hispanic Folk Art Traditions II*, 2d ed. Albuquerque: Piñata Publications, 1990.

Toor, Frances. *A Treasury of Mexican Folkways*. New York: Crown Publishers, Inc., 1947.

Tunnell, Curtis and Enrique Madrid. "*Coronas para los Muertos*: The Fine Art of Making Paper Flowers." In *Hecho en Tejas, Texas-Mexican Folk Arts and Crafts*, edited by Joe S. Graham. Publication of the Texas Folklore Society, Vol. 50. Denton: University of North Texas Press, 1991.

Turner, Kay. "Home Altars and the Art of Devotion." In *Chicano Expressions, A New View in American Art*, 41-48. New York: INTAR Latin American Gallery, 1986.

Turner, Kay, and Pat Jasper. *Day of the Dead—The Tex/Mex Tradition*. San Antonio: Guadalupe Cultural Arts Center, 1988.

Turner, Victor, and Edith Turner. *Image and Pilgrimage in Christian Culture: Anthropological Perspectives*. New York: Columbia University Press, 1978.

Valdez, Margarita, ed. *Tradiciones del Pueblo, Traditions of Three Mexican Feast Days in Southwest Detroit*. Detroit: Casa de Unidad Cultural Arts and Media Center, 1990.

Vidaurri, Cynthia L. "Texas-Mexican Religious Folk Art in Robstown, Texas." In *Hecho en Tejas, Texas-Mexican Folk Arts and Crafts*, edited by Joe S. Graham. Publication of the Texas Folklore Society, Vol. 50. Denton: University of North Texas Press, 1991.

Waugh, Julia Nott. *The Silver Cradle*. Austin: University of Texas Press, 1955.

West, John O. *Mexican-American Folklore*. Little Rock: August House, 1988.

Wolf, Eric R. "The Virgin of Guadalupe: A Mexican National Symbol." *Journal of American Folklore* 71, no. 279 (1958): 34-39.